U0133829

三聯學術

钱穆

作品精选

中国史学名著

图书在版编目（CIP）数据

中国史学名著／钱穆著. —北京：生活·读书·新知三联书店，
2018.10 （2023.10 重印）
（钱穆作品精选）
ISBN 978 – 7 – 108 – 06288 – 8

Ⅰ. ①中… Ⅱ. ①钱… Ⅲ. ①史籍 – 研究 – 中国
Ⅳ. ① K204

中国版本图书馆 CIP 数据核字（2018）第 077677 号

责任编辑 冯金红
装帧设计 蔡立国
责任印制 董 欢
出版发行 **生活·讀書·新知** 三联书店
　　　　 （北京市东城区美术馆东街 22 号 100010）
网　　址 www.sdxjpc.com
图　　字 01-2018-3661
经　　销 新华书店
印　　刷 河北鹏润印刷有限公司
版　　次 2018 年 10 月北京第 1 版
　　　　 2023 年 10 月北京第 4 次印刷
开　　本 880 毫米 × 1092 毫米 1/32 印张 12
字　　数 212 千字
印　　数 17,001 – 21,000 册
定　　价 58.00 元
（印装查询：01064002715；邮购查询：01084010542）

目录

自序

我在一九六九至一九七〇、一九七〇至一九七一这两年间，曾为文化学院历史研究所博士班学生开设"中国史学名著"一课程。第一年由听讲者随堂笔记，意欲汇集各本成一讲义，乃其事甚难。一则所记详略互异，并有共同所缺，欲为补入，亦复追忆无从。第二年仍开此课，戴生景贤来旁听，携一录音机，堂下照收录写出，由我删润，遂成此稿。故此稿乃一年之讲堂实录。每堂必标一讲题，然亦有前讲未毕，后讲补述，此稿皆一仍其旧。亦有前后所讲重复，并有一意反复申明，辞繁不杀，此稿均不删削。亦多题外发挥，语多诚劝，此稿皆保留原语。虽非著述之体，然亦使读者诵其辞，如相与謦欬于一堂之上。最先本有通论读书为学方法一堂，戴生未加录音，今亦不为补入。然各讲时中此意，读者可自参之。

一九七二年孙中山先生诞辰后一日

钱穆识于台北外双溪之素书楼

《尚书》

今天第一讲是《尚书》。《尚书》可说是中国最早的一部史学名著，而且也可说是中国第一部古书，中国还没有比《尚书》更古的书留到现在。中国古代，有两部古书，有韵的称《诗》，没有韵的称《书》。"尚"者，远古、上古之意，《尚书》就是一部上古的散文集。孔子以诗书教弟子。孔子以前，春秋时代，贤大夫多读《诗》、《书》，在《左传》上可看到。孔子以后，像墨子、孟、荀，也都读《诗》、《书》。故可说《尚书》是中国古代一部大家都读的书。但在今天来讲，《尚书》是一部很难读的书。《尚书》分虞、夏、商、周四代。后人把夏、商、周称三代，唐虞属于五帝，因此《尚书》也可说是一部五帝三代之书。从唐虞到现在，该已四千多年；从西周以来，也有三千年以上，《尚书》真该说是一部中国的远古书。汉代太学设立五经博士中有《尚书》，照现代话来讲，《尚书》是那时一部国立大学规定的教科书。可是经过西汉到东汉四百年，实在这部《尚书》也并不能字字都讲通。我们说汉代"去古未远"，但这部《尚书》已没有能完全讲通，当然以后会更讲不通。唐代韩昌黎说过，周诰殷盘，佶屈聱牙，他亦说是难读了。直到清代，讲经学最为有成绩，训诂、考据，工夫下的特别深，但清代两百几十年，这部《尚书》还是没有能一字字地讲通了。民国初年的王国维，是当时同辈行中对经学最有工夫的人，但也就说《尚书》不能尽通。可见我们今天来读《尚书》，只求得其大义便好，不可能逐字逐句都要讲得通。我有一位朋友顾颉刚，同在大陆的时候，他就想为尚书做一番现代白话文的解注和翻译。我想这工作会是徒劳无功的。据说此刻他翻译的《尚书》已经出版，但我没有看过。无论如何，他不能把《尚书》里难解的问题都解决了，是必然的。古书不易通，并不是说拿白话一翻就可通了。注解已难，拿白话文来翻译古文，其事更难，并不是几千年前人说的话都能用今天的白话就能恰好翻得出。这些都是做学问走错了路的，暂不讲这一问题。

第二，我们要知《尚书》是一部多问题的书。文字问题外，便是本子问题，即是《尚书》的真伪问题。《尚书》有两种本子，一种叫今文《尚书》，一种叫古文《尚书》。今天我们只说今文《尚书》是真的，而古文《尚书》则是假的，我今天且先把此问题简单一讲。《尚书》究有多少篇？旧说有一百篇，此说不可靠。当秦始皇焚书时，有一博士伏生，他就收藏着一部《尚书》，回到家，装进壁里边，偷偷地保留下来。秦亡汉兴，重觅《尚书》，只知道有伏生的一部。那时伏生还在，快一百岁，老了。他是山东人，不能叫他从山东到长安去，因此政府特地派了一位有学问根柢的晁错到他家去求此书。但伏生已经不大能讲话，他和晁错双方口音有讲不明白处，由伏生一女儿在旁作翻译。这样几个月，晁错就带着这部《尚书》回到政府。这一部《尚书》此下称做伏生《尚书》——因是从伏生家里得到的。那时中国文字也不断地在变。古代是写篆体，秦代汉代，普通都写隶体。篆体写的叫古文，拿那时通行的隶书写的叫今文。伏生《尚书》本是一部篆体古文的，不易认识，伏生就告诉晁错改写成隶书，因此伏生《尚书》同时又称今文《尚书》。汉廷把来设立博士，传授学生，所以这部《尚书》我们也可为它定名称做博士官《尚书》。此是当时《尚书》的第一种本子。

后来武帝时有鲁共王为盖造房子，弄坏了孔子旧居的墙壁，在壁中发现了许多古书。大概也是因秦代焚书，孔家后人就把很多书藏在壁里，此刻发现了，当然为孔子后人所有，此人便是孔安国，在武帝朝做官。刚才讲的晁错到伏生家中求《尚书》，那是汉景帝时的事，此刻又出现这一部尚书，则称做孔壁《尚书》，亦称孔安国《尚书》，亦可名为古文《尚书》，因它都用战国以前所用的篆体书写，不像伏生《尚书》已经改写成今文，所以这一部则称做古文《尚书》。此书未立博士，即是当时朝廷博士官不用来教学生。

孔安国《尚书》和伏生《尚书》有什么不同呢？伏生《尚书》只有廿八篇，而孔安国《尚书》多了十六篇，共四十四篇。其廿八篇中，文字亦略有不同。到了西汉末刘歆移书上太常博士，曾请求把好几部古书增列博士，其中就有古文《尚书》，当时没有通过。直到东汉，这部《尚书》始终没有列为学官，只在社会学术界私下流行，并未在国立大学内成为一份正式的教科书。汉末大乱，一切书籍多散失，此书也不见了。到了东晋，忽然有人献上《尚书》，称是孔安国本，大家说是古文《尚书》失而复得。以后便把《尚书》两个本子今文古文合而为一。如唐代初年孔颖达编《五经正义》中的《尚书》，就是今文古文合而为一了。再以后直到南宋朱子，对此《尚书》发生了疑问。他说：为何这部《尚书》中间伏生《尚书》都难懂，而孔安国《尚书》却又都是容易明白的？此中理由不可讲，朱子遂发生了怀疑，不过朱子也没有深进一步作研究。待到朱子学生蔡沈，写了一部《书集传》，和朱子自己写的《诗集传》，到了元代，成为科举考试所必治之书。蔡沈《书集传》里面在《尚书》每一篇题目之下都注明了"今文古文皆有"，或"今文无古文有"字样。"今文古文皆有"这就是今文《尚书》。"今文无古文有"的，这就是古文《尚书》。蔡沈乃承朱子意，把一部《尚书》重新分别开来，使人知道《尚书》里有这今、古文的问题。于是下到元代吴澄，明代梅鷟，开始出来怀疑古文《尚书》是假的，靠不住。这一问题要到清代初年，阎若璩（百诗）才开始十足证明了从东晋以后的所谓古文《尚书》是一部假书，不是真的孔安国《尚书》。他写了一书名《古文尚书疏证》，"疏证"就是辨伪之义，此事才得成为定论。在他稍后有惠栋，也写了一部《古文尚书考》，同辨古文《尚书》之伪。这是在近代学术史上所谓辨伪问题上一个极大的发现。这是中国学术史上一个惊天动地的大功绩。诸位不要认为自己学历史，可以不学经学。或说学近代史，可以不学古代。或说学社会史、政治史，可以不治学术史。当知做学问人，大家该知道的我们总该知道。学术上惊天动地的大事件，大家都知，我独不知，孤陋寡闻，总对自己研究有妨害。我们该知，《尚书》字句不能全通，此并无害。但前人辨今古文真伪，已得结论，其大纲节所在，若亦全不理会，此大不可。诸位莫误认为学问必待创辟，须能承续前人成绩，此亦至要。今天诸位做学问，都知看重材料考据。但一堆材料在这里，怎样去考，总该懂得一些艰苦门道的。如像古文

《尚书》，诸位若把阎、惠的书拿来细翻一遍，便知牵涉太多，尽有麻烦。我们把前人已有定论的来潜心研求，自可长自己见识，训练自己工夫。即如阎百诗写此一书，同时便有毛奇龄写了一本《古文尚书冤词》来作驳议。毛氏著述极多，博学善辩，那究谁是谁非呢？此须把阎、毛两家书合来细看。当然我们现在都信阎百诗是对了，但仍有许多话讲错。毛西河的话，当然不为后人所信，但此书至今尚存，仍可一读。这里面还有较复杂的问题存在，我所著《近三百年学术史》，曾对此事讲了很多清儒所未讲到的话。可见学问实是无穷，已成定论的大问题之内，仍可有小问题。

现在我们对这问题暂停不论，只要知《尚书》有两种本子，古文《尚书》是假的便够。诸位若读《尚书》，读蔡沈《集传》最容易了。《史记》上说伏生《尚书》廿八篇，古文比今文多十六篇，十六加廿八只有四十四篇，而现在的《尚书》是五十八篇，这里又有问题。以后我每次讲一题目，只讲一大概，但诸位不能听了便算。如此不仅记不得，绝对要忘，而且记得了也没有用。当知做学问本来是要工夫的，没有不花工夫的学问。诸位每做学问，好问方法，做学问最大第一个方法就是肯花工夫。一学者花十年廿年一辈子工夫来解决一问题，本是寻常本分之事。或许诸位现在没有工夫，不妨留待完成硕士博士论文，职位解决了，再来读书，再用工夫。

现在再回头来讲，《尚书》有今文古文，古文《尚书》是假的，只有廿八篇今文《尚书》伏生传下的是真的。孔安国所传本也是真《尚书》，可是后来掉了。孔安国《尚书》并不假，只因为不立博士官，流传不多，就亡失了。到东晋由梅赜所献本才是假《尚书》。但我此刻要讲另一问题，那今文《尚书》廿八篇也不完全是真的。讲到此，就要讲到所谓辨古书之真伪这一问题上去。古书有真有伪，我们该懂得分辨。这不是今天的新问题，从来学者都注意此一问题。依照我们现在眼光来看，我们该进一步说，今文《尚书》也未必全是真，也多假的。可惜当前没有人能进一步来研究此问题。这因民初以来，一班讲学问的讲过了头，即如辨伪，像顾颉刚的《古史辨》，他认为夏禹也无此人，这太讲过头去了。其实也不该专怪顾颉刚，在前清末年早有讲过了头的，像康有为，著《新学伪经考》以及《孔子改制考》。照康有为讲法，所谓经学汉学，其实只是新莽之学。"新"是王莽的朝代名。清儒都讲汉学，康有为却说是新学，经则都是伪经，由刘歆替王莽伪造。此书出版后，经清政府禁了，把书销毁，不准发行。但民国以来，大家喜欢讲新，就看重了这部书。顾颉刚《古史辨》就是承此而来。后来康有为从事复辟，失败了。但这只是康有为政治上的失败。他在学术上并未失败。他跑进北平东交民巷荷兰公使馆，就在里面叫人再翻印他的

《新学伪经考》，果然在北平市上还有很多人买他这书。他在学术思想上还是领导着一个新的方向，然而辨伪过了头，其实是荒唐的。《孔子改制考》更荒唐，说孔子所说的以前，只是孔子托古改制，孔子自要创造一番新制度，而把来假托之于古代。这样一讲，全部中国历史，第一个是孔子，第二个便是刘歆，却都是造谣作假的。这样地讲下去，讲到夏禹是一条虫，才引起人家讨厌。辨伪之学，便不再讲了。实际上，辨伪不该过分，但有许多真伪还是该辨。如说《尚书》，我觉得即在今文廿八篇里还有很多不可信。如《尚书》第一篇——《尧典》。近代有人写文章，辩护《尧典》里所讲天文如"日中星鸟，日永星火，宵中星虚，日短星昴。"等类，这些廿八宿中的鸟星、火星、虚星、昴星，它们在天上的位置是要转移的。据现在天文学考据《尧典》所云，却是中国古代尧舜时代的天文；至战国时候，则并不然。据此证明《尧典》不假。大概这一套学问，在日本比中国研究的人多，因一般的科学知识，日本比中国发达，中国学者在此方面还是根据日本人讲法。可是在我认为，科学知识比较专门，中国古人称之为畴人之学，譬如种田，父亲种的田儿子继续种下去。古人研究天文学历法，此种学问，大概都是世袭的专家之学，父亲传给儿子，故又称为畴人之学。畴人之学也许可以是先生传学生。尧舜时的天文，也可以是从古传下，或在文字上，或在口传上。我们不能只根据这一点知识便认《尧典》全篇可信，只能说《尧典》中这些话有来源。其他的话，并不一定全可信。如尧传天下于舜，舜命禹作司空，同时兼百揆（就是兼宰相之职）。命弃作后稷，这就是农业大臣。命契掌五教，这是教育大臣。命皋陶做士，是司法大臣，也兼掌了兵。命垂作共工，是工业部大臣。命益做虞，是畜牧部大臣。命伯夷典礼，命夔典乐，命龙叫他做纳言，掌皇帝命令。共凡九官，这一点便大大靠不住。首先是年代问题。禹是夏代之祖，契是商代之祖，弃是周代之祖，此刻都在舜下面变成同时的同僚。这且不讲。特别重要的，舜时已有一个宰相，又有管土地、管农业、管教育、管司法、管工业、管畜牧、管乐、管纳言的，共九职，此是中国古代一个极像样、极有组织、有规模的行政院。倘使在尧时中国的中央政府已有那么九部大臣，为何下面夏、商、周三代，乃至于春秋、战国下及秦、汉都没有？这不是历史上一大退步吗？舜时大臣分九职，为什么下面从来没有？单据这一点，从舜到秦两千年的历史，变成无法讲、讲不通。所以我只能说《尧典》是战国人伪造，舜官九职，是战国末年人一个理想政府。他们懂得政府里该有管教育、管农业、管司法、管音乐的等等官，那是一番很高的理想，这正如康有为所说的托古改制。不过康有为不能拿这话来讲孔子，说孔子以前，根本没有尧舜，没有《尚书》，没有周公。但托古改制确是有的，先秦诸子中多有，儒家中间也有，但不能说过了头。诸位当知，读史不能辨伪，便会有许多说不通处。但辨伪工夫中寓有甚深义理，不能轻易妄肆疑辨。如康有为顾颉刚辨伪疑古过了头，又更多说不通，上面是说尧舜时代不能有这样一个政府，像《尧典》中所说，这些材料不可信，只有说到中国古代的天文或可信。

我试再举一小例，如《尧典》篇首有"玄德升闻"四字，舜之德被尧所知，但为什么称"玄德"呢？"玄德"两字连用，在古书中极少有，只在老子书里才说："同出而异名，同谓之玄，玄之又玄，众妙之门。"这"玄德"二字，只可用老子书来讲，不能用孔孟书来讲。下面魏晋时代讲老庄之学的就叫做"玄学"，为何在《尧典》里用此玄德两字，这便可疑是战国末年人看过老子书，来伪撰《尧典》，才用了"玄德"二字。我们可凭文字使用来衡定年代，如我们此刻好说中国文化字样，但前清末年人断不会用此四字。

《尧典》以外，再讲到《禹贡》，这是讲中国古代地理一部最重要的书，其实也决不是夏禹时代的书，而应是战国时代的书。如《禹贡》里划分荆州、兖州、豫州等九州，如何此九州字样不见于夏代、商代、周代，直到春秋时代也没有，到了战国初期还没有。什么人把此禹分九州的制度废掉的呢？为何有此九州而什么书上从来没有用这九州的字样呢？那又就讲不通。只举此一例，便见《禹贡》不是一篇可靠的书，它是一篇晚出书，我此刻不能详讲。在我只认为《尚书》中最可靠的便是《西周书》，虞、夏、商书都有问题，只有《西周书》或许才是中国尚书的原始材料、原始成分。下到东周也有书，但也恐是后人添进。主要真可信的是《西周书》。若使我们把一部《尚书》即今文廿八篇再分析到只剩一部《西周书》了，那么我们也须对此十几篇文章有一个简单而明晰的了解。我曾写过一篇文章，题名《西周书文体辨》，便是要把此来看中国最古历史文体是怎样写出的？现在此一问题，我也不想同诸位详讲。但到此另有一重要问题，便是要讲到书背后的人。既然讲到《西周书》，那么《西周书》中显见有一重要人物跃然欲出，那便是周公。《西周书》中有很多文章便是周公所作，或是周公同时人或其手下人所作。要之在当时，周公在此集团中，并传至此后，有大影响。孔子一生崇拜周公。而我们要来研究周公的思想理论及其政治设施，当然这十几篇《西周书》成为了主要材料。我在上一堂已告诉诸位，做学问当从一项项的材料，进而研究到一部部的书，而在每一部书的背后，必然当注意到作者其人。倘使这部书真有价值，不专是些材料的话，则书的背后一定会有一个人。此刻我们说中国第一部最早的史学名著就是《西周书》，而《西周书》的重要作者，即发明此体裁来写出这东西的就是周公。当然可以有几个人，不专是周公一人。那诸位试拿此意见去读《西周书》，看此许多篇书之内容是否一篇一篇地分裂着，各有不同的体裁、不同的意见，和不同的言论，抑或可以看出是一套。让我姑举《西周书》中召诰一段话来说，这显然是召公说的，不是周公说的。它篇中说："皇天上帝，改厥元子，兹大国殷之命，惟王受命，无疆惟休，亦无疆惟恤，呜呼！曷其奈何亦敬。"此是说皇天上帝把它元子改了一个，从前大国殷之命，现在给你成王的手了，商代变成了周成，好的固是没有完，可忧的也同样没有完，你要当心呀。下文又云："古先王有夏，今时既坠厥命；今相有殷，今时既坠厥命。我不可不监于有夏，亦不可不监于有殷。今王嗣受厥命，我亦惟兹二国命。"这是说古代中国有一夏朝，上帝不喜欢它了，它不能再做王朝共主；接着又有殷，现在也不能做这王朝共主。下面才接到我们了。我们获得此天命，也正如夏殷一般。那些话，在《西周书》里屡见不已。首先可知中国古时有夏商周三代，那是真历史。现在我们虽因地下发掘得了商代的龟甲文，而没有见到夏代的，却不该说有没有夏代成了问题。只能说我们没见到夏代的文字，不能因此说没有了夏代。西周初年，周公、召公就讲过。我们固然承认龟甲文，但我们也须承认《西周书》。至于把王朝共主称为"天子"，认为是上帝命他来做天下共主，这个天命不给一族一人，给了夏，夏不好，又给商。商不好，又给周。周再不好，当又另给别人。故说无疆惟休，亦是无疆惟恤。当知我上引一段话，固是召公所说，其实乃是周公所说。在当时，周公可以涵摄召公，召公也有时可以代表周公。周公是当时一位名世的圣人。读《西周书》，便该领略到西周精神，同时便该领略到周公精神。一段历史的背后，必有一番精神，这一番精神，可以表现在一人或某几人身上，由此一人或几人提出而发皇，而又直传到下代后世。孔子一生崇拜周公，主要应该在此等处认取。若我们只把十几篇《西周书》当一堆材料看，不能看到整部书之结集和其背后之时代精神与人物精神，即是失却了其意义和价值。

周公的天命论，周公的共主论，影响后世甚大。周公首先提出天命无常的观点，从前天命在夏，夏人不要了，天命又在商，后来又给周，但天命给周是为文王，不为武王。天命所与，只在文德，不在武功。这一层在《西周书》里也可看得明白。明明是周武王打了天下，但周公不那样说，定说是上帝为周有了个文王，才给周以大命。可是周公这番思想和理论，其实也并没有说错，而且可以说在中国后代历史上也一向发生了大影响。因此可知我们研究历史，更重要的在应懂得历史里边的人。没有人，不会有历史。从前历史留下一堆材料，都成为死历史。今天诸位只看重历史上一堆堆材料或一件件事，却不看重历史上一个个人，这将只看见了历史遗骸，却不见了历史灵魂。

现在总结说，中国第一部大的史学名著应该是《尚书》；准确言之，应该是《西周书》。《西周书》的主要中心人物是周公，在中国历史上影响着几千年。我今天所讲，将到此为止。下面第二部史学名著我将讲到孔子的《春秋》，孔子春秋精神便从周公与《西周书》中来。如此而下，周公孔子，不仅为中国史学主要的创始人，也为中国文化主要的创始人。我不认为中国从唐虞时代就有了历史书；下至商代，可能有，但如今文《尚书》中《盘庚篇》之类，还只能当史料看。若论中国像样的史书，则应从西周开始，而且又是从周公开始。其余有关《尚书》的，尚有些话，来不及讲，应在下一堂补讲。

《春秋》

上次讲《尚书》，今天还有些话该补充。我曾告诉诸位，书须懂得一部一部地读。譬如《书经》，若能辨其真伪，除去虞夏商书，特别注重《西周书》，这样，便易读，对此书内容更易清楚。其次，读一部书，该要进一步了解此书的作者。从事学问，不能只看重材料。若只看重材料，便可不要一部一部地去读书。书不要读，只须翻便是。若要一部书一部书地读，便该了解这一作书之人。每一部书应作一全体看，不专是零碎材料的拼凑，不专为得些零碎知识而读书。我们必须了解到每一书的作者，才懂得这一书中所涵蕴的一种活的精神。即如我此刻讲《尚书》，或许会和别人讲法不同。此因讲的人不同，所讲内容及其精神便会不同。诸位不要认为学问则必是客观的，其中也有做学问人之主观存在。即科学，亦复如是，文史之学更然。应知学问背后必然有一个人；自然科学背后也要一个人，只是其人之个性较不透现。

如做一杯子，只是一杯子，此是两手或机械所成。人性表现较少。文史之学背后，则每有一种艺术存在，或说精神存在，所以我们读文史方面每一书，必定要读到此书背后之人。

《西周书》并不是一人所写，它是零碎许多篇文章之结合。但我们可以说这部《西周书》背后有一重要人物，就是周公。在孟子书里有所谓"名世者"，在一个时代出这样一个人，这个人就可用来代表此一时代，所以称之为"名世者"。"名世"不是说在这个时代有名，乃是他可以代表这一时代。周公可以代表西周时代，代表此一时代之精神，代表此一时代的种种特殊点，或说是此时代之个性的，故周公可说是当时之名世者。也可说从西周直到春秋末年孔子起来，周公就是一代表。孔子以后是新时代了，应称为孔子时代，已不是周公时代了。因周公在此时代中已成过去。今试问周公的思想，和其理论，和其对于他当时这一人类社会所有的抱负，即周公这一个人和其精神，我们应从哪里去看？我想，也便可在《西周书》里去看。我上一堂特别举出几句话，所举并不是周公的话，然而同样可以代表周公这一时代人的观点和理想，也可说在大体上则是受了周公的影响。所以我们读《西周书》，就该在书背后读到周公这个人。

我上一堂讲辨真伪，不仅古文《尚书》是伪，今文《尚书》也有伪，但我今天要补充上一堂讲法，伪书并不是说就没有了价值。东晋时人伪造了一部古文《尚书》，为何直到南宋朱子、下及清代诸儒，才能判定其伪？他用了什么方法来欺骗一千年以上的读书人？因《尚书》里本有很多话为古代人所常称引，但后代是逸失了，东晋伪造《尚书》的人把此许多逸失的话来做他作伪的材料，他都用来装进他的伪古文《尚书》里去，因此古文《尚书》虽伪，中间有很多材料并不伪。诸位若把阎百诗、惠定宇的辨伪的话拿来看，便知伪古文《尚书》里有许多话见于先秦古籍。在此许多话里，正有许多重要思想、重要观念，有不少古代留下来的重要材料保留着，或许这些材料还比我们现在所见的今文《尚书》里的材料更重要。可见辨真伪是一件事，甄别使用材料又是一件事。如我们讲中国古代天文，尽可使用今文《尚书》之《尧典》，但我们并不信《尧典》是真书。我们不细读古人书，便有很多材料不会用。如胡适之、冯友兰写中国哲学史，就只根据《老子》、《论语》以下，但在此前中国还有很多思想理论应该讲，都不讲了。倘使我们今天再要来编一部中国古代思想史，至少该从周公讲起。周公以下很多人的思想，周公就是他们一个代表人。在孔子以前中国古人的一般观点、学术思想上的一些大纲节目，至少可以从周公身上做一个扼要的叙述。

我在上次已说过，中国人在那时已经有一个世界一统的大观念，"普天之下"有一"共主"，此一个共主，当时称之为"天子"，即是上帝的儿子。亦称王，王者往也，大家都向往他。中国古代有夏，夏王便是上帝的儿子，天下统一于夏王室之下。后来商周迭起，可知周亦不能永此统治，将来还要有新王朝代之而起。中国古人此种观念之伟大，实是历久弥新。今天我们人类已经可以上月球，世界交通形成了一个。然而在我们人的脑子里，这世界究是支离破碎的，有耶教、有回教、有共产主义、有资本主义，四分五裂。若和中国古代人的世界观来相比，这里显有不同。若使科学再发达，而终于没有一个天下一家的观念，那岂不更危险？纵使宗教复兴，但以往各宗教信仰上对内对外各项斗争，也没有统一过。只有中国，唐、虞、夏、商、周一路下来，是一个大一统的国家，地广人多，四千年到现在，推溯到我们古人早有此一种政治观点，确是了不得。说来似平常。但从政治观可推广到整个人生观，乃至整个宇宙观，中国此下思想学术俱从此发端。今试问为何只有中国人很早便来讲这一套？而这一套则正讲在《尚书》里，我们岂可把它忽略了！

中国人必称周公孔子，那是有理由的。我们撇开周公来讲中国思想，把战国先秦来比拟希腊，真所谓从何说起。我们讲中国史，断不该只从战国讲起。讲中国思想，也断不该只从老子孔子讲起。至少要追溯到西周，从《西周书》，从周公、召公讲起，而这样讲的话，伪古文《尚书》里也就有很多材料可用。

诸位不要说我不学思想史，这些和我无关。做学问的先把自己关在一小圈子里，坐井观天，所见自小。若说此刻没有工夫，这却不要紧，可慢慢来，此事不争迟早。又如诸位认为我此刻讲了题外之言，但题外或许更重要。我的讲题是历代史学名著，因此只在历史系的人来听，中文系哲学系的人都不会来听。在学问大范围内，重重筑关筑墙，但关外墙外，自有天地，别要把我们的兴趣、理想、抱负，都被关死。或许我这番话可帮诸位另开一条路，通到关墙以外去。

此刻接下讲第二部书，孔子的《春秋》。

《春秋》可说是中国第二部历史书。实际上说，《春秋》乃是中国正式第一部历史书。《尚书》各自分篇，只如保留着一些文件，或档案。试作一浅譬，如我们眼前有一个少年棒球七虎队到美国去打了败仗回来，各方欢迎讲话，应有尽有，报纸上连篇累牍，剪报的贴在一起，标题"欢迎七虎队回国"，却只有打败仗之详情，不在这许多文件中。《尚书》有些处是如此。孔子《春秋》则不然，它是历史书中之编年体，前后两百四十二年，从鲁隐公元年开始，照着年月日一年一年地顺序编下，以后中国便不断有编年体的史书，直到今天。只有《春秋》以下，《通鉴》开始，中间有七八十年时间未编上。这事顾亭林《日知录》里曾说过。此下《资治通鉴》开始至今，一年也没有断。这样没有一年中断的编年史，全世界怕也只有中国有。至于从《春秋》到《通鉴》，中间断的八十年，在我的《先秦诸子系年》里，也逐年来把它审订了。诸位或许又要认为只学历史，不学诸子，看我书名便不想看。遇到学诸子学的，也只想在我那书里找寻些对诸子有关的材料，那我对此一方面的贡献，也就全无可说了。

孔子《春秋》因是一部编年史，故其书取名《春秋》。每一年必有春、夏、秋、冬四季，标举春秋两字，便代表了每一年。又每年四季共十二月，每月三十日，逐年逐月逐日，有事即载，无事即阙，亦有一事而连续分载在几天几月几年几十年的。如是般的历史记载，实在该当得我们把伟大二字来批评它。我们说孔子《春秋》是中国一部极伟大的历史书，实也一些不过奖。但《春秋》实非孔子首创，孔子以前已有。《左传》昭公二年载："韩起聘鲁，见易象与《春秋》，曰：周礼尽在鲁矣。"可见孔子以前，鲁国早有《春秋》。墨子书里也说："吾见百国春秋。"则《春秋》各国皆有。但为何韩起到鲁国始见《春秋》呢？孟子书里说："晋之乘、楚之梼杌、鲁之春秋，一也。"可见当时各国都有历史记载，而史书的名字不同，更应是史书的体裁也不同，鲁《春秋》之体裁或许更接近周王室之所规定，所以韩起见之，要说周礼在鲁了。

孟子书里又说："王者之迹熄而诗亡，诗亡然后春秋作。"这里另有问题该作一交代。上次讲过：中国古代有《诗》、《书》两种书，孔子教人也常《诗》、《书》并举。我们此刻讲中国第一部古史是《尚书》，第二部是《春秋》，如何孟子却说："王者之迹熄而诗亡，诗亡然后春秋作。"把《诗》和《春秋》合在一块讲，这是什么意思呢？其实古人之史也不完全在《书》里，而有在《诗》里的。古诗三百首，其中历史事迹特别多。远溯周代开始，后稷公刘一路到文王，在《诗经》的《大雅》里整整十篇十篇地详细描述，反复歌诵，这些都是历史。从另一个角度看，这些历史，或许比《西周书》里的更重要。《西周书》里仅是几批档案与文件，而《诗经·大雅》把西周开国前后历史原原本本，从头诉说。今若说，那时更接近历史记载的是《诗》不是《书》，此话也不为过。周王室是天下之共主，周王是一位天子，一位王者，每到冬天，他所封出的四方诸侯都得跑到中央来共朝周天子，而周天子在那时祭其祖先，更主要的是祭文王，许多诸侯一同助祭，就在这庙里举行祭礼时唱诗、舞蹈，唱的便是周文王一生的历史功绩，所谓雅颂，便是如此般的用来作政治表扬。又如周天子有事派军出征，在临出以前有宴享，宴享时有歌舞，打了胜仗回来，欢迎凯旋，同样再有宴享歌舞，此等歌词或是策励，或是慰劳，皆收在《诗经》里。那时遇礼必有乐，而礼乐中亦必寓有史，这些都是周公制礼作乐精意所在。所以我们读《诗经》，固然可说它是一部文学书，但同时也可说它是一部历史记载，不仅"雅颂"是史，即讽刺亦何尝不是史。到后来，王者之迹熄了，诸侯不常到朝廷来，朝廷也没有许多新的功德可以歌唱，专是些讽刺，那究不可为训，所以说王者之迹熄而诗亡。但究亡在什么时候呢？照一般说法，这应在宣王以后，至于平王东迁的一段时期中。

但说"诗亡而后春秋作"，此语又该有一交代。《春秋》是正式的历史记载。那时四方诸侯来中央朝王的是少了，而周王室却分派很多史官到诸侯各国去，这些证据，在先秦古籍里尚可找。即如太史公《史记》，记他祖先也就由周王室转到外面的。那时周王室派出的很多史官，他们虽在各国，而其身份则仍属王室，不属诸侯。如《春秋》载"晋赵盾弑其君"，"齐崔杼弑其君"，那时晋国齐国的史官，下一个"其"字来称齐君晋君，可见赵盾崔杼所弑，照名义上讲，并不是晋史官齐史官之君。史官由周天子派来，义不臣于诸侯。崔杼可以把当时齐史官杀了，但不能另派一人来做，于是齐史之弟便接其兄职再来照写

"崔杼弑其君"，崔杼再把他杀了，又有第三弟继续照样写，崔杼没奈何，只得不杀了。而在齐国南部尚有一位"南史氏"，听了齐国史官记载"崔杼弑其君"，兄弟连被杀害，他捧着笔赶来齐国，预备续书此事，及闻齐史已定书其事，崔杼不再杀害而止。那真在中国历史上可以表示出中国人重视历史精神一项可歌可泣的伟大故事。我们此刻在谈中国史学名著，我想连带应该知道些中国历来的史官制度，以及历来中国人那一番重视历史的传统精神才是。此下历代史官制度，均有史籍可考，此处不提，只讲孟子这两句话。大概在宣王时，或许周王室便早正式分派史官到各国去，其时周之王政一时中兴，尚未到崩溃阶段，此后王者之迹熄而诗亡，而以前那些分派出外的史官却大见功效，即是所谓"诗亡而后春秋作"了。

其时各地史官，各以其所在地发生事变呈报中央王室，并亦分别报之各地史官，此之谓赴告。大概鲁国守此制度未坏，各地史官赴告材料均尚保持完整，因此韩起见了鲁《春秋》而说周礼在鲁。孔子则是根据此项材料来作《春秋》。当然并不是全部抄撮，在孔子自有一个编纂的体例，和取舍的标准，及其特殊的写法。所以说"笔则笔、削则削，游夏之徒不能赞一辞"。当知史官分布，乃是周代一制度，而孔子作《春秋》，则是私家一著述。由政治转归了学术，遂开此下中国之史学。所以孟子说：其文则史，其事则齐桓晋文，其义则丘窃取之矣。这是说：《春秋》一书的底材，还是鲁史旧文。但从孔子笔削以后，则此《春秋》既不是一部鲁国史，也不是一部东周王室史，而成为一部诸夏的国际史，亦可称为乃是那时的一部天下史或称世界史。用那时的话来说，主要则是一部诸夏霸政兴衰史。孔子为何要如此般来编写此《春秋》，在孔子自有其中道理，故曰："其义则丘窃取之矣。"由此一转手，政府的官史，遂变成了民间的私史。所以孔子又说："春秋，天子之事也，知我者，其惟春秋乎，罪我者，其惟春秋乎。"在当时，周王室分派史官到各国，随时报告所在各国之事变，此项制度，自有其意义与作用。但到平王东迁，此项制度作用已失，意义全非。孔子把来脱胎换骨，化臭腐为神奇，他的《春秋》所载遂成为整个全中国，整个全天下的历史。时代尽管杂乱，他所写出的历史，则是一个统一体。而且在此历史之内，更寓有一番特殊精神之存在。所以孟子又说："孔子作春秋而乱臣贼子惧"。乱臣贼子则只是时代性的，而孔子《春秋》则成为历史性的。春秋时代转瞬即过，而中国历史则屹然到今。时代的杂乱，一经历史严肃之裁判，试问又哪得不惧？孔子以前的乱臣贼子早已死了，哪会有惧？但《春秋》已成，孔子以下历史上的乱臣贼子，则自将由孔子之作《春秋》而知惧。

《春秋》在当时，已崭然成为一新史。既不是王朝之官史，也不是诸侯间各自的国别史，而成为一部当时的大"通史"，亦可说是"当时的世界史"。有此人类，有此世界，即逃不掉历史批判。所谓历史批判，一部分是自然的，如此则得，如此则失，如此则是，如此则非，谁也逃不出历史大自然之批判。而另一部分则是道义的，由自然中产生道义。自然势力在外，道义觉醒则在内。孔子《春秋》则建立出此一大道义，明白教人如此则得，如此则失，如此则是，如此则非。此项道义，论其极致，乃与历史自然合一，此亦可谓是天人合一。孔子《春秋》大义，应该着眼在此一点上去认识。

但今天我们中国的学者，怕不容易接受此观点。今天的中国学者们，好像认为中国历史就无资格放进人类世界史中去，世界史之大条贯则只有西洋历史。只可惜西洋人写世界史太晚了，直到最近代才有，孔子《春秋》则确然是在他当时的一部世界史。所谓其事则齐桓晋文，乃是说在其书中所表现的乃是其时诸夏一部大整体的大全史。自然亦可说是人类当时文化一部大整体的大全史了。远在两千五百年前，孔子早已有此眼光，早已有此见解，正在全世界人类文化史史学史上有它卓然无比的价值。

此刻另讲一问题，孔子《春秋》既不是完全照着鲁国史官旧史没有更动，则试问他又如何般来改动旧史？此刻我们找不到鲁国《春秋》之存本，此问题就无法讲。孟子说"其文则史"，只是说大体上孔子《春秋》是依据鲁国旧史的。但如在鲁庄公七年《公羊春秋》说："不修春秋曰：雨星不及地尺而复，君子修之曰：星陨如雨。"此一条虽偶然提及，但可知孔子对《春秋》旧文必有修正无疑。但所修者主要是其辞，非其事，由事求定辞，由辞来见事，辞与事本该合一不可分，所以说："属事比辞，春秋教也。"但若说仅把旧史修改几个字和几句辞，如此写下，此其价值究何在，此问题则成为自来治《春秋》者一大问题。上一堂讲过，《尚书》难读，可是《春秋》更难读。《尚书》难读仅是字句不易通，而《春秋》难读则并不在字句上。后人要在字句上来读《春秋》，那是一条大错的路。《春秋》须讲大义。如孟子说："孔子作春秋而乱臣贼子惧。"所以孔子《春秋》诛乱臣，讨贼子，这便是大义。又如说：孔子《春秋》"内中国而外夷狄"，这在《论语》里已有"微管仲吾其被发左衽矣"之语，夷夏之辨，这亦是大义。但所谓大义，亦不该求之过深，尊之过高。讲大义若讲过了头，反会落入小节中去。中国古人尊经过甚，孔子《春秋》是一部经，于是有许多不必讲的把来讲得过了分。亦如今日我们尊洋过甚，西方比中国富了，强了，那都对，但月亮不会比我们的更圆，此虽笑话，却寓真理。

又如《春秋》"赵盾弑其君"，孔子本是依旧史原文，但《左传》所载事实则晋灵公非赵盾所杀，又添上一节说孔子惋惜赵盾，说他逃出了晋疆便可免弑君之名。不知正据《左传》之事，即可见赵盾弑君之罪。《左传》作者乃为赵盾求解脱，其称孔子语，苟非伪造，即是道听途说，不足为据。又如《春秋》记："许世子止弑其君。"此事《左传》、《公羊》、《谷梁》三书所记各异。《左传》说："饮太子药"，这当然已很清楚是儿子弑君了。而《公羊传》记得更明白，说："止进药而药杀其父。"这显然不成问题了。但《谷梁传》却说：父病，子当尝药，许世子没有懂得这礼，所以孔子责他弑君。"不尝药"与"饮太子药"或说"进药而杀其父"这中间显然有不同。《谷梁传》无端加上一个不尝药之罪来讲孔子《春秋》，这显然是大错。如此之类的问题，不知有多少。大家尽在此等处去讲《春秋》，讲得愈详密，《春秋》大义便会愈失落，愈暗昧而不明。

最难讲的便是《春秋》褒贬。若说孔子《春秋》没有褒贬，此决不然。如"崔杼弑其君""赵盾弑其君""许世子止弑其君"不就是贬吗？然而褒贬只在他们的事情上，而孔子《春秋》又颇于事不详，于是读者遂来求孔子《春秋》之"书法"，又从"书法"中定出"凡例"，杜预注《左传》，便定出孔子《春秋》五十"凡例"，这便愈讲愈远了。如《春秋》书王正月共九十二处，春不书王一百零八处，试问如何一次一次地来讲求？当知《春秋》大问题，并不在这些上。现在我们脱离了经学窠臼，此等处皆可不理会。尤其如晚清末年的公羊学派，所谓"今文经学家"，他们讲孔子《春秋》，真讲得天花乱坠，像是大义微言，几千年来被埋没，由他们发现了，其实都是讲不通。即如王正月、王二月、王三月，以此来附会夏统、商统、周统，便是不通之一例。其实很简单，正月有事，就书王正月。正月没事，便书王二月。二月没事，就书王三月。若整个春天全没事，便只写春王正月下接夏四月五月云云。因若更不写一个王正月，恐人疑是史书有忘脱。故正月无事书二月，二月无事书三月，三月无事空写一个王正月，下面再接上夏四月，全部《春秋》皆如此。这一体例在宋代的理学家已讲正了，但清代的考据学家又糊涂再来重讲，反讲到大错特错。

我们今天只且讲一个结论：孔子《春秋》只是中国一部编年史的开始，又是在当时是创辟的一部民间的私家著作，而又是把天下一家的大一统观点来写的一部世界通史。我想只就这样讲就够了。直到此刻，全世界还没有第二部这样的书。中国人只为看惯了，把此大义迷失了。至少是忽略了。或许诸位又会说，讲史学又如何只讲周公孔子？今天该讲一番新史学才是。但史学有新旧，历史则只是历史，在中国历史上有过周公孔子，周公孔子又各有过他们的一套历史著作直传到今天，那我们不能不讲。而且周公孔子都讲的是大一统，而中国从秦汉以来便是一统到今天，那亦是千真万确的历史。诸位不要尽想望西洋的新史学，而忽忘了中国的旧历史。历史亡了，史学又在何处栽根？

《春秋》三传

上一堂讲的孔子《春秋》，今天讲《春秋》的三传——《公羊传》、《谷梁传》、《左传》。在今天，我们是讲中国史学名著，但在古人当时，不仅从周公到孔子，即下至战国秦汉，在当时中国人脑子里，还无所谓"史学"一观念。当时学术大分野，只有经学和子学。班固《汉书·艺文志》根据刘向刘歆的《七略》，称之曰"王官学"与"百家言"。可见在西汉末年时，大学者如刘向刘歆父子，他们便把中国古代学术分成为"王官学"与"百家言"之两大别。何谓王官学，因其职掌在政府衙门里。何以谓"百家言"，就因其只在民间私家传述。用今天的话来讲，也可说王官学就是一种贵族学，百家言则是一种平民学。孔子以《诗》、《书》教其弟子，《尚书》掌于政府中的史官，《诗经》掌于乐官，这本都是政府衙门里的学问，所以称之谓"王官之学"。中国那时是封建政体，却和西洋历史上他们中古时期的所谓封建社会有不同。西方的封建社会，上面没有一个共同拥戴的最高机构，因此他们想要来一个神圣罗马帝国，但亦没有能做成。他们乃因蛮族入侵，罗马帝国崩溃，一个统一的政治消失了，四分五裂，遂有封建社会之出现。中国古代的封建则是一种政治组织，由一个王室，如西周，来分封鲁、齐、晋、卫诸国出去，上面有一个中央政府，有一个周天子，至少这点显然与西方中古时期有不同。西方的封建，是一个四分五裂的社会形态，中国的封建，是一个大一统的政治体系。由天子分封公、侯、伯、子、男各等爵到外面去，回向中心共戴天子，成一政治组织。所以称为"王官"者，王便是一个统一政府，此之谓"一王"。至于平民私人之学则不相统属，故称之曰"百家"。又怎样说王官之学流而为百家呢？这是说古代衙门里的贵族学流传到社会变成了平民私家言。如此般的流变，第一个最著的例就在孔子身上。在《汉书·艺文志》里第一部分叫做《六艺略》，那就是王官之学。第二部《诸子略》，那就是百家言。在古代第一个平民学者起来，便是孔子。孔子作《春秋》，他说："春秋，天子之事也。"这因《春秋》记载掌于史官，史官分遣自中央周天子，所以说《春秋》是王官之学。那么作《春秋》应该是史官之事，而孔子曰：其义则某窃取之矣，孔子私下采取了周天子分遣史官的意义来写《春秋》，所以说："知我者其惟春秋乎？罪我者其惟春秋乎?"将来有人责备他,就因为他写此一部《春秋》,以一平民身份而来做天子王官之事,岂不僭越可责?但若了解他,知道他的,也将在这一部《春秋》上。孔子不得已而写这一部《春秋》。这一部《春秋》正在王官学与百家言的过渡中间。后人推尊这部书,以之和从前周公传下来的王官之学同等看重,乃有所谓五经,《春秋》亦列入其内。于是孔子《春秋》在《汉书·艺文志》里也被认为是王官之学,也在《六艺略》之内,成为五经之一,和周公时代的《诗》、《书》同样都看成经。经书是为人看重的,便有人专来发挥它,于是有传、有记、有说。孔子《春秋》则共有三部传,这是我今天要讲的。

现在我且先讲几句题外的话。如《庄子》一书是百家言,固由庄子自己撰写,但庄子的学生与后学,也可写几篇,加几句进去,不加分别,共称《庄子》。今传的《庄子》,也不复是庄子一人著作,尽有其学生乃至后来讲庄子学问的人的文章添进去。《孟子》七篇,不像有别人的添进去,但此七篇,也是孟子和几个学生如万章、公孙丑等共同合作而成。又如荀子,他书中就可有很多他学生写的文章,也总称为《荀子》。如《墨子》,更见是很多墨学后人所作集在一起,而称《墨子》。此等体裁,与后人著作不同。我们读古书,对此层不可不知。清代章学诚《文史通义》的《言公篇》,便是发明此义。章氏所写《文史通义》和《校雠通义》两书，对古代学术颇多发明，根据《汉书·艺文志》所谓王官学与百家言来讲明古人著作多是集众合成。王官学在一个衙门内，如《西周书》并不是一人所成，《诗经》三百首，更不是一人乃至一个时代所成，平民社会上的百家言亦是如此。古人认为立言是公事，不像后来看重私家的著作。这些虽是题外话，但在今天该当作是一种很重要的常识，不可不知。前人所创，后人应奉为常识的，举不胜举。如讲古代学术史而不看《汉书·艺文志》，不读《文史通义》，那总是不对。

我先交代了此几句，再来讲孔子《春秋》的三传。因孔子《春秋》成了经，所以可以有传。但一经为何有三传？三传异同又在哪里？宋代叶梦得讲过：左氏传事不传义，公谷传义不传事。孔子自己说：春秋，其文则史，其事则齐桓晋文，其义则某窃取之。《春秋》既是一部历史记载，当然有事，《左传》即是传它的事，即是把《春秋》里的事，更详备地传下了。但孔子作《春秋》尚有一番大义，《左传》不讲，而《公羊》、《谷梁》则就是讲这个义，所谓其义则某窃取之的"义"，但公谷又并没有详细讲述《春秋》书中的事。后来朱子又说：左氏史学，事详而理差，公谷经学，理精而事误。此与叶说大致相同。但此已是宋代人的话，可以把它作为三传异同的一个大概分别，但古人则并不如此。因古人并无史学经学之分。如班固《汉书·艺文志》，把太史公《史记》附在《六艺略》、《春秋略》之内，可见其时人观念，只有经学，无史学。故宋代人讲的话，并不能代表汉代人的意见。

汉人讲经学，如《尚书》，有今文古文之辨。我已讲过。今文列为博士，也就是当时的官学。古文不立博士，则是当时的私家学。实际上只是一部《尚书》，只伏生传下来的列为博士了，而孔安国传下来的则未立博士。此刻讲《春秋》三传，同样有今古文之分。汉武初年《春秋》立为博士，那时就照公羊家一家讲法，所以《公羊春秋》立为博士，即所谓今文学。后来到了汉宣帝，他在未做皇帝前，就喜欢《谷梁春秋》，待做了皇帝，在朝廷上开了几次学术会议，把《谷梁春秋》也立做博士，所以公谷同为今文。其实讲来，此两书在先本亦是古文，如伏生《尚书》其先亦是古文一般。汉成帝时，刘歆移书让太常博士，他要争立其他几部古文书，也立为博士，中间就有孔安国《尚书》，有《左氏春秋》，而这事没有成。所以下到东汉，只有《公羊》、《谷梁》立为博士，而《左传》则仅是一种民间私学，称之曰古文。当时人的争论，便说左氏不传《春秋》，传孔子《春秋》的，大家公认只有《公羊》、《谷梁》二传。左氏不得认为传，因它并不是传《春秋》的，这是汉代人的讲法，和我刚才所举两个宋代人讲法大不同。宋代人说传事不传义，传义不传事，那即是同传《春秋》而所传不同。此一问题很复杂，诸位可看清末皮锡瑞的《经学通论》和《经学史》。在我所著《秦汉史》里，也详述此事。我又有一书为《两汉经学今古文平议》，中间也讲到此问题。做学问，便该求一个通。不能说我学史学，不问经学，那么古代史学经学不分，只知有经不知有史，不通当时的经学，便不能讲那时的史学。现在我们讲《春秋》，就要兼讲到三传，而其间有经学问题，不能说我不欢喜经学，把此问题弃置不讲。

孔子自己说过，春秋天子之事也，这句话便是说《春秋》在以前只是王官学，孔子才把它来变成百家言。孔子乃是把古代贵族学传布到民间而开创出后代的私家自由思想，百家言与平民学的，这是一件特别重要的事。到了汉代，董仲舒建议汉武帝，表章六经罢黜百家。表章六经，便是表章古代的王官学。罢黜百家，便是罢黜后起的平民学。汉武帝为何听他话如此做？诸位或许会说，当然因为孔子儒家言便于帝王专制，汉武帝才采用了董仲舒之言。此说似乎已成为近代我们的常识，大家都这样讲了，但我要问，此说出在何书？有何根据？如讲王官学百家言，那是根据《汉书·艺文志》，又经章学诚《文史通义》详细发挥，我只根据章学诚的话，稍换讲法，说王官学就是贵族学，百家言就是平民学，如今汉武帝要复兴古代的贵族学，罢黜后代的平民学，是否为便于专制，谁能猜测到汉武帝的内心？又是根据何书，何人所说，总要有一个来历。我从年轻时即注意到此，几十年来就没有找到这句话的来源。问之大家，大家都不管，像是已成定论。此刻我想另作一番推论。据我所想，汉武帝十七岁便做了皇帝，他幼年宫中老师就是一儒生，他对儒家言有濡染，所以易听董仲舒说。我对此事的详细看法，在我的《秦汉史》中讲到很多。当然以前的《国学概论》、《国史大纲》也讲到，而《秦汉史》里讲得比较更多些。我的话都是根据《史记》、《汉书》，明白有来历。时代变了，社会变了，问题也变了，我们学术上的要求也变了，读书人该可抱些新鲜想法，讲些新鲜话。但究竟要有根据，不能废书不看，信口开河。由我推测，或许汉武帝表章五经为要便于专制，此话乃从日本人那里传过来，但我也没有为此去细找证据。诸位倘使高兴学看日本书，便知在那时有许多话从日本人那里抄来，这也是值得研究的。至于董仲舒劝汉武帝表章五经罢黜百家的话，在董仲舒的《天人三策》里说得很详细。此《三策》收在《汉书》里，尽可一读，董仲舒劝武帝改制，是要改秦代的制度，又劝武帝复古，是要复秦代以前的古，那就是三代夏、商、周的古。当时一般人意见，认为秦不可学，二十几年就亡了，我们该学周，绵延着八百年。董仲舒同时人抱此意见的也不少。因此他们要改革秦代的博士制度来罢黜百家专讲五经，但并不说是要便于专制。但究竟周公距离汉代远了，汉代人要讲五经，其实更侧重的是讲孔子、讲《春秋》。他们说孔子《春秋》是一王大法，《春秋》有大法，乃是又一个新王来了。古代的王就是夏商周三代，孔子那时，周之王业已经迹近衰亡。我们又要讲到孟子的话：王者之迹熄而诗亡，诗亡然后春秋作，孔子《春秋》正是要来一个新王。孔子也自己说：我其为东周乎？若孔子出来行道于天下，已不能像周公那时的西周了，只得要来一个东周。因此说《春秋》是一部一王大法。在《史记》里有这样一句话，说拨乱世，反之正，莫近于春秋。又说：有国家者，不可不知春秋。《春秋》既是一王大法，要兴一王之治，怎么可以不懂《春秋》？汉代人再把这话变了，说孔子为汉制法，现在要改制，不能再照秦代。秦始皇专制，大家都能讲，汉武帝正要一反秦始皇之所为，怎么又说汉武帝表章五经为要便专制呢？汉武帝正要改正秦始皇之所为，而董仲舒首先提出此意见。我不是要为汉武帝董仲舒辩护，只是要讲历史真相。讲历史则该有根据。大家又骂孔子《春秋》，认为书中都是诛心之论，但又说汉武帝表章六经为要便专制，岂不亦是一种诛心之论吗？我们最好不要随便批评古人，因古人已死久了，我们批评他，他也无奈何。我们该要懂得批评现代人。如我所写《秦汉史》涉及此事的，中间哪一句话讲错了，这尽可批评。不要认为近代人便不值批评，只去批评死了的。

汉代人要表章六经，就说孔子《春秋》是为汉制法，帮汉代人定了一个新王之法，要治天下，便该照孔子《春秋》，但孔子又哪里知道将来会有一个汉代要他老人家来替它立法呢？但汉代人既都如此讲，因此汉代人表章五经，而其中所特别注重的则应是孔子《春秋》，董仲舒自己就是一个学《春秋》的。以后汉代朝廷上逢到大政大事，颇多根据《春秋》来作裁判的。如隽不疑，如萧望之，都是极显著极有味的例。他们碰到困难案子，根据《春秋》来判断，别人也无法反对。若根据法律，有些事法律上没有。而且法律是近代人定的，《春秋》则是古代圣人传下大义。汉人不根据王法而来根据《春秋》，这就见王法不能专制。如汉武帝要打匈奴，有人反对，汉武帝却说：《公羊春秋》里就有九世复仇之义，可见孔子也赞成我们要复仇。当知汉代人所谓"通经致用"，派最大用场的正在政治上，而最有用的一部经便是孔子《春秋》。讲孔子《春秋》大义的便是《公羊传》。诸位这样一想，就知《公羊传》在当时的重大地位。但我们要问《公羊传》里所讲的是否就是孔子意思？是否我们要讲《春秋》，便该一路照《公羊传》讲法？这里就大有问题。诸位且先看皮锡瑞《经学历史》、《经学通论》，我又另有一篇文章讲到此问题的，《孔子与春秋》，此文亦收在《两汉经学今古文平议》里。诸位要读我此文，便该先知道一些经学史，此问题暂置不讲，此刻再来讲《春秋》三传。

汉廷立博士的，《公羊》以外还有《谷梁》，究竟两家说法有何异同？这在当时曾成一争论，这里便牵涉到齐学与鲁学之辩。所谓齐学鲁学，汉代第一个讲《公羊春秋》的胡母生是齐国人，第一个讲《谷梁春秋》的鲁申公是鲁国人，所以说《公羊》是齐学，《谷梁》是鲁学。齐学鲁学之异同，此刻暂不讲。总之《公羊》、《谷梁》都是传义不传事。后来大家又逐渐看重了《左传》，刘歆就正式提出要立左氏博士，这不是说从前没有人见过《左传》。清末康有为的《新学伪经考》，却说《左传》是刘歆假造。但如太史公作《史记》，他即看见过《左传》，根据《史记·十二诸侯年表》便可证明。其实这问题，不需详讲，太史公以前看见《左传》的人还多，战国时代便有人明明引到《左传》。刘歆以后，下到东汉，重视《左传》的更多。一时经学大师如郑众、贾逵，他们都认为《公羊》义短，《左传》义长。到了三国时代，钟繇曾说《左传》为太官家，《公羊传》为卖饼家。贾逵《春秋序》曾说：孔子立素王之法，素王是一个无冕王；我们已经讲过，《春秋》是一王大法，孔子是为汉制法，从前公羊家如此说，现在是治《左传》的也如此说。下到晋代杜预注《左传》，乃把左丘明称为素臣，等于是孔子建立这新王朝中一大臣。下到东晋伪古文《尚书》出现，那时人已不争汉人所谓的今古文分辨，所以唐初人作《五经正义》，伪古文《尚书》也在里边。唐太宗贞观，高宗永徽时，奉周公为先圣，孔子为先师，而配享先师的只有两人：一是颜渊，一是左丘明，可见《左传》之被重视。循此以下，诸位就可以想到宋代人意见，认为《公羊》传义不传事，《左传》传事不传义，一是经学，一是史学，较之汉儒，可说是公平之见了。

下到清代，尤其在晚清道光以后，今文家独盛，从龚定庵一路到康有为，遂拼命来捧何休，何休就是东汉人作《公羊传》注的。其实何休所讲，并不即是董仲舒所讲，其间乃大有区别。但晚清以下大家都讲今文家言，都讲康有为的这一套，说刘歆伪造古学，这只是最近一百年来错讲了的。诸位要知道这事情，我的《近三百年学术史》和《两汉经学今古文平议》两书可以参读。

现在要问：这部《左传》是不是左丘明所作？这里也有问题。因为左丘明应该姓左丘，名明，如太史公说左丘失明乃著《春秋》。这个"明"字是不是他的名，已不详晓，可是他不能名"丘明"，则他的书应称《左丘传》，不该称《左氏传》。今明称《左氏传》，这里便有了问题。《论语》上孔子说过：左丘明耻之，丘亦耻之。此左丘明不像是孔子学生，或许是孔子一位朋友，而今这部《左传》所记事情，直到孔子死后，左丘明似乎不像比孔子更年轻，这里便又有了问题。这就是《左氏》真伪的问题。从前人只说《左氏》不传《春秋》，并不曾说《左传》是一部伪书，但其中实有问题，并已有很多人讨论过，也不是到今天才产生的问题。我的《先秦诸子系年》中，也曾集合了各家讲法来讨论这《左氏》的作者。汉代人讲《左氏》，有一个源流，由什么人传给什么人，再传给什么人，和《公羊》、《谷梁》相似，同有源流。而在《左氏》源流中有个吴起，此人大值得注意，怕这部《左传》总该与吴起有关。吴起曾把《左传》传给他儿子，如此再传下去。至少我们可信《左传》作者一定看见当时各国的历史，尤其是晋国楚国，此两国事，《左传》里讲得很详细。《公羊》、《谷梁》皆不曾见各国史，所以他们书中所记事情很简单，因他们没有看到很多史料，而《左传》则不同。要论同时看到晋楚两国双方史料的，吴起是一个最适合的人。吴起先在魏，后去楚，而《左传》里特别对晋三家中之魏总是讲好话。又《左传》里很多讲军事，讲得特别好，吴起是一个懂得军事学的人。《左传》里又有很多预言，直讲到鲁哀公以后去，大体在秦孝公以前的都对，秦孝公以后便不对了，恰恰这年代也和吴起的年代差不远。吴起本是一儒家传统中人，所以这部书虽不能说是吴起一人所写，或许起于吴起以前直到吴起以后，总之这部书与吴起有关。倘使没有关系，后来讲《左传》源流的人不会拉出吴起来。因吴起在后人观念中已遭看不起，因此我说《左传》可能与吴起有关。

我今插述一故事，胡适之先生写了一部《中国哲学史大纲》，有一天，我们两人闲谈，提到这部书。当然胡先生这部书开始便讲老子，而我认为老子还在孔子之后，但此问题且不提。我问此书提出一个主张，即讲思想定要讲到这思想的时代背景，在那一时代背景之下才有这一套思想。我说：老子尚在春秋时代，要分析当时的时代背景，便该根据《左传》，为何却据《诗经》？《诗经》里当然也有历史，可是和老子时代隔远了。此书在《诗经》里举出当时有人是乐天派，有人是悲观派，有人是怀疑派等，我说这不算是时代背景。拿一本《唐诗三百首》，中间也有乐天派悲观派怀疑派，今天我们好几人谈天，便一定也有人是乐天派，有人是悲观派，这不便是老子思想的时代背景。而且任何一个思想都该讲其时代背景。孔子时代和孟子时代又不同，不能只在老子下面放个时代背景，此下便是思想接思想，更没有时代了。胡先生没有回复我第二个问题，却回复了我第一个问题。他说：当然，因你的《刘向歆父子年谱》还没有发表，我不敢大胆引用《左传》，因认《左传》是一部伪书，所以避而不谈。我今天特地提出此番话告诉诸位，做学问应做通学，即所谓通人之学。讲哲学也不能不稍晓得历史。不知《左传》真伪，讲那时人思想，也易有误。后来梁任公先生在南京中央大学有过一段长期讲演，讲中国政治思想史，他是康有为学生，但他讲春秋时代中国政治思想便多根据《左传》，这就比较切实。那时有人翻译了一本瑞典汉学家的著作《左传真伪考》，一时极为流行。但讲《左传》真伪的，如我《先秦诸子系年》中所举许多讲法，一个外国人如何能知道？今天我们该多读中国书才是。好多年前，有一美国学生要研究康有为思想，来和我讨论，我说：你不通中国经学，不知《公羊春秋》，如何讲康有为？

我们此刻是要学历史，讲中国古代，至少该从《左传》读起，这一段两百四十年事记载得详细，为何放弃不读啊？诸位学中国古代史，好像不通龟甲文便觉不好，但龟甲文究只是一些零碎史料，很完整很详细的一部两百四十年的编年史就是《左传》。只就历史眼光来讲，《左传》的价值还应在《春秋》之上，这话近人章太炎讲过。他只要反对康有为，因此他只要讲古文学，甚至说刘歆贤于孔子，这个也有些过分，刘歆怎能比孔子都贤了呢？从前人只推左丘明是素臣，哪能比得素王？但至少《左传》是一部史学上更进一步的编年史。孔子《春秋》只是开拓者，《左传》才算是编年史的正式完成，接下来最著名的是《资治通鉴》。《资治通鉴》和《左传》间缺了不到一百年，也有不少人补过，但都补得不好。若现在再要补，应看我《先秦诸子系年》里新的《六国年表》。我这《先秦诸子系年》，也可说最大贡献在对古代历史上，尤其在从《左传》接上战国史中间这一段。但因我书名叫《先秦诸子系年》，讲思想史的人嫌我不在那里详细讲思想，讲史学的人说：这是有关诸子的，和我不相干，简直便不看。但我的书不看还可，《左传》总该读。唐代刘知幾《史通》，他把古史举出两体：一是《尚书》，一是《左传》。可见此书为中国史学家所重视。下次我想再把《左传》详细多讲一点，因此问题要讲到《春秋》，讲到经学，讲到从汉到清的种种争论。其实读《左传》也不要花很多时间，诸位不能只讲现代史，限的时代太近，便讲不准。如讲一个人，最好定要从他小孩生下进幼稚园、小学、中学到大学，从头讲起，大体应有个来源，若把前面的都忘了，如何讲现在的。现代史当然非讲不可，孔子《春秋》就是孔子那时的现代史，《西周书》就是周公那时的现代史，我们此刻所讲，主要也该是讲我们的现代史啊。我所讲都针对着现代，哪一句不是根据现代而讲？我不是只根据康有为来讲，更不是只根据朱子来讲，或根据董仲舒来讲，乃是根据我们现代来讲，这是一般学术上的现代史。诸位生在现代，不能不懂现代，但要从现代中往上推。当然也不是要诸位多来研究古代史，但古代史总要知道一点，那么此下讲话不致不通。古代到现代，如一条大水流切不断的。至少我要告诉诸位，治学要求通，学史学不能不稍通经学，治近代史不能不稍懂古代史，这也只要大概知道一些便好，我今天且只讲到这里。

《左传》（附《国语》《国策》）

　　《左传》在古代当它是一部经书，因《春秋》是六经之一，《春秋》有三传，便也算是经。所以在九经、十三经之内都有《左传》。从前人对《左传》所讨论的问题：（一）《左传》是不是传《春秋》？这是个大问题。汉代今文学家说《左氏》不传《春秋》，因此它不立学官，（二）《左传》是不是左丘明所作？左丘明是孔子同时人，若是左丘明作《左传》，便是传孔子的《春秋》。既说《左氏》不传《春秋》，那便未必就是左丘明作。这两个问题，我们在上一堂都已讲过。此刻我们认为《左传》并不是左丘明作，《左传》成书应在战国，要到秦孝公时。距离孔子左丘明已经很远，而《左传》或许和吴起有关系，这些都在上一堂讲过。但我们也可照宋代人意见：认为《左传》是传的《春秋》之事，并不是传《春秋》之义。中间如鲁、齐、宋、郑、晋、卫、楚、秦，各国的事都有，都包括在这部《左传》里。所以古代人乃至在民国以前人，只争《左传》是不是传《春秋》，所谓《左传》真伪问题，仅是这一个问题，却没有怀疑到《左传》里所载的事，即《左传》的内容，即是它的历史价值，这个从来没有人怀疑过。只争《左传》不是经学，并没有争《左传》所载二百四十年的事是不是历史。如讲天文历法，《左传》里所记日蚀月蚀种种，都是正确的。特别如《左传》里晋国的历法同周王朝的历法以及《春秋》里鲁国的历法错了两个月。在孟子书里已说过。周代历法是把现在的十一月当正月，夏历是把现在的正月当正月。晋用夏历，因此《左传》里讲到晋国的事情同《春秋》错了两个月。有的《春秋》在下一年，而《左传》还在上一年。晋国人的十一月，那已是周代和鲁国的新年了。即此一点，就可证明《左传》史料有来源，也可证明我们以前所讲夏商周三代历法不同，《左传》里便有明据。到秦代把十月当正月，更早了一个月。汉代以后才改过来，沿用夏历。我们只就《左传》，便知古代山西人的历法，就是夏历，因此我们在《左传》里可以研究很多古代的天文学。

第二，我们讲到地理。中国历史悠久，疆土广大，"沿革地理"是一门特别重要的学问。普通认为《禹贡》是第一部讲中国地理沿革的书，第二部是《汉书·地理志》。可是《禹贡》实在是战国时人所写，而《春秋左传》里的地理，因那时有一两百个诸侯，

《史记·十二诸侯年表》便举了特别大的十二个，这些叫做"国"。国以外还有"邑"，这些邑，就像后来《水浒传》里的史家庄、扈家庄、祝家庄之类。虽不是一个城，却是一个邑。《左传》里所记邑更多。大的称都，小的称邑，若我们把《左传》里的诸侯和都邑各个地名都考究，那工作便很繁重。杜预注便成为后人讲沿革地理一项重要的参考材料。此是一项专门学问，清代人写《左传地名考》的就有好几家。那么我们可以说，要讲中国的沿革地理，第一部书实是《左传》。地理是历史的舞台，历史上一切活动都分布在地面上。我们只要看春秋时代的地名，就可想象到古代的中国已经相当的大，差不多黄河流域直到淮水流域乃至大江以北，中国大部分区域都已包括在内。

第三，我们要讲到历史里的氏族。大家知道，春秋时代是中国贵族封建的时代。每一个国家，都由一氏族组成。鲁、卫、齐、晋、宋、郑各国，他们的氏族各不同。昔人有《春秋氏族谱》，我们要研究春秋时代的大家族，及当时的贵族生活，《左传》里讲得很详细。

第四，讲到政治制度，《左传》里各国制度亦各不同。譬如官制（政府组织）、兵制（军队组织）、田制（赋税制度）等。将来历史里一应制度：官制、兵制、田制等，都有渊源，特别重要而且可考的则在春秋时代。

第五，从西周周公一路传下来的所谓朝聘盟会之制，这是列国与周天子乃至列国相互间的一种"礼"。现在我们也可称之为"制度"。在清代末年曾有一本书，那是中国人到了外国去，研究了欧洲人的所谓国际公法，回头来把《左传》里讲的朝聘盟会种种不成文法，也当是当时的国际公法，写了一本书称《春秋时代的国际公法》。我在北平时曾看过这书，可惜现在丢了，那书的作者我也忘了。而那书流传不多，也无从再觅。十年前我到美国，去旧金山，那里有一位华侨，他特地同我谈起，他正要写一本《春秋时代的国际公法》，我当时曾极力鼓励他努力写，至今已过十年，没有同他通过信，不知他此书写成没有。可是这个题目却极值得写。就这一点，也可想象我们中国文化之伟大，在两千五百多年前，中国已有一套很像样的国际公法了。虽和后来欧洲人的国际公法不同，然而至少是各有长短，各有特色。下面我们讲到《左传》里的人物。

《左传》里的"人"，称呼极不同，有的称名，有的称号，有的称官名，还有其他不同的称呼。实际上不仅古代如此，如我们读宋代的理学，每一理学家有几个名字的，如程颢字伯淳号明道，至少有三个称呼。又如朱熹，字晦庵号考亭，陆九渊字子静号象山，每个人都有好几个名称。而中国人的名号，又都在训诂上配合起来，如三国时诸葛亮字孔明，鲁肃字子敬，名字相配，这习惯就从春秋时代起了。清代就有人专门研究春秋时代人的名号，从这里有很多的训诂问题可以发现。尤其是当时各国的贤卿大夫，他们的言论、行事，都值得我们研究。

下面再讲大家知道的春秋时代《左传》里所记载的军事。如晋楚两国三次大战争，城濮之战、邲之战、鄢陵之战，又如晋和齐的鞍之战，还有其他各种的大小战争，《左传》里记载战争的文章都写得好，在军事学上也有极大考究。又如讲到当时各国的外交辞令，《左传》里记下的也都是了不得，常为后人传诵。

再讲到当时的各种礼俗、信仰，有关社会史方面的，也都重要。清代有一学者汪中容甫，他有一本文集《述学》，里面有一篇讲到春秋时代种种礼俗，如他们讲的天道、鬼神、灾祥（灾异同祥瑞）、卜筮、梦，其他，都是极有趣而且亦有参考之用。汪容甫根据《左传》，说这些都是当时的实际情形，可见当时的社会风气。到了战国以后，中国社会大变，这许多所谓天道、鬼神、灾祥、卜筮、梦等大批在《左传》里有很多的记载，而战国以后便慢慢少了，也可说是中国历史文化上一大变迁，大进步。也可说是春秋当时中国社会的一个特殊形态，中国人心理上一些特殊信仰。

此外，我们还可以讲到春秋时代的一切食货经济、工商业情形。

其次，《左传》里又讲到许多蛮夷戎狄，后人所谓的四裔。诸位当知，研究任何一代的历史，都有这几个项目，如天文，如地理，如家族氏姓，如制度，如人物，如军事，如外交，如食货经济，社会礼俗，又如中国和四裔的关系等，这是历史的一个大体段，而《左传》都有了。所以《左传》已经是中国一部很像样的历史。诸位倘使要研究这许多问题，清初有顾栋高写一书，名《春秋大事表》，这是指的春秋时代，所根据的就是《左传》的内容，他分门别类地各为制成一张一张的表，而加以叙述。这书极伟大，我们正可根据他的方法，来写《宋代大事表》、《明代大事表》等。顾栋高是花了一辈子工夫在这两百四十年的事情上的。

我今试问诸位，哪个人可能随便来伪造一部《左传》？他将如何般来凭空伪造？又伪造了有什么作用？所以我说：《左传》是中国最先第一部最详密的编年史。专讲历史价值，孔子《春秋》，可说还远在《左传》之下。若我们要研究春秋时代的历史，而我们专来研究孔子《春秋》，将使我们根本不清楚，所能晓得的将很简单，所以我们一定要读《左传》。但如此讲来，孔子《春秋》又有什么价值啊？这已在上一堂讲过。但上一堂所讲，和此一堂所讲，并不相冲突。我们此刻说，除非是一大史学家，将不能编出一部《左传》，而《左传》也确实是一部伟大的史学书。我认为我们要研究古代的中国史，我们便该拿这部《左传》做我们研究的一个基准。即由此上来建立我们一个基本的标准的看法。

我们研究历史，要懂得一个看法。我们研究中国古代史，五帝、尧舜、夏商周三代一路下来，我们该怎样去看？我说：我们该先研究《左传》。因《左传》讲的详细。如诸位研究《西周书》，这里周公讲几句，那里召公讲几句，太简单了，再往上去更简单，我们把握不住，无法研究。而《左传》是一部极精详极完备的记载，我们能把这两百四十年认识了，根据这认识往上推，我们便可研究中国古代史。如我讲今文《尚书》也有假的，《尧典》是假的，《禹贡》是假的，为何如此判断？只要读《左传》，把《左传》里各国的政府组织，官制等都弄清楚，那么怎能在两千年前的中国早有了这样进步的舜的时代的政府组织呢？为什么四千年前中国政府高明到这样，在什么时候又退步堕落下来，到春秋时代又是这个样子的呢？我们应有一讲法，即是说这《尧典》里讲的靠不住，《尧典》是战国人的伪书。又如讲《禹贡》，我们看过全部《左传》里的地理，怎么那时人没有《禹贡》九州观念呢？我们便可判《禹贡》是伪书。又如我们今天讲，春秋时代是一个封建社会，这话便有些不通。诸位读西洋史，他们的中古时期封建社会有没有国家组织呢？那时还没有像法国英国等现代国家，但我们春秋时代有晋、齐、秦、楚许多国家了。西洋史上要封建社会过了才有现代国家兴起，然而西洋的现代国家，直到今天，英国还是英国，法国还是法国，没有更在其上的一个统一政府。西洋史上的统一政府，乃在封建社会以前的罗马帝国。可是中国便不同。春秋时代已经有了很高明的国际公法，又有一个周天子在上面，那么我们怎可说春秋时代是个封建社会呢？所以我只讲中国古代是有封建政治，而并非封建社会。西方人的封建社会，是在无政府状态下的东西，和我们完全不同。我此刻这样讲，诸位不要认为很简单，在此六十年来，似乎只我一人这样讲，在我认为讲得很清楚明白，只为我读了一部《左传》，《左传》是我讨论古史一个基准的观点。

我再举一书，诸位都知有郭沫若，他写一书名《中国古代社会研究》，他根据《易经》，根据龟甲文，说中国那时还是一个渔猎社会，正从渔猎社会渐进到畜牧社会去。在龟甲文里，一次打猎捉到多少猪或多少羊，所以说那时主要生活还是在渔猎时代。但这话也有些讲不通。社会从渔猎进化到畜牧，再从畜牧进化到耕稼，进化到有大贵族，有许多像样的诸侯，有中央统一政府，那不是简单一回事。请问中国人什么时候才一下子一跳，而进步到《左传》这个时代的呢？我们一方面要讲中国人不进步，一方面却把中国人的进步又看得太易太快，出乎这个世界人类历史演进的常轨之外了。诸位尽看他引了许多龟甲文，许多《易经》上的话，看他有证有据，但拿一部《左传》来一看，就知双方不能相通。因此我们要研究中国古史，应该把《左传》做一个我们对历史的基本知识，即一个标准的看法。从此推到上边去，可以不会大错。

再讲到下面，我可以告诉诸位，诸位定该研究一下古代史，才能懂得下面的历史。古代史也可把来作研究下面历史的一个基准观点。我们此刻研究秦汉以后，也多有看错的，毛病在哪里？因为在上面没有弄清楚。要弄清楚上面，最好还是读《左传》。我们要研究古，研究西周，研究商和夏，先要有个准备工作，有一个靠得住的基础和标准，那么一定要看《左传》。诸位要读廿四史，通常我们说，先读《史记》、《汉书》，或者再加上《后汉书》、《三国志》，合称四史，先把四史熟了，下边有办法。但《左传》又是读四史之基准。诸位莫说我要研究宋史，先去读《左传》有什么用？但研究宋史也要有个基准，从上向下。如诸位要进我这个客厅来听课，定要从大门进来，不能说这和我不相干。我们今天的错误，在我们先没有一个做学问的基准或说立脚点。

此下我继续提出两书，一是《国语》，一是《国策》。前人多谓《国语》和《左传》同出左丘明，故《左传》称"内传"，《国语》称"外传"，此说殊不可信。《国语》分国记载，如后代十六国春秋之类，和《左传》编年体裁不同，故读《国语》亦应分国来读。如《鲁语》和《齐语》不同，大抵邹鲁儒生多拘谨保守，故多经生儒家言。而《齐语》则如孟子所说："子诚齐人也，知管仲晏子而已矣。"今《齐语》只讲管仲，与管子书里材料相通。《晋语》则出三晋之士，韩、赵、魏三家，比较上重功利法制与纵横思想。最早当渊源于子夏，后来演变出吴起。当然不能说子夏便是法家纵横家之祖，可是三晋虽则多产法家纵横家，而论其最先原始，则起于儒家。那里的儒家所讲，则比较更近于史学。亦可说孔子的七十弟子后学在邹鲁本乡的，还都是儒家传统，而他们慢慢地传到三晋，就渐变为功利法制，乃至纵横这几派。其时如宋国，又和其他国家不同。宋是商代之后，春秋时有一个宋襄公，想把讲仁义来霸诸侯，被楚国打败。后来又有一个向戌，召开弭兵大会，来求当时的全世界大和平。那些都是宋国人搅的花样。更后来有墨子，他亦应是商代之后，他思想亦较特别。古人说：商尚鬼，商代人是带有一种宗教迷信的。墨子书里便有"天志""明鬼"诸篇，不脱商代人色彩。孔子之伟大，正因他是商代之后而到了鲁国，周尚文，孔子崇拜周公，遂集古代商周两代大成而又上通之于虞夏。还有楚国，和北方诸夏又稍不同。天文学在楚国很盛，中国古代天文学上用的名词都很特别，我怀疑它和楚国有关系。特别如楚辞，其中如屈原的《离骚》、《天问》，那里讲的中国古史非常多，他们又是一套。恰如我们讲现代欧洲，意大利人同英国人不同，英国人同法国人不同，法国人同德国人、奥国人又不同。地域不同，传统不同。中国在春秋时代也有很多的不同。诸位读《国语》，读《鲁语》就多儒家言，《齐语》就只讲管仲，多法家言，《晋语》更较近读历史，《楚语》又是另外一种。在《国语》里有一篇《郑语》，其实这一篇《郑语》只就是从《楚语》中分出来。又如《吴语》、《越语》，《吴语》也只是从《越语》中分出，只讲范蠡文种，讲的是权谋权术，这些在春秋时代还没有，是后来新兴的，而把来假托在范蠡身上。倘使我们这样来看《国语》，便知《国语》材料也并非不可靠，但决不是说编《左传》余下来的材料便成《国语》。《国语》应是由另一人来编集，这些材料也是从各国来，但未能像《左传》这样汇在一块而把来熔铸了。而且这些材料，时代先后各有不同，像《鲁语》，便多是后起儒家借着古代某人某事，添油添酱，润饰成篇。如此之例，《左传》中也有。在《左传》中的记事部分，决非伪造，但《左传》中记言部分，便有些不可靠。若我们要取材《左传》来写一部春秋时代人之思想史，那在运用材料上，便得小心。《齐语》中的管子，则决非春秋时代之真管子。而《晋语》则比较是记事部分多，或许会有更早于《左传》中的材料也不可知。

我们随着讲到《国策》，《国策》里有大部分材料尽是纵横家之言，都出三晋之士。然而《国策》中如《魏策》、《赵策》等，有一部分材料却很近《国语》中的《晋语》。可见当时历史材料三晋为多，有很可信的，也有很不可信的，那便是纵横家言了。

我在《先秦诸子系年》里讲《左传》，就连带讲到《国语》，主要把《国语》分国看，认为《国语》这书是杂拼的，只把很多材料拼在一起。有的材料早，有的材料迟。齐国人的话，鲁国人的话，晋国人的话，楚国人的话，越国人的话，都不相同。再把这看法来看《国策》，近乎《国语》的是一部分，三晋纵横之士的说话又是一部分。讲到这里，我要提出一个极大的问题，就是中国古代人对历史记载有一个很特别的地方，就是所谓"记言""记事"之分。诸位都说历史是记事的，但中国古人看重历史，不仅看重其事，还更看重讲话。从前人认为《尚书》是记言的，如誓、诰、谟、训，不都是讲话吗？我第一次讲《尚书》，提出《召诰篇》，那就是召公同人讲话。《国语》《国策》里很多只是讲话，一段一段保留在那里，就是历史。而《左传》中主要的，乃是两百四十年的事情放在那里，便显然见得一是记言，一是记事了。

我们再进一步讲，固没有在事情中没有讲话，也没有讲话而不牵涉到事情的，这里我们不能太严格地分。我在《西周书文体辨》里，就说讲话里必兼记事，而《左传》亦在记事里就连带记着很多的"言"。我们只能说中国古代言与事并重，说话同行事一样看重，但并不能说中国古代人把讲话同行事分别开，如说"左史记言，右史记事"，这话恐有些靠不住。又如说："动则左史书之，言则右史书之"，一个天子的行动，由左史写下来，他的讲话，由右史写下来，此和说左史记言，右史记事，恰相反对。又且在古书里可找到许多史官名，而并无所谓左史与右史的分别。所以我疑心这些话靠不住。可是中国古代人对于历史既看重事情又看重讲话，那是一定的。

现在我们再讲到记言，这个"言"字也和我们现在人所讲"思想"有一些不同。当然讲话都由思想来，可是说中国历史里看重讲话，不能便说是看重思想。思想二字乃是我们的现代观念，而且我们今天所讲的思想，也和西方人讲"哲学"有不同。我曾写了一本《中国思想史》，但并没有称它为《中国哲学史》。言和思想和哲学，这三者均是稍有不同。言和事紧密相连，但并不即是思想。思想可和事分开，但并不即是哲学。哲学乃是思想之有特殊结构的。如纵横家言，我们最多只能说那时有一套纵横思想，但并不能说那时有一套纵横家的哲学。

从另一方面讲，言一定是思想，哲学也一定是思想。我们可以这样说，随便的说话就是言，这些说话用特殊的某一种的说法来说，就变成了哲学。这不是说话不同，而是思想方法之不同。思想一定要成一个体系，非如胡思乱想。但这个体系，又可分两种。一种是生命体，一种是机械体。怎叫生命体呢？如盆里这一枝花，这是有生命的。怎叫机械体呢？如这张桌子，它是一个机械体。我们思想的发展，都应有一个生命。思想发展就有许多话，话多了，遂成为一个结构，而那结构太固定性了，便好像机械似的，那就成为了一套哲学。中国人思想偏近生命性的，它的发展仍只应称之曰"言"。如孔子讲话，自然从他的思想来，但我们今天每有人说孔子的思想没有组织，不成为一套哲学。组织也只是一套结构，但结构得太严密，或说是太形式化了，便成为机械化，便会减少或损失了它的生命性。孔子以前有一位叔孙豹，他讲人有立德，立功，立言三不朽。暂不讲立德。立功立言不就是言与事并重吗？叔孙豹那句话，两千五百年到今天，我们中国人还在这样讲，这不是他的立言不朽吗？但这只是一句话，并不成一套哲学。西方一位哲学家讲话，他往往不是在讲一句话，而往往是在写一本书。有组织，有结构，讲到最后，自成一套理论。中国人的理论，往往脱口而出，只是说话。没有系统，没有组织，一个人在那里平白出口讲，不成哲学，可是它确是一番思想啊！虽然由他一个人随口讲，竟可跑到我们全世界人的心里，大家认为对，那就是立言。

又如说马克思，他著的《资本论》，若说资本家怎样赚钱，论到资本的利润，说这是剥削劳工阶级，这是马克思住在伦敦天天看报与访问调查各个新兴厂家，有根有据，才提出这些话，这些话确是对，但在中国人简单一句话就讲明白了，这称做"为富不仁"。要赚钱发财，总是有点不很仁道。在我们只是一句话，在马克思则成了一套哲学。若马克思这套哲学只讲到这里，那么今天就会有人驳他，说今天如美国人工资这样高，而且一个大资本家的厂公开发卖股票，工人也可买，赚来的钱还要抽很高的所得税，所以美国人今天已不能叫做资本主义的社会，已经是共产主义的社会了，可是这句话最多只能驳马克思，不能驳中国人为富不仁的话，资本主义还是为富不仁。这且不讲。马克思因要讲经济利润，慢慢讲到阶级斗争，再讲上去，讲历史哲学，讲唯物史观，讲存在决定意识，这就成了一套哲学。他的《资本论》，千门万户有一个大的结构，急切要驳倒它，便不易。中国人一句话脱口而出就是一句话，可是这句话也可颠扑不破，此所谓立言。故我们中国人的思想是生命性的，这句话就是一个思想之菁华，像一棵树从根慢慢长出枝，开花结果，有生命。西方人的一句话，往往成为思想的一块化石。如马克思说："存在决定意识"，你要问这句话怎么来，他便原原本本有一套哲学慢慢儿地同你讲，可是这句话实际上是死的！而中国人一句话，总要求其是活的。如孔子讲仁，今天我们都要学西洋人讲哲学的方法，来讲孔子的"仁"。那么如《论语》里孔子说："刚毅木讷近仁"这话意义无穷，可是当下则只是一句话。又如说"仁者其言也讱"或者说"仁者先难而后获"，如此之类，若我们把《论语》里孔子论仁，依照西洋人的哲学来重作一篇文章，加以组织，成为结构，这些话怕会一句都用不上，或者说这些话都变成不重要的了。我们要知中国人所谓的"言"，不能以看西方人哲学的眼光来看。我们今天要把西方人的哲学来发挥中国人的"言"，而不悟这里有一个不同。如叔孙豹立德立功立言三不朽，这话就不朽了。但若讲哲学，这话便成无头无尾，没有结构，没有系统，没有组织。照西方人的哲学著作，也有许多是多余的，讲了一本书，最后也只是一句话。你说"存在决定意识"，我说不对，也就完了。读中国史，不便要兼通哲学，但中国史里言事并重，如纵横家言，也是一套话，却又不能说它是立言不朽。可见治中国学问，还是有中国的一套，不能不另有讲究。

现在说中国史学有记言记事两条大路。像《国语》、《国策》都是记言的，远从《尚书》一路下来。但到孔子时代，记言又走了另外一条路，那就是百家言。孔子、孟子、荀子是儒家，老子、庄子是道家，各自著书。如《论语》、《老子》等书，发展成另一条大路，中国人叫它做"子书"。中国人从经学里发展出史学，我们已经讲过，《尚书》、《春秋》便都在经学里的。但史学又发展出了一套子学，子学则只是记"言"的，从其所言，可来研究他们的思想。我们要研究中国思想，从周公开始，周公以前则难讲了。近则从春秋开始，如看一部《左传》，它里面所载贤卿大夫种种讲话，不晓得有多少，但此许多讲话，有可信，有不可信。有有价值的，有无价值的。要讲史学，便又该讲到孟子所谓的知言之学。又当知一书有一书之体制，中国书有中国书的体制。

今天诸位读书，主要在找材料。但如诸位讲中国思想，尽向《论语》、《孟子》、《老子》、《庄子》书中找材料，却不找到《左传》，认为《左传》是一部历史书。不知《左传》里就有很多伟大思想在其内。我写《中国思想史》，从《左传》里就举出两人，一是子产，一是叔孙豹。叔孙豹讲三不朽，这时孔子已经三岁。子产在《左传》里有一段话讲鬼神，讲得非常有意义，那时孔子已经十七岁。又过了十四年，子产又讲"天道远，人道迩"，这一句话只六个字，似乎不成一套哲学，可是孔子《论语》就是讲人道不讲天道，根据子产这句话的思想发展而来。我讲中国思想，在春秋时代举出两人，都在孔子已生以后，孔子怎会不受他们影响？可是今天，把这部《左传》搁在一旁不理了，便会使古代史无法讲，而下边历史也都无法讲。讲中国思想，讲来讲去，从老子开始呢？还是从孔子开始？只讲诸子、讲经史，把中国史从腰切断了。若我们把此两百四十年春秋时代人的思想，见在《左传》里的，再接上《尚书》里的思想，便如伪古文《尚书》里也还有很多材料。这些中国古代思想，怕会花去诸位一辈子工夫去研究。所以我说《左传》是一部研究中国古史的基准观点所在。我前面讲《左传》举了十项大事，而思想一项没有举在里面。

现在我再讲一件，如孔子说"必也正名乎！名不正则言不顺，言不顺则事不成，君子名之必可言，言之必可成"，这可见中国人看重讲话看得非常重要。近人都看不起孔子的正名主义，骂孔子"君君、臣臣、父父、子子"是一套封建思想，但孔子所谓必也正名，是说每一句话中总有一个名，名不正了，就言不顺，言不顺的该无法做成事。中国史学，言与事并重，这是中国人的一套历史哲学，所谓"君子名之必可言，言之必可行"，如近人好言和平，而不重正义，这便是言之不可行了。

中国人看重《左传》，不看重《国语》、《国策》，正因为《左传》里有许多贤卿大夫之言，不能和《国语·晋语》里所载有许多后代迂儒之伪言，乃至如《国策》里的许多纵横家言，尽有要不得，乃至不值重视的。若诸位没有知言工夫，只把中国历史当作记事一边去看，便失掉了中国史学中重要的一部分。

一九五九、十、十二

《史记》（上）

我们讲过了《尚书》、《春秋》、三传，附带提到《国语》、《国策》，差不多秦以前主要史籍，都简单地讲了。秦以后，汉代有司马迁的《史记》，为中国第一部"正史"，一路下来，就有廿五史，直到清末。以后我们是不知，但这秦汉以来二千年就是一部《史记》作标准。此刻我们讲历史，每把秦以前和秦以后分成两个很显然的段落。秦以前唐虞夏商周三代，可以称作"上古史"。秦以后，倘使我们学西方名称亦可叫做"中古史"。现在我们上古段落已经讲完，接下要讲中古。我想我们该再回头来重看一下，此是做学问一很重要方法。像走路，不能两眼只看着脚下一步步往前，走到某一阶段，该要抬起头看看四面。又像爬山，不能一路往上爬，总要爬一段回头来四面望一下。特别跑到山顶，当然不看脚下，要看四面。上了一峰又一峰，每上一峰必该一望，这是必然的。诸位读一部书，不能一条条尽作材料看，要懂得综看此一部书，又该懂得合看此诸部书，有一番登高远瞩的景象。

从《西周书》到《战国策》，古代史籍，我们都该通读一下。现在要讲汉代，该回头来凌空一望，我们该望到那没有书没有字的地方去。诸位不要认为《西周书》、《春秋》、三传、《国语》、《国策》都讲过，此外便不很重要，该听汉代了。等于跑上一峰，又跑一峰，两眼尽在脚下，这等于没有上。现在古代已完，可说是中国上古的史学、或说是中国上古的几部史学名著，都在眼了！我们该要自己放开眼睛来一看。看些什么呢？此诸书是都看完了，正如两脚着地跑，已上了巅峰，现在该要一番掩卷、深思，这是做学问千万要记得的一个习惯，或说一番工夫。能学到这一点，做学问一项很大法门已开在这里了。

如何深思呢？这该我们自己发问，所以叫"学问"。读书就是学，到了发问，是第二阶段。无师可问，则且各自问自己。故说做学问要"会疑"。"会"者"能"义，我们要能疑、懂得疑。现在只说"怀疑"，要你不信，常怀着疑，如此又哪肯拼命读书呀！读了书要会疑，不是要不信，光怀疑了，又何必去读？"会疑"是要懂得疑。疑了自会发问。我今告诉诸位，中国有一部司马迁的《史记》，到现在已两千年，但在司马迁《史记》以前，从《尚书》、《春秋》、三传、《国语》、《国策》到司马迁也有一千年，西周到现在已有三千年的历史,《西周书》以前还有唐虞夏商,还有上面的,最少说也该两千年,或还不止。诸位听了这几次讲,自己心里该来一问题,为什么中国文化和中国历史要到西周初年才有史学,才有《尚书》?这问题没有书本详讲过,可是我们心里应该有疑。好像我们到了这山望前山,前山那面又是什么?我们应该问:为何有了《尚书》,隔了五百年又有孔子的《春秋》?为何又隔了五百年有司马迁太史公的《史记》呢?这里至少是一番中国史学之演进。中国历史到了西周初年才有《西周书》,到春秋末年才有孔子《春秋》,要到汉初七十年代才有司马迁之《史记》。倘使照我上面讲,西周书重要的在周公,春秋背后当然是孔子,中国人尊经,但为什么后起的史学,不尊《尚书》、不尊《春秋》、不尊周公孔子,而尊司马迁的《史记》呢?为什么《尚书》、《春秋》都不为正史,此下的正史只是跟着司马迁《史记》这个系统呢?这问题值得研究。但实不是一个很重要的问题。诸位都说中国人只懂得尊孔子、尊六经,但写史便尊司马迁,写文章又有屈原《离骚》一路到汉赋、《文选》,这些都不关孔子,这些也都是问题。而这些问题则在书本之外,是凭空的,要得读书的人自己懂得发问,却不一定能找到答案。问题不能不有,答案不一定能有。诸位且莫要"急功近利",有了一个疑问便立刻要一个答案,这是一种功利主义,急着要成果。今且不要着急，问题不能立刻就解决，倘使拿不到结果，那些问题就不发生，如此一来，则成为"浅见薄识"，便是不会疑，更不会深一层疑，就没有大见解。见识则必求深厚，深厚始成重要，要在自己能问。好学深思，使此问题"存在"，存在于自己脑子里。诸位傥学科学，科学上很多大发现，便都从一个小问题上慢慢地花了一辈子乃至几辈子工夫来解答这一个问题。如苹果为什么不往天上掉，往地下落？当然立刻无法回答，书本上也没有回答，而此问题发生了，亦终于解答了。到今天，在很多科学家的脑子里，总存有很多很多问题，无答案，慢慢儿在那里研究。大答案研究不出，先研究小答案。大问题搁在一旁，在大问题中再举出几个小问题。如说：我们人为什么要老？这在医学上也是一大问题，不晓得有多少科学家在从各方面研究，但至今没有确切答案。诸位做学问，要有像此一般的精神，或者可说这即是做学问者之生命所在。要有问题而不急求答案，书能一本本一部部地读，埋头读。有《尚书》，读《尚书》。有《春秋》，读《春秋》。有《左传》，读《左传》。现下又有《史记》，我便读《史记》。埋着头跑向前，但跑到一地方，该要放开眼睛四边看，学了要懂得问。所谓的"高瞻远瞩"，又说是"博览综观"，要综合起来，向高远处看。如我刚才所讲，中国人有了历史文化两千年，才有周公的《西周书》。再进五百年，才有孔子《春秋》。再进五百年，才有司马迁《史记》。再进两千年到今天，当然下面的问题不再是《史记》了！但又是什么呢？

这问题我曾问过章太炎先生，我说：现在是廿五史，下边该怎样？他没有能回答我。此一问题，我仍留在脑子里。诸位千万不要当我是在空谈，诸位要学史学，便该学到这个地方去。我不教诸位做学问的方法要凭空瞎想，或胡思乱想，只是讲过了这几堂课，便该总结起来说，中国有历史以来两千年有周公的《尚书》，中间又经过五百年而有孔子《春秋》，又经过一千年而有太史公《史记》，太史公《史记》到今两千年，这些话千真万确，没有一个字落虚，但"为什么？"那是一大问题。下边我们该怎样？又是一大问题。诸位做学问能到这地方，诸位胸襟自宽，抱负自大，但包袱也就重了。虽有个远大前途在你前面，但也不一定达得到。这样一来，至少使你做学问可以不厌不倦。

我且说《尚书》、《春秋》（《左传》也在里边）、《史记》，这是中国史书中三个阶段，也是三种体裁。如做一件袍子，或条裤子，怎么裁？诸位现在只知要材料，要的是布，但有了布应要懂得剪裁。这便是创造，或说是制作。袍子、马褂、短衫、裤子，各从其便。《尚书》、《春秋》、《左传》和《史记》，虽然都是写的历史，而其体裁各不同，此层前人都讲过。《尚书》是记事的，《左传》是编年的，而《史记》是传人的，中国历史体裁不外此三种：事情、年代、人物分别为主。一切历史总逃不过此三项。《尚书》是一件一件事地写，写出就是一篇篇的《尚书》。《春秋》与《左传》是一年年地记载，而太史公《史记》，就一人一人地写下。这里却有一个要特别提出的，我已在上一堂讲过，即是中国人事中兼有话，讲话也看在事之中。其实讲话当然也是一件事，如我今天上课，即是一件事。但此事特别重要的在讲，讲这一堂课，就是一件事。在中国古人有记言记事之分，但不能拘泥看。如我今天讲这句话，诸位回去记下，某月某日某先生讲此，这是记言，同时亦即是记事。《尚书》中诏、诰、命、谟，言中均有事，事中均有言。如《左传》记叔孙豹讲三不朽，郑子产讲鬼神，何时向何人所讲，是事。然而像此两番讲话，实与事无关。既不是外交，也不是军事，更不是法律，又不是政治和经济，什么都不是。那只是记言，记他讲过了这样一番话。而在中国历史里，记言的地位和分量很重，可能超于记事分量之上。为何中国人更看重记言，那得重新讨论。诸位当知，事有轻重大小，写历史者不能拿一切事都记下，便只有选择。如新闻记者访问一事，十位记者访问同一件事记下，可能十篇文字各不同，此因选择不同。如我今天这番话，诸位每人写一篇报告，也可写来都不同。或你看重在此，他看重在彼，仍是选择不同。如扩大写一篇听某人讲中国上古史学名著，诸位把今天以前听过的各记一篇，这将是不同更大。你所听经你选择，此外的忘了。有的没有忘，认为不重要也不记下。可见本领在挑选。如写一本民国史，各人一篇，限五万到十万字，写来还是各不同。亦有人根本不能写历史。写史须有见识有选择、有组织，不能老是要参考材料。六十年的大事，只把许多材料凑配，写史者自己却变成了工具。做学问该以自己为主，做那使用材料的人，不是为材料所用的一个工具。我们要问，周公当时为何会有一部《西周书》，诸位把《西周书》十几篇文章都看过，便见那里记言重于记事，这至少有周公的选择。诸位当知，在周公时，中国古人本没有所谓历史、史学的观点，连周公脑子里也还没有。直到司马迁时，还没有所谓史学。不仅如此，在周公时也没有所谓经学。孔子作《春秋》，孔子脑子里也何尝有所谓经学，更不论史学。后来人崇重他的《春秋》，奉之为六经之一，但孔子《春秋》却是中国第一部编年史，变成史学了，但在孔子脑子里也没有如我们所谓"编年史"三字。但又为何写出了一部编年史，写出了在他脑子里所没有的东西来？在周公脑子里，也没有所谓记言记事的分别，但却编出一部《西周书》。诸位当知，学贵创作，如是才是真创作。我们强说要学创作却只是假创作。要别人给我一题来找材料，这怎么能创作？创作既有真假，也有高级与低级。讲到这里，我们就该懂得做学问用心之所在，来怎样用我们自己的心。书大家会看，文章大家会写，材料大家会用，但这里有一甚深妙义，则在各人的心。当时周公如何般用心？周公久已死了，也更没有人来讲这些，我今提出此问题，说周公当时心里怎么样？其实完全为的是政治，全是一套政治措施。古人谓之制礼作乐，这"制礼作乐"四字，诸位都知道，这是旧话，我们该以新义来翻译旧话。诸位不能尽查书说礼是什么，乐是什么，礼乐只是当时周公拿来治国平天下的一套政治措施。在这一套政治措施的背后，便有周公的一套政治思想和理论。讲到此处，诸位当知，中国历史演进和西方有不同。诸位读希腊史，柏拉图、亚里士多德都有他们一套政治思想写在书上，但他们没有在政治上做事。周公是中国一位大政治家，难道他没有一套政治思想吗？然而没有著作，没有一部周公的政治理论的书。诸位假使能看《西周书》来写一篇周公的政治思想和理论，这不是个大题目吗？要讲中国政治思想史，先从周公写起，把《西周书》做材料。如我上一堂所举，周公只讲文王不讲武王，武王明是用兵得了天下，为什么周公反而不讲他？这里便见周公在政治上看重"文治"，不看重"武功"，重"德"更重过"事"。周公制礼，主要在祭文王。因文王有功德，而文王这些功德，则写在《诗经·大雅》

文王之什里，这就又接上了历史。周公讲了文王，还要讲上去，讲后稷、公刘，那么周代一路下来的历史在《诗经》里全有了。孔子懂得周公，《论语》中称文王也比武王伟大。中国人此一套精神直传到今天，为西方人所不懂。经济、武力，群相讲究，像周文王便打不进近代人心里去。今再问：周公为何把此许多事都写在《诗》里，而不写在《书》里呢？我上面已讲过，周代的历史不仅在《书》，还在《诗》。这里却有一个比较小的新问题，即是文学与史学的问题。而且在古代，似乎运用韵文还比运用散文来得较省力，《诗经》比《尚书》反易读。"关关雎鸠，在河之洲，窈窕淑女，君子好逑"，大家会读。只十几个字，一讲通便能读，而尚书就难。为何韵文易读，散文难读，只是散文运用难，韵文运用易。这里我试牵涉出去讲得远一点。正因中国是象形文字，西方是拼音文字，拼音文字只就拿字拼出他们的讲话来。本来西方如埃及，文字开始也是象形，但后来这条路走不通，只能改成拼音了。在地中海周围做生意人，相互讲话，只用文字拼音，而中国人能从象形文字跳出，有象意、象事、象声、转注、假借共六书。这样一来，中国文字就变成全世界惟一的一种文字，可同口语脱离。把文字上的话同口里的话脱离，好让两条路进行。当然这两条路还是有关系，还是时常纠合在一起，但我们还可以说它分着两路进行。若单就一面讲，在同一时代里，《诗经》中韵文流利反而胜过了《书经》中之散文艰涩。中国古代散文，直从龟甲文到钟鼎文，《尚书》里的字法句法，一路而下，要到孔子《春秋》，才是中国散文字法句法上一个大进步，试举一诸位易懂之例：如《春秋》用"崩""薨""卒""死"这四字，其实只一"死"字就得，但天子死称"崩"，诸侯死称"薨"，卿大夫死称"卒"，而庶人之死才称"死"，孔子《春秋》里便把这"崩、薨、卒、死"四字分清楚。因此《春秋》不书死，因庶人死了跑不进历史。孔子之死也称"卒"，因孔子也是鲁国的大夫。今试问孔子为何牢守此分别？我们便称之为封建头脑，这是今人对古人硬下批评，这中间本无学问可讲，至少做学问不该先骂人。孟子明明说：其文则史。孔子《春秋》里的文字，大体根据周史官，则天子称"崩"，诸侯称"薨"，那是远有来历的，我想周宣王派出史官就有这一套，而这一套也就是周公制礼作乐里的一番礼。它自有阶级观，这是当时政治上的东西。而这"崩、薨、卒、死"四字，便成为当时的一种"官用话"。至于死了就叫"死"，这是民间话。如孔子在《论语》里说："予将死于道路乎？"用的是"死"字，并没有用"卒"字。又如说："颜渊死，子哭之恸"，也没有叫"颜渊卒"。庄子说："老聃死"，也只用死字。文字流用到民间，此在孔子以后事，而后"崩、薨、卒"这些字眼再不需用。又如《尚书·尧典》称"涉方乃死"，只这一字，我便觉得《尚书·尧典》是后人作品，想必到了《论语》、《孟子》以后，大家只用一死字也用惯了，所以伪造《尧典》的作者也随手用了死字，而孔子《春秋》则依然用了崩薨卒诸字，孟子似乎早知道我们今天会群起诟骂孔子，故早为之解释曰其文则史。但试问：只用崩薨卒诸字，又于事何补？所以又继之曰其事则齐桓晋文。有些处，我们且莫先骂古人无知，该自责备自己读书不细心才是。

我再推想到一部说文中间有很多花样还值得研究。如马，可因颜色不同，而造字不同。有黑马、有黄马，便有各别的字。此可见中国古人把文字和语言分开。如说"骊"，诸位要问这是什么颜色？骊马和黄马不同何在？我们只有查字典，查《说文》了。但到今可谓此骊字已废不再用，这是一匹黄黑色的马，拿口语来写下便是。如此之类，《说文》里有极多字现在都废，用口语代替了。在没有废这些字以前，可知古人看了这字就懂得，可用一字来代替这一话，这样的文字运用实还不够进步，后来才又进步到多用口语而省去了异字。今试再举一例，此是《春秋》中最出名的例。有"陨石于宋五"与"六鹢退飞过宋都"这两条。"石"同"鹢"是名词，"陨"是动词，"飞"是动词，可是"陨"放在石前，"飞"放在鹢后。"五"、"六"是形容词，但又称石五六鹢，岂不很复杂？《公羊春秋》讲此极好，他说：石记闻，视之则石，察之则五。六鹢退飞记见，视之则六，察之则鹢，徐而察之则退飞。《谷梁》说：先陨而后石，陨而后石也。后数，散辞也，耳治也。六鹢退飞，先数，聚辞也，目治也。这里就显见是《谷梁》后起，知道了《公羊》说法而改变其辞。简单说，这只是文法问题。后代顾亭林《日知录》据此取笑《公》《谷》，认为行文造句自当如此，不值大惊小怪。但在后代散文文法进步以后固极简单。在古代，孔子《春秋》以前，如此简洁明净的句法，实也少见。韩昌黎所谓文从字顺各识职，《春秋》此两条正可为例。《公》《谷》纵是村学究，对此两条用力发挥，说君子于物无所苟，石鹢犹且尽其辞，而况于人。正见当时人对文字文法上之欣赏，实足证明孔子春秋时代，散文有新的开始，文字的运用，文法的组织，都大见进步。西周时代这五百年中，正是中国散文文学一大进步的时代。若使周公当时早有孔子春秋时代般的文字文法，便也不会有像《西周书》艰涩文体之出现。这些都是随便讲，我们是在讲史学，但诸位若有人对文学有兴趣，这也是个大题目，里边有很多东西可以研究。我不过举一个例。若论材料，则很简单，不多几部书，一翻便完，但这里大有文章。我们研究《说文》，研究龟甲，只跟前人走一条路，不开新路，总嫌太狭。如做菜，最先只懂放盐，后来才懂放酱油、放油、放糖、放醋，还要放点辣，或许还要放牛奶，放别的，菜愈做愈好了，总不能单纯一味。做学问也千万不该做一味一色的学问。诸位尽说是专门，但一味总是太单调了。先把自己聪明阻塞了。我们定该把自己聪明活泼而广大化，不要死限在一区域，一格局。

现在我再进一步讲孔子《春秋》为什么来一个编年史？刚才讲的是为什么周公来个《西周书》，我话并不曾讲完，也不能尽在这上讲，且由诸位慢慢去想。今要讲孔子《春秋》为什么来编年？今天诸位读西洋史仅是记事，而记言在记事里的分量又来得少，《西周书》专重记言已可异，《春秋》编年更值得当一个问题。近代科学大部分主要的方法在能观察，观察所得，要懂记录，如天文气象报告，雨量啊，风向啊，温度啊，一切都得经过观察与记录。中国人对于人事上的观察与记录，从古就注意到，那就是"历史"。中国人对于人事特别看重"本末常变"四个字。人事有本有末，又有常有变。能把一件事分着年记载下，一年中又分着时月日记载下，这才可以记载出这件事情演变的真相。前人如何做学问，也不易知，但有个简单方法，便是读他的年谱。他怎样开始做学问？怎么想到著作？又怎样写出？后来怎样写成的？一年一年看下，便可懂得。又如研究一人思想，也该读年谱。如王阳明怎会发明良知之学？读阳明年谱较易见。写历史能写到编年史，那么本末常变都在里面。如中国人八年抗战，日本人打进中国，而止于无条件投降，此事并不简单。要从卢沟桥事变起一路看下，这八年中国人打得真辛苦，一路失败到最后，始获得了胜利。所以我们要懂一件事，定该把这事分开看。一人几十年做学问，我们也要把它分成一段一段看。如我们来台湾二十年了，下边怎样？我们不知。前面呢，该懂得讲究。不能待将来成败论定后，再来写台湾二十年历史，那多半将成假历史，靠不住，最好是从初到台湾就有人写，直到最后，年年写下，才是真历史。我们今天不晓得明天事，且先把今天事写下，不要到了明天再来追记今天，这里就易出问题。事情的复杂性，变化性，定要从编年里去看，才懂得这事之本末与常变。何况孔子《春秋》已经是列国纷争的时代，所以这时的历史有晋国的、有齐国的、有楚国的、有鲁国的，更非编年不行。回顾周公时代只隔五百年，但变化相距已很远。在周公时代写史还不需要编年，而孔子时代写史，则正贵有编年。但为何又从孔子《春秋》变成了《史记》？太史公也不是忽发奇想心里来一个直觉。他不照孔子编年，而分为一个一个人来写，他这一套，正又是从孔子以下五百年中间慢慢儿造成出。这是时代演进，不是太史公的私心创造。在太史公以前，已经有一个来源远远在那里。诸位且先想一想，怎么从孔子编年到太史公列传？有没有些痕迹机缘，我们可以拿来讲太史公《史记》的来历？列传体怎么来？如此般的讲，固然是讲周公、讲孔子、讲司马迁，然而也即是在讲时代、讲演进，看重它的一层又一层般地演进。我虽极崇拜孔子，但并不是说今天我们只要学孔子。纵是学孔子，而我们此下尽不妨有一个新天地新创造。我们的史学也不必定要学司马迁，我们下边的新历史，也还有新创造。只要我们把上边弄清楚，下边就能来。上边的弄不清楚，诸位说：这二十五史全已过了，现在该要新历史了，但新历史究在哪里呢？让我说穿一句，诸位只想一意学西洋，但西洋这一套还比中国落后得多，而且西洋也有西洋的来历，这非一言可尽，我今天且只讲到这里。

《史记》（中）

今天讲司马迁《史记》。《史记》是中国第一部所谓的"正史"，此下接着还有二十四史。在司马迁当时，大家只知有经学、子学、文学这些观念，而没有史学的独立观念。所以《汉书·艺文志》里，只有《六艺略》、《诸子略》、《辞赋略》，而司马迁的《史记》则附在《六艺略·春秋门》。可见当时学术分类，史学还是包括在经学中，并未独立成一门学问。但司马迁却能创造出第一部"正史"，为以后几乎两千年所沿用，这不是一个极值得注意讨论的问题吗？依照现在人讲法，司马迁《史记》可说是一个大创造。司马迁如何能完成这创造，这是一个大问题。

上一堂讲，中国历史有三种体裁。第一是重事的，一件一件事分别记下，像《西周书》。第二是注重年代的，每一事都按着年代先后来编排，这是孔子《春秋》。第三注重人物，历史上一切动力发生在人，人是历史的中心，历史的主脑，这一观念应说是从太史公《史记》开始。所以《史记》是一种"列传体"，一人一人分着立传，就是以人物为中心。我那年在美国耶鲁讲中国史，曾说历史应把人物作中心，没有人怎么会有历史？历史记载的是人事，人的事应以人为主，事为副，事情只是由人所表演出来的。有一位史学教授特地和我讨论，他说：历史应该以人物为中心，为主脑，这层很有意思。但这人没有事情表现，便跑不上历史。我说：在这上，乃是东西方学术上一很大不同之点。在中国历史上，有很多并无事情上的表现而成为历史上重要人物的。诸位试把此观点去读二十四史，这样的人不知有多少。譬如《左传》两百四十二年，里面就没有颜渊，岂不因他没有事情表现，就不上历史。但颜渊这一人在历史上有他不可磨灭的地位，东汉以下人就特别看重颜渊。宋明时代人讲理学，也特别看重颜渊。怎能说颜渊不是一历史人物呢？既是一历史人物，就该上历史。所以司马迁以人物来作历史中心，创为列传体，那是中国史学上一极大创见。直到今天，西方人写历史，仍都像中国《尚书》的体裁，以事为主，忽略了人。今天我们写历史，也跟着西方化，如我写的《国史大纲》，也就分年分事，而又以事为主。但此为求简便则可。若进一层讲，也可说西洋史学还停留在我们周公《西周书》的阶段，还没有一个大的著作能像孔子《春秋》，乃至于如《左传》般一年一月这样分着的，当然更没有像《史记》之列传体，这是史学上一极大问题。清代乾嘉时章实斋著《文史通义》，他讲中国史学上盛行的是《左传》与《史记》，分年分人，将来该发展《尚书》体，把事情作主要单位。那时西方新学还没有来中国。道光以后，慢慢地来了，中国人读他们的历史，就觉得章学诚已先见到了，西方的史学就是这样，所以特别在清末民初，大家认章学诚是中国史学一大师。但我们还得进一步讲，这问题并不这样简单。在我看法，中国人从《尚书》演进到《春秋》、《左传》，又演进到《史记》，这是中国史学上的大进步。并不能说中国的《春秋》、《左传》到《史记》都不如西方把事情作中心的历史体裁。这问题我虽今天只提起这样一句话，不拟详细讲，但这话殊值诸位注意。

今天我要讲的是司马迁怎样会创造出这一种新的历史体裁，就是列传体来？他怎样会提出一个新观点、新主张，把人物为历史中心？诸位今天不是大家做学问总喜欢要能创造，能开新吗？那么太史公《史记》在史学著作上，他是一个极大的创造，开了一条极新的路，使得人都跟他这条路跑，继续有二十五史到今天，请问司马迁怎么样走上这条路？我们能不能在这里用心研究一下呢？

诸位要知道，我已经讲过，做学问要懂得发生问题，这就是所谓"会疑"。有了问题才要求解决。诸位不愿意摹仿，要创造，那应先懂得别人是怎样创造的。这问题不是一凌空的问题。司马迁怎会能创造出史学上的新体裁？我们上面已讲过，《西周书》和周公有关系，《春秋》则是孔子所作，即是孔子的创造。孔子最佩服周公，然而他来写历史，却是一个新创造。孔子为什么来写这部《春秋》？为什么要来一个新创造？我亦曾根据孟子书里的几句话来发挥孔子作《春秋》的大义。现在到了司马迁，他作《史记》，他自己曾有一番详细讲法，在他《史记》的"自序"里。诸位要懂得，读一部书，先该注意读这书的作者自序。这也就是一个新体。孔子《春秋》没有序，序是后来新兴的。如《庄子·天下篇》，叙述庄子为什么要讲这样一套思想，作这样一套学术？也就是庄子书的自序。但此序不是庄子自己所写。又如《孟子》七篇，最后一段就等于是孟子的自序。所以太史公自序这一体例，在孟子、庄子书中已经有了。以后人写序，不放在最后，而放到最前来，这不是一重要问题。那么我们要读一人的著作，最好应该注意先读他的"序"，他自己说怎样又为什么来写这一部书，应有一讲法，这部书的价值就在这地方。有的序只短短几句。如顾亭林《日知录》、黄梨洲《明儒学案》开头都有一篇序，都很重要。至于我们写了书请人家来写序，这又另当别论了。

今天我就根据《史记·太史公自序》来讲《史记》，或许诸位已经读过这序，但此文不易读。最好是读了《太史公自序》，便去读《史记》，待读了《史记》，再来读《自序》，庶乎易于明白。当知读一篇文章大不易。但只要能读一篇，就能读一切篇。这一篇不能读，别篇也一样不能读。今天大家读白话文，在学术上够标准的著作不多，大家只是随便翻，不懂得用心，都是一目十行地看过去，我们称之曰"翻书"，又或说"查书"，所查又称是参考书，没有说"读"书，这样总不行。照《太史公自序》讲，他们这个司马氏家是"世典周史"的，他的祖宗就掌管周史，做历史官。到了春秋时代，周惠王襄王时，司马氏跑到晋国，那时周朝已衰。到了晋国后，司马氏一家又分散到魏国、赵国，又到秦国。司马迁就生在黄河的西岸，陕西的龙门。他父亲司马谈"学天官于唐都，受易于杨何，习道论于黄子"，他虽是一史官，也学天文、历法、学易、学老庄。曾写有一篇《论六家要指》，讨论战国诸子各家大义，这文章写得极好。他分别着战国时六大家思想，各自长处在哪里？短处在哪里？他自然写到儒家，当时的《易经》就算儒家了，但实际上《易经》就近于道家，所以司马谈的最后结论是佩服道家的。他在汉朝是做的太史令，但他不仅通经学，又通百家言，而推尊的是黄老。汉武帝去封禅泰山，司马谈同其他一般方士讲封禅的意见不同，汉武帝就不要司马谈跟着去，司马谈就留在洛阳。他儿子司马迁到外边去游历，那时还很年轻，回来时，他父亲在洛阳病了，就对司马迁说：若使我死后你再做史官，不要忘了我所要讨论的很多事，你须把它写出来。所以我们说太史公写《史记》是承他父亲遗命，这些或许诸位都知道。而《太史公自序》里讲他父亲的话，更重要的在下面，读《太史公自序》的人或许会不注意。《太史公自序》又记他父亲说："天下称颂周公，言其能论歌文武之德，宣周召之风，达太王王季之思虑，爰及公刘，以尊后稷。"他说：我们到现在为什么大家推尊周公？这因周公作了《诗经》之雅、颂、二南，而雅、颂、二南就是周人的历史，从后稷下来，一路到文、武、周、召。周朝人的历史，由周公写出。我也根据孟子说："诗亡而后春秋作"，来证明《诗经》跟历史有关系，一部周代的开国史尽在《诗经》。不过我们今天来讲中国史学名著，照一般讲法，只讲《尚书》，不讲《诗经》。其实司马谈就以史学眼光来看重周公的《诗经》，而周公《诗经》的贡献依照这话讲，便在它能宣扬周代的历史。所以又有一句话："汤武之隆，诗人歌之"，这是说诗人所歌的便是历史了。后来直到唐代，韩昌黎《平淮西碑》，李义山诗极称之，谓其：点窜尧典舜典字，涂改清庙生民诗。这就是把《尚书》和《诗经》并提。当然我们不能根据李义山来讲

《尧典》、《舜典》是真《尚书》，但可讲《诗经》也就是历史。这里便见各人读书，可以有见识不同。诸位不要认为一句书只有一条路讲。我此所说，从古代直到唐时人，像李义山是一个诗人，他也懂得《诗》、《书》两经都同史学有关系。周公为什么被人称重？由司马谈讲，是因他在宣扬史学上有了贡献。周代到了幽厉之后，"王道缺，礼乐衰，孔子修旧起废，论诗书，作春秋，学者至今则之"，这就是孟子所说"诗亡而后春秋作"了。诸位至此应知，我此刻讲中国史学名著，从周公《西周书》讲到孔子《春秋》，接着讲太史公《史记》，其实太史公父亲就已这样讲。他又说："汉兴，天下一统，明主贤君忠臣死义之士，余为太史，而弗论载，废天下之史文，余甚惧焉！"他是说：我做汉朝的太史官，我没有能把汉代这些事情好好儿记下，那么这个天下的史文不是在我手里废了吗？这几句话，就是我上面所引"无忘吾所欲论者"的话。而后来读《太史公自序》的人，只注意了上一段，未注意到下一段。甚至于说：司马谈因汉武帝没有要他跟着上泰山，他气出病来，对他儿子说：等我死了，你做太史官，你该把许多事情写出来，于是遂说太史公史记是一部"谤书"，来谤毁汉武帝这个朝廷的。他父亲一口怨气死了，所以司马迁《史记》就是要写《封禅书》。请问这样，一部《史记》尚有何价值可言？太史公父亲司马谈就因做了汉朝太史官，而没有为汉朝写下一部历史，所以遗命司马迁要完成父志。今试问写历史从哪里来？岂不是从周公、孔子来，那岂不是历史应以人物为中心，也就跃然纸上了吗？

诸位听着我前面几堂讲，便知读书不易。读了孟子"诗亡而后春秋作"，不是不懂这句话怎讲么？读了《太史公自序》，恰恰有如孟子"诗亡而后春秋作"的注脚。你能说司马谈没有读过《孟子》吗？诸位只有翻书的习惯，《史记·太史公自序》是翻得到的，孟子这句话便不易翻到。读到太史公这里，孟子这句话便有用了。此是书之不易读。而《太史公自序》记他父亲司马谈讲话，大家又只读了上一截不再读下一截，不是不曾读，乃是读了仍如不曾读，此是读书不易之又一例。

司马谈死了三年，果然司马迁接他父亲做太史官了。司马迁接着说："先人有言曰：周公卒五百岁而有孔子，孔子卒后至于今五百岁，有能绍明世、正易传、继春秋、本诗书礼乐之际，意在斯乎？意在斯乎？"他说他父亲讲过，周公卒后五百岁而有孔子，孔子卒后至于今五百岁。这个作史责任，便在我的身上了。所以他来写《史记》，是跟着周公孔子而写的。五百年前有周公，五百年后有孔子，再后五百年有他。诸位试把此一番话去读《孟子》最后一章，孟子也就是这么讲。尧舜后多少年有汤武，汤武后多少年有孔子，孔子后多少年该有人出来才是。可见司马谈、司马迁父子都曾读过《孟子》，都有他们的学术传统。司马迁又说：有人能绍续这明世，出来正《易传》、继《春秋》、本《诗》、《书》、《礼》、《乐》之际，而此《易传》、《春秋》、《诗》、《书》、《礼》、《乐》，在他那时都是经，还没有史学。不过他是个历史官，该要写历史，而所写出来的则还是经学。我们也可说，这是太史公司马迁理想中的新经学。诸位今天认为中国旧史学全可不要，要学西洋新的，这也不错。但西洋史学也应有本有原，从头直下，怎么来而到今天。你须先知道，才能继续得下。做学问不能只叫自己做一个跑龙套。不做主角，也得做一个配角，有些表演。即做一个跑龙套，也须约略知得全本戏了才去做。要讲西洋史学，也须知道有一整套西洋的史学史，然后回头来写中国历史，可以周公、孔子、司马迁、班固都不要。我们说：我要写的是中国的新历史呀！诸位，这责任又是何等般的大！

现在有个大问题。今天以后写历史，固是再不会二十六史了，那么下边该怎么办？这不是个大问题吗？原来讲了半天，要讲太史公的创作，但他仍是继续的旧传统，周公、孔子一路而来，他自己讲得很明白。而太史公《史记》所特别用心的，乃是要学孔子，《自序》下面有一段太史公讲孔子《春秋》的话。我们上面都依照孟子来讲《春秋》，现在要讲司马迁讲《春秋》是如何般讲。诸位且不要自己讲《春秋》，且听从前人讲《春秋》。孔子说："述而不作"
"信而好古"，从前人这么讲，我且也这么讲。当然孟
子、太史公以下，还有别人讲《春秋》，但我们总得
有个挑选。如下面我们将讲到刘知幾怎样讲《春
秋》，譬如近代康有为、章太炎怎样讲《春秋》？但这
是在我们不要讲的范围之内了。诸位莫说康有为、章
太炎是近代大人物，孟子、太史公是古代了。但当知
再过五百年、一千年，孟子、太史公还存在，还是
个大人物，至于章太炎、康有为是否还是个大人
物，便有问题。如康有为的《孔子改制考》、《新学
伪经考》，是否都能存在？或是只存在于图书馆，
给人家翻查批驳，只当一份材料就是，那就在未可
知之列。

有一位太史公的朋友问太史公：孔子为什么写
《春秋》？太史公说："余闻之董生曰"以下云云。董
生便是董先生董仲舒，学《公羊春秋》，主张表彰六
经排黜百家的便是他。太史公说："余闻之董生曰：
周道衰微……孔子是非二百四十二年之中，以为天下
仪表，贬天子、退诸侯、讨大夫，以达王事而已。"
周道衰微，正是王者之迹熄而《春秋》作。孔子就在
这二百四十二年中间，来讲它的是是非非，要为天下
立下一个标准，所以他"贬天子"、"退诸侯"、"讨大
夫"，这样可把理想上的王者之事表达出来。这是司
马迁引述董仲舒讲孔子《春秋》的话。太史公《史

记》是学孔子《春秋》，那么在《史记》里偶然讲到汉高祖、汉武帝，有些处近似《春秋》"贬天子"，而后人偏认他为父亲泄冤气作谤书，那怎么能来讲太史公的《史记》？《史记》不仅是要写下汉代初年很多事情，还要在这很多事情中有一个是非标准。他说："孔子曰：我欲载之空言，不如见之行事之深切著明也。"空讲几句话，不如在实际的事上来讲，可以很深切、很著明。所以说"春秋，王道之大者也"。孔子要讲天下之道，孔子说：我若空讲一番话，不如在过去的事上把我的意见来表现出那样不对，这样才对。所以曰："春秋以道义"，孔子《春秋》只讲个义不义，而在以往二百四十年的事情背后来表达。故又说："拨乱世，反之正，莫近于春秋。"一部《春秋》里，"弑君三十六，亡国五十二"，至于其他许多诸侯跑来跑去不能保其社稷的，不晓得多少。为什么弄到这样？所以说："有国者不可不知春秋。"又说：《春秋》"礼义之大宗"。这些话，太史公都是引的董仲舒。可是在董仲舒的《春秋繁露》里，没有这样的话。其实《春秋繁露》也不一定是董仲舒自己的书。连董仲舒的《天人三策》里，也不见这些话。《太史公自序》中说这几句话，是他亲闻之于董仲舒讲孔子何为而作《春秋》，这一段话非常重要。至于太史公自己讲，却说我的《史记》不能同《春秋》相比，我只是把故事稍加整理，记下就是。这是太史公之自谦。而且他并不能自己说，我也要来贬天子，退诸侯。既然不敢，何以又在《自序》里把董仲舒的话详细写下？这篇《自序》实在是一篇极好的大文章。此刻我来讲《史记》，其实只抄此一篇《太史公自序》，直从周公孔子到太史公，都已讲在里面了。现在我们接到刚才所讲，太史公怎么来创造出他的一部《史记》，他的大创作，诸位不是大家要创作，不要守旧，不要摹仿，不要跟着别人吗？但太史公却只是跟着周公孔子，他的创作，就从摹仿中来，不然又怎么叫所谓学问呢？

第二点我们要讲的，太史公《史记》创作，特别重要的是在体裁方面。我已讲过，《西周书》以事为主，《春秋左传》是分着年讲的，而太史公《史记》则分着人讲。太史公为何在这分事、分年之外，特别重视人呢？其实这些我们已不用讲，《太史公自序》里已详细交代过，他就是要学周公孔子，那不就是以人为重吗？今天我们学西方人讲法，史学该讲事，而中国古人则从头下来重在人。我们也可说，至少从孔子《春秋》以下，早都是以人为主了。如说："贬天子、退诸侯、讨大夫"，不是在事情背后一定讲到人的吗？太史公又说："余尝掌其官，废明圣盛德不载，灭功臣世家贤大夫之业不述，堕先人所言，罪莫大焉。"他写这文章时，已经不做太史官了。但他曾经做过汉朝的太史官，那么这些明圣盛德，我不能废而不载。这些功臣世家贤大夫之业，我不能废而不述。那是他父亲告诉他要讲的，他若不论著，那是"罪莫大焉"。所以他写《史记》，乃求勿"堕先人所言"，又曰"无忘吾所欲论著"。自从那时起到今天，写历史已经莫不以人物为中心。事情背后有一个"礼义"，我刚才说过，"春秋，礼义之大宗也"，而礼义则在人不在事。若使我们今天立下一个题目要来研究中国史学观点中何以要特重人物的一个来源，这可以从中国古书一路写下，直到太史公《史记》，远有渊源。我想这是我们中国传统文化中一大观点，也可说是中国一番绝大的历史哲学，而且亦是中国传统学问中一绝大精神。即照《太史公自序》，他就是看重一个周公、一个孔子，一千五百年直到他当时，这不就是历史应以人物为重的一番最大精神已经表现无遗了吗？

我今天讲太史公《史记》，主要就讲到这里，下边还有关于太史公《史记》里很多问题，暂可按下不讲。我再重复一遍，今天讲的，接着上一堂讲中国史学演进之三阶段。第一阶段是纪事，第二是分年，第三是分人立传。至于这三大阶段中有很多问题，诸位可以自用思想，自用智慧，自具见识来发挥。但诸位千万不能随便空想，一定要有书本，有证据。如我讲中国古代，只讲周公孔子，讲《尚书》，既然古文《尚书》是假的，今文《尚书》也不可靠，可靠的只是《西周书》，而《西周书》一定与周公有关。我讲孔子《春秋》，下面接着是《左传》、《公羊》、《谷梁》，而讲到《史记》。我这一大段讲法，至少《太史公自序》中的话，句句可做我讲演的证据。我们只要把那些有证有据的四面会通起来，直觉得我读到古人书，却如先得我心之所同然般，这在我们是学问上的一种快乐。至于从前人讲话有不对的，我们也该能下判断。如说《史记》是一部谤书，因《史记》中如《封禅书》，乃是特别为他父亲遗命而写下，这些都是读了上文，不读下文，这即是不通。诸位只要能把《太史公自序》读一遍，两千年来讲《史记》的很多话，有真有不真，有对有不对，自能批评。所以读书贵能熟，且莫多看，莫乱翻，更不要急速自己发挥意见。近人做学问便不然。不仔细读书，却急欲找材料，发意见。要讲《史记》，凡属讲《史记》的先抄，所抄材料愈多，自己的聪明反而模糊阻塞，而《史记》一书之真相，也终于捉摸不到。若先只读《太史公自序》，愈读愈会有兴趣，有了兴趣自会有聪明有见解。其他的话，我们也自会批评。这是今天我借此机会来告诉诸位一个读书做学问的方法。

我此一堂课，只如上国文课，只在讲《太史公自序》，把太史公自己的话来讲他作《史记》的缘起，那我也只是来讲历史，并无自己主张。若诸位说：我是读通了《太史公自序》那一篇文章，我已经感到很满意。诸位且不要先把自己看得比司马迁要高，看得自己太重要，便不肯再来向古人学问。诸位说：人类是进化的，但进化有一段长远的过程，一两百年往往不见有很大的进步。而且更不能说我们比周公孔子司马迁都进步了。今天云太多，光明不出来，若我们能坐架飞机跑到上空，云都在下面，上面是很干净的一片天空。诸位能读一部《春秋》一部《史记》读通了的话，就如坐飞机到了云的上层去，那时自能重见光明。若讲材料，一年一年地积下，孔子《春秋》中材料，就不如《左传》多。《左传》里材料是记载得多，但《左传》比不上孔子《春秋》。诸位读《史记》，先该懂得这道理，不能拿着一部《史记》从头到尾把事情记得一清二楚，这是你不会读《史记》。太史公《史记》明明是学孔子《春秋》，我之很欣赏《史记》的，在其记载事情之上，还有他一套。诸位更不要说：我学近代史，学唐宋史，《史记》和我无关。读《史记》可长一套聪明，一套见识。实际上，我并不是要学《史记》，乃是要学司马迁。你有了这一套聪明和见识，随便学哪一段时代的历史，总是有办法。所以我告诉诸位，做学问该要读一部书，至几部书。读此几部书，该要读到此几部书背后的人。《史记》背后有司马迁其人，他一辈子就只写一部《史记》。他自父亲死了，隔三年，他就做历史官。此下花他二十年精力写一部《史记》。又如司马温公花了十九年写一部《资治通鉴》，欧阳修修《新唐书》花了十七年，李延寿写南北史也写了十七年，班固《汉书》不知他花了几十年，又是父子相传下那工夫。我们只要懂得前人这番功力，也就好了！我今天只讲到这里。

　　　　　　　　一九五九、十一、二

《史记》（下）

今天再接着讲《史记》。我们讲过中国历史分成三种体裁：一是记事，二是编年，三是传人。在记事中又兼带着记言，《尚书》是第一种体裁，以记事记言为主。《春秋左传》是第二种体裁，以编年为主，但是在编年中又包括了记事和记言，即在记言记事之上再添上了编年。太史公《史记》以人为主，把人物作中心，但在传人的体裁之内，同样包括着记事和编年。即是说：记事和编年这两体，已在太史公《史记》以人物为中心的列传体之内包融了。所以我们可说：中国史书有了此三层的大进步。今天我们有一个欠正确的观念，认为进步便是不要旧的了。不晓得进步是增有了新的，而在此新的中间还是包容着旧的。这才是进步，而不是改造。改造未必是进步。进步必是由旧的中间再增加上新的，新的中间依然保留着旧的，那么这个新的当然比旧的是进步了。

太史公《史记》共一百三十篇，五十二万六千五百字。在此一百三十篇中，有十二篇本纪，三十世家，七十列传，十表，八书，共五类。本纪就是全书之大纲，是编年的。如《五帝本纪》，《夏商周本纪》，《秦本纪》，《秦始皇本纪》，一路下来到汉朝，一个皇帝一篇本纪，如汉高祖、汉惠帝，拿他个人做皇帝时从头到尾的大事都是提纲挈领写在里面，所以本纪是编年的，就如《史记》里的《春秋》。

世家是分国的，春秋时代就有十二诸侯，一路到战国，如《鲁世家》、《齐世家》、《晋世家》、《楚世家》，这些分国史当然也照年代排下，但和《国语》、《国策》不同。《国语》、《国策》是一种国别史，而且以记言为主，而《史记》世家则主要还是记事。

此下是七十篇列传，为太史公《史记》中最主要部分，是太史公独创的一个体例。但在《史记》以前，人物的重要地位，已经一天天地表现出来了。像《论语》、《孟子》、《墨子》、《庄子》都是一部书里记载着一个人的事与言。《论语》记言也记事，《庄子》、《孟子》等亦然。如"孟子见梁惠王"此是事，"王何必曰利"则是言。可见记事、记言不能严格分别。而记言则就特别看重到"人"。当时有像《晏子春秋》，也就是把晏子一生言行写成了一部书。《管子》虽不称《管子春秋》，也只是讲管子的思想和行事。所以《史记》里的列传，也不能说是太史公独创，以前早就有在历史中特别看重"人"的事实，只不过太史公把来变通而成为列传而已。

除却本纪世家列传之外，又有"表"，这也不是太史公开始，以前也已有此体裁，这是全书中最重要的筋节。如《三王世表》，因古代夏、商、周事情疏略，不能一年一年详细编排，所以只作"世表"。春秋战国事情详细了，所以有《十二诸侯年表》、《六国年表》，分国分年作表，所谓横行斜上，全部春秋战国里的事情，是在这一年或在那一年，晋国这一年的某事和楚国这一年的某事，在同年或隔年，这都清清楚楚，一览无遗。到了秦汉之际，秦二世以后，楚霸王汉高帝以前这一段就做"月表"，一月一月地记。《史记》中这十张表，由于事情不同而分配着来做表，真是如网在纲，一目了然。

最后有"八书"，那是《尚书》体例，专为一件事而特作一篇书。如记夏禹治水，《尚书》里有《禹贡》，汉代也有水利问题，太史公就作《河渠书》，如此者凡八篇。

因此，太史公《史记》，实是把太史公以前史学上的各种体裁包括会通，而合来完成这样一部书，此真所谓"体大思精"。直从唐虞夏商周一路到他这时代两千年以上的历史，全部包罗胸中，从而把来随宜表达，便有了他这样许多的体裁。

我曾告诉诸位，读书该一部一部地读。当然写史也决不止一种死写法，《尚书》是一个写法，《春秋左传》又是一个写法，此下尽可有种种新写法。我们此刻来讲"史学名著"主要就要诸位懂得如何来写历史的这一番大学问。有了此学问，就可自己写历史。

我们讲史学有三种：一是"考史"，遇到不清楚的便要考。一是"论史"，史事利害得失，该有一个评判。一是"著史"，历史要能有人写出来。今天诸位治史只做"考史"工夫，而不能"论"，如说太史公《史记》，什么时候所写？到什么时候而成？中间共分多少篇？这些都可考。但这些只关"材料"问题，诸位却不懂得"论"。如太史公《史记》和左丘明《左传》不同在哪里？其间高下得失须有论。我该取法《左传》的哪些长处？《史记》的哪些长处？再加上此刻之所需要来创造，然后能"著史"。今天我们都不再写历史了，明天的人考些什么呢？岂不连考都没有了？我们的历史岂不要从此中断？民国以来的历史就快没有了，因没有人来原原本本地写，或写其全体，或写其一部分，或者写人，或者写事，若都没有，大家不会写，岂不成了大脱空。所以我们平常做学问，不能只看重找材料，应该要懂得怎么样去"著书"，怎么写史？像《西周书》，像《春秋左传》，像《史记》，这都有一个间架。像造房子，先有一个大间架，至于一窗一门，小木匠也可做，大的间架就要有人来计划。一窗一门拼不成一所房子。要先有了房子的间架，再配上窗和门。

诸位做学问，不先求其大者，而先把自己限在小的上，仅能一段段一项项找材料，支离破碎，不成学问。大著作家则必有大间架，而大间架则须大学问。今天所讲的体裁，也只是一个大体，而不是有一死格局固定在那里。如说春秋战国可写分国史，太史公把每一国家作为"世家"，但到汉代，已和从前不同，变了。如张良封为留侯，但张良并无一留国传其子孙。如萧何，封为酂侯，但也只是封他酂地，使得"食禄"而已。酂与留都非一独立的国家，但既封为侯，太史公《史记》也把来列入"世家"，这岂不是太史公"自破其例"。此其一。

又如写孔子，照例当然是该称"列传"，而太史公《史记》却特别把孔子升上去，立为"孔子世家"。在春秋时，并没有封孔子一个国，孔子也没有土地传子孙，并且也不能像张良萧何般有"爵"位传下，怎么太史公却来写孔子"世家"，这岂不是太史公"自破其例"之尤吗？但我们到今天，才知太史公见解之伟大。我们今天来到台湾，亦尚有孔子的七十六代孙在台湾，可说在中国，只有此一世家永传不绝。此见孔子之伟大，但亦见太史公见识之伟大。他写《史记》就是学的孔子《春秋》，在他心目中，就觉得孔子是全中国历史上人物中最伟大的一个，所以他自破其例，作为孔子"世家"了。太史公更无法拿一句话来讲出孔子之伟大，来讲他和其他诸子百家之不同，他只在写孔子的题目上把"列传"换了"世家"二字，用此来讲，比讲其他话更来得明白有劲，那是《史记》之"自立例而自破例"。只因后人都尊孔子，才不觉其可怪，不多加批评。

而太史公《史记》中又写了一篇《项羽本纪》，那似乎更荒唐了。直从《五帝本纪》、黄帝到尧舜而下，夏、商、周、秦等本纪，以至《秦始皇本纪》，接下是汉高祖、汉惠帝，岂不顺理成章，而中间却横插进一个项羽？项羽不成一个朝代，他只是个短暂的过渡人物，而太史公特地写了一篇《项羽本纪》，于是遭受到后人不断批评。但秦是亡了，秦二世已投降，汉高祖还未即位为皇帝，中间所谓秦楚之际的一段计有五年，太史公把来放在项王身上，"本纪"本只是把来编年的，那么项王这几年也自该称"本纪"了。但太史公《史记》又并不称为《西楚霸王本纪》，而连姓带名直称《项羽本纪》，在这一显然不妥的题目下，却自见太史公有一番深远的意义。秦亡了，汉没有起，中间有项羽，然而他又不成为一个朝代，只是一个人物，因此他虽是位为西楚霸王，而《史记》不称《西楚霸王本纪》。虽则大家都称他"项王"，太史公文章里也有称"项王"的，但题目上则称《项羽本纪》，这实在又是太史公一番了不得处。后人批评太史公，说其书"疏"，如项羽怎能立本纪，孔子怎能立世家？不是大大的"疏"吗？疏是不细密，粗枝大叶，有忽略处。或又称之曰"好奇"，如项羽怎立本纪，这不是好奇吗？其实这种评论难免浅薄，不能深切地来欣赏太史公《史记》之与众不同处。到了《汉书》，那就改称《项羽列传》了。可是汉高祖元年称王，项羽已死，项羽又不是汉代人，而作《汉书》的又不能不载有项羽，然则把项羽列汉初，岂不成了密中之疏吗？可见此等争论都很浅薄，不值得争，而太史公把项羽列入本纪也自有他的妥帖处。幸而孔子是春秋时代的人，班固作《汉书》写不到孔子，否则岂不也要将《孔子世家》改成《孔子列传》吗？这种地方，我们正可见太史公《史记》之伟大。只就列传一体论，就有很多了不得的地方。即如先秦诸子方面，孔子作为世家，又有一篇《仲尼弟子列传》，此又是一特例。《史记》并没有《墨子弟子列传》，或孟子荀子弟子列传等。在战国时，所谓儒分为八，墨分为三，但太史公只写一篇《孟子荀卿列传》，把孟荀两人合在一起。直到今天讲战国儒家，便就是孟、荀两家。在汉初，本是道家、法家思想盛行的时代，要到汉武帝表彰五经以后，才是儒家思想盛行，而太史公写了一篇《老庄申韩列传》，把法家申不害、韩非和道家老子、庄子合成一传，说法家思想乃从道家来，此种见识，又是何等伟大。诸位说自己只研究历史，不管思想，但在历史中又如何能不管思想呢？所以像太史公《史记》那样写《孔子世家》、《仲尼弟子列传》、《孟子荀卿列传》、《老庄申韩列传》等，只几个题目便已可说伟大极了。其他诸子，零零碎碎，都附在《孟子荀卿列传》里，到了民国初年，大家又认为太史公忽略了，对墨子没有详细写。其实太史公所忽略的也不只墨子一人。可是墨子思想，从汉到清都不显，他的地位远不能和太史公所举的孟、荀、申、韩、老、庄并举。只就此一点看，可见太史公讲战国学术思想也已经是独步千古的了。他父亲司马谈《论六家要指》，最佩服道家，也有一番极精到的言论，太史公承父遗命来写《史记》，而《史记》里对百家观点，便和他父亲的观点不一样，司马迁把他父亲的见解和他自己的见解都清清楚楚地收在《史记》里，真可称得上良史。

诸位读《史记》，首先该读《史记》的《自序》，第二要看《史记》的目录，这些都约略讲了。此外我再举出几个另外的观点：第一，《史记》虽为第一部正史，太史公和他父亲虽都是汉朝的历史官，但《史记》并不是一部官史，而是一部私史。即是说《史记》乃私家的著作，而非政府衙门里照例要写的东西。换句话讲，这在当时是"百家言"，非"王官学"。太史公学孔子《春秋》，孔子自己正讲过："春秋，天子之事也"，此本不应由私家写，而孔子竟以私家身份来写了，所以说"知我者其惟春秋乎？罪我者其惟春秋乎！"今天要来辨太史公《史记》也是一部私史，而非官史，且举几个简单的例来说。《太史公自序》上就说："为太史公书序略，以拾遗补艺，成一家之言。"这明明说此书是一家之言了，明见不是部官书。又说："藏之名山，副在京师，俟后世圣人君子。"所以要"藏之名山"，为怕稿子容易散失，只把副本留在京师——长安，易得识者和传人。古人保留著作不易，要等待后世有圣人君子更渺茫。不像我们现在，书没写好，就要流传，一出版就有人来买来看，这是观念上不同。而太史公《报任少卿书》里，还有两句更重要的话说："欲以究天人之际，通古今之变，成一家之言。"所谓"天人之际"者，"人事"和"天道"中间应有一分际，要到什么地方才是我们人事所不能为力，而必待之"天道"，这一问题极重要。太史公父亲看重道家言，道家就侧重讲这个天道，而太史公则看重孔子儒家，儒家注重讲人事。"人事"同"天道"中间的这个分际何在？而在人事中则还要"通古今之变"——怎么从古代直变到近代，中间应有个血脉贯通。此十个字可以说乃是史学家所要追寻的一个最高境界，亦可说是一种历史哲学。西方人讲历史哲学乃是一套哲学，只把历史来讲。若说中国人也有历史哲学，应该不是一套哲学，而仍是一番历史，只是从历史里透出一套思想来。即如说"究天人之际""明古今之变"，这才真是中国人的历史哲学。此后太史公《史记》被称为中国

第一部正史，可是第二部以下写正史的人，都不能有太史公这般"究天人之际""通古今之变"的伟大理想和伟大见解了。

在《太史公自序》里只说"厥协六经异传，整齐百家杂语"，此两句话十二个字，其实也已了不得。在太史公以前，中国的学术分野：一个是王官之学，就是六经；一个则是百家之言。在六经中也就有各种讲法，如《春秋》有《公羊》、《谷梁》、《左传》。他著《史记》，要来"厥协六经异传""整齐百家杂语"，他所注意到的材料就已包括了整个学术之各部门，要来辨其异同，编排起来，而从此中来"究天人之际""通古今之变"。可是此处十二个字与上引十个字见解工夫究有不同，只是他说要"成一家之言"，则两处一样，并无异说。

其次要讨论他的书名称"太史公书"，这是他的私人著作，所谓"成一家之言"的，而后人称之为《史记》，这是后起的名字，只是一个普通的史官记载之名。现在要讲"太史公"三字，这更是一个比较小的问题。司马迁的父亲做汉代的史官，司马迁书里就称之为"太史公"，而《史记》里有许多司马迁自己的言论，开头也便说"太史公曰"，则司马迁又自称"太史公"。此三个字究该怎解呢？《史记集解》引如淳说："太史公，武帝置，位在丞相上，天下计书先上太史公，副上丞相。"这应是一很高的官，待汉宣帝后，始把"太史公"改成了"太史令"。这是如淳的说法。但在《汉书·百官公卿表》，《后汉书·百官志》里，只有"太史令"，无"太史公"。"太史令"只是六百石的小官，怎说它位在丞相之上。但我们又怎知《汉书·百官公卿表》不是根据了宣帝以后的官制呢？而且如淳的话根据卫宏，而卫宏是东汉时人，那么这问题还该细探，不该如此便解决。在司马迁《报任少卿书》里说："向者仆尝厕下大夫之列，陪外廷末议。"可见太史公自己也说他只是做的"下大夫"，就是六百石的小官，其位决不在丞相之上。下面他又接着说："仆之先，非有剖符丹书之功，文史星历，近乎卜祝之间。"若位在丞相之上，则决不和卜祝并举。《太史公自序》里，司马谈又说："汝复为太史，则续吾祖矣。""卒三岁而迁为太史令"，可见司马迁父子当时是做的"太史令"，决没有错。但因尊称他父亲，故改称"太史公"，后来他写《史记》也便自称"太史公"，而其书即称《太史公书》。但为何司马迁只做的是"太史令"而他敢自称"太史公"呢？有人说这是他的外甥杨恽称他的，也有人说是东方朔看他书时所增的。我想这些话都不可靠。他在《自序》里已称《太史公书》可证。但他《报任少卿书》开头就有："太史公牛马走司马迁再拜言"云云，那时的司马迁已经不做太史令，而为武帝之"中书令"，为何一开头便自称"太史公"？至于"牛马走"三字应是对任少卿之谦辞，不应说是对自己父亲太史公之谦辞。那么此书首太史公三字，或许可能是后人增添进去的。现在再复述一遍，专查《汉书·百官公卿表》，《后汉书·百官志》，来驳集解如淳说，这最多只有到七八分，未达十分。今引太史公自己的文章《报任少卿书》，明云"厕下大夫之列"，又《太史公自序》明云："卒三岁而迁为太史令"，那才是十分的证据。《史记》上究竟是"卒三岁而迁为太史令"呢？抑为"太史公"呢？则又要追究到《史记》的版本问题上去。至于像"太史公牛马走司马迁"九字，却尽可存而不论，而摇动不了我所要作的最后定论。这不是已经解决到十分之见了吗？然而我还有一讲法，讲到书的背面，字的夹缝里去。所以考据之学有时很有趣味、很撩人！诸位当知，卫宏如淳所说：天下计书先上太史公，副本上丞相；为何如此般信口胡说，在我认为那是卫宏如淳误以当时司马迁充当了"中书令"而又弄成了"太史令"。他《报任少卿书》是一篇千古难读的好文章，清代包世臣《艺舟双楫》中曾提到他读懂了这文章，我今也敢说，我也读懂了这一篇文章，那文章难在一时捉不到要领。我试约略叙说如下：因太史公直言李陵的事，汉武帝生他气，但爱他之才，并不愿意杀他。定了他死罪，还可自赎。但太史公家贫，货赂不足以自赎。既没有钱赎，还有一个办法可以免死，就是受腐刑。这事在太史公心里最难过。但他结果自请受腐刑，把他生命保全了，主要是为他书没有写完。所以他在这文章里特别讲到受了宫刑不算人，来道出他为何不自杀，只为了要写完他这一部《史记》。而汉武帝则特别爱重他，因他受了宫刑，遂得派他做中书令，即是当时的内廷秘书长。他朋友任少卿认为他既为武帝最亲信的秘书长，应可帮任少卿讲话。而司马迁之意，他下半辈子的生命，则专为写一部《史记》，再不愿意管其他事，讲其他话。直从他为李陵事述起，来请他朋友原谅。至于赎死罪，只几十两黄金便得，而司马迁家里竟就拿不出此几十两黄金。而那时朝廷贵人家里千金万金的多的是。这篇文章意气运转，非熟读不易晓。至于卫宏如淳所说，则正是司马迁做中书令时的情形。若说天下计书先上中书令，后上丞相，那是不错了。而那时的中书令则正是太史公司马迁在做。若说当时一个秘书长的地位还在丞相之上，这也未尝不可如此讲。或许卫宏如淳弄错了，把中书令误会到太史公。若如我这般讲，讲出了卫宏如淳因何而错，才可以说考据到了十分。因此我们就证明汉代并无"太史公"这一个官，这样我就对《史记》的大概情形讲完了。

我想再讲一些关于《史记》的文章。当然我们读《史记》，主要在读他的事情，不在读他的文章，而好多大文章又是在言外的。如我所举《孔子世家》、《项羽本纪》之类，此皆有甚深意义可寻。但下到魏晋南北朝时代，崇尚骈文，便都看重班固《汉书》，不看重太史公《史记》。直要到宋代以后，才看重《史记》更在《汉书》之上。明代归有光就是用功《史记》的，清代方望溪承之，有一部《归方评点史记》，为清代"桐城派"所重视。直到曾国藩始主再把《汉书》骈体来补充进《史记》散体中。至于班固《汉书》批评《史记》，说其文"善序事理""辩而不华""直而不野""文质相称""良史之才"，此是以史书的眼光来作批评，和归方桐城派以文学眼光来作批评不同。但我还是主张以大著作的眼光，该以其成为一家之言的眼光来作批评，当更可看出《史记》文章之高妙。总之，太史公不仅是中国千古一大史学家，也是千古一大文学家。他的文章除《史记》以外，就只有《报任少卿书》一篇，此外都不传了。好了，我们就讲到这个地方。

《汉书》

今天接讲班固的《汉书》。我们常称"迁固""史汉",见得班固《汉书》是和司马迁《史记》立在平等地位的。《汉书》是中国正史的第二部,又是中国断代为史的第一部。《史记》实是一部通史,是一部纪传体的通史,他从黄帝下到汉武帝,称汉武帝曰"今上"——现在的皇帝,可见它的体裁乃是一部从古到今的通史。但后人要承续《史记》接下却很困难。每一部书应该有它自己一个系统,不易往上接。自从《史记》以后,就有很多人续《史记》,要接着《史记》写下去。但只是零零碎碎一篇一篇地传,精神不一致,不易成一书。而且这样零碎地续,也没有个段落。到了班固,来一个断代史,采用了《史记》后半部讲汉代前半的,接着再写汉代的后半部,直到王莽起西汉亡为止,历时两百三十年,称曰《汉书》,这样就成了一部断代史。此后的人,都待换了一朝代来写一部历史,直到现代,就成了二十五史。在我认为，"断代史"有它的必要。刚才所讲的两点，就是它的必要。而且中国传统政治和世界其他民族与国家的政治有不同。它是一个大一统政府，又比较可以说是长治久安，隔了两三百年才换一个朝代。既然朝代换了，当然政治上也换了很多花样。不仅政治如此，一个朝代弄到不能维持，要改朝换代，当然历史也就跟着变。我们用此作分界来写历史，那是非常自然的。近代人抱着一种历史新观点，认为中国历史都只讲朝代，汉、唐、宋、明，只把帝王为重，这样的批评，其实并不尽然。换了一个朝代，就表示历史起了一个大变动，我们自应来写一部历史，把前面那一段记下。从班固《汉书》以后，一路到清末，都如此。只是今天以后的中国，则不像从前了，不再会有一个一个的王朝兴亡。此下历史该经什么时期来整理一次呢？这就成了问题。随时写是不行的，过了多少时才该写，又没有一个客观的、自然的标准。今天以后的历史，只这问题，就很困难。但诸位读历史，第一应知，读史都该注重近代史。第二应知，学历史的定要能写历史。至于如何样去写？诸位都该先在心中构成一问题，该不断讨论思索。至少讲来，班固《汉书》在清代以前确实不可否认的是开了一条写史的新路。史书开始有纪传体，是司马迁的大功。而换了朝代立刻来写一部历史，这是班固的贡献。以后正史都是学的班固《汉书》，这就无怪乎要"迁固""史汉"并称了。

我们再说，自从司马迁写了《史记》，很受一般人看重，就不断有人来"续史记"。在班固前，西汉还没有亡，已不晓得有多少人一篇一篇地来"续史记"。较著名的刘向、刘歆、扬雄，还有像冯商、史岑等很多人。大抵举得出名字来的，总有二十人左右，中间有一个特别重要的人是班彪，他是班固的父亲，他也续《史记》，称《史记后传》，这是《史记》以后新写的传，据说写了有几十篇，也有说他写了六十五篇。班固《汉书》共一百卷，本纪十二篇，表八篇，志十篇，列传七十篇，连太史公写的汉武帝以前的好多列传都在内。《项羽本纪》还有《陈涉世家》，都改了列传。而班彪就续写了六十五篇，或许这些列传，班固并没有完全用，或许数人并一传，至少班彪所写的后传，在《汉书》中所占分量已很大。但我们无法在《汉书》里找出哪几篇是班彪所写，更无法来考察班彪当初所写，班固有没有改动。大家只知班固《汉书》是跟着他父亲而来，固然我们不必硬要把《汉书》分作两部看。但班固写《汉书》时，有人告发他，说他"私改作史记"，因此下了狱，把他家里书一并搜去。其弟班超为兄申辩说，其兄并未私改《史记》，乃是跟着他父亲所写后传继续写下。班固获释后，汉廷派几人来写新的东汉开国史，班固也是其中之一。以后汉廷就令班固续完他的《汉书》。

至于此书正名为《汉书》，怕是班固的事。从汉高祖开始到王莽，这一百卷《汉书》的体例，也该是班固所定。他书有本纪、有表、有志、有列传，而无世家。依照太史公《史记》，封侯的都作世家。汉武帝以后封侯的人还很多，班彪写后传，恐已只叫列传。只是断代为史，则或许是班固自创新体。自他出狱，朝廷正式派他写完这部书，大概有二十多年的工夫，可是书并没有写完，剩下八篇表，还有《天文志》。外戚窦宪得罪，班固也被下狱，死在狱中。但此书我们正可称它做"官书"，因其是奉诏著作的。不如司马迁《史记》，是他为武帝中书令时自动撰写的。《汉书》主要内容是在昭、宣、元、成、哀、平，连王莽共七朝。他死后，有妹名昭，亦称曹大家，奉汉廷命整理此书，补成了八篇的表和一篇《天文志》。政府还派了十位青年来助班昭完成此举，其中有后来负大名的马融，融兄续，天文志或许是他所续。因此这部《汉书》，不讲别人，单从班彪到班固，再到他妹妹昭，还有像马续，时间经历了几代。专是班固自己，也就花了至少二三十年的工夫。

这部书中所用材料，第一是根据他父亲所写，又根据其他人如刘向、刘歆、扬雄、冯商、史岑诸人。在《汉书·艺文志》里有一书称《著记》一百九十卷，此是汉廷史官所撰，或许亦为班固撰《汉书》时所采用。而在葛洪《抱朴子》里有一段话说："家有刘子骏汉书百余卷。歆欲撰汉书，编录汉事，未得成而亡，故书无宗本，但杂录而已。试以考校班固所作，殆是全取刘书，其所不取者二万余言而已。"此谓书无宗本，但杂录而已者，亦可说只是一些札记。故谓他"编录汉事"，殆是一条一条一段一段地编录。而以此一百多卷的编录本来校班固的《汉书》，几是全部采取了刘子骏的编录，没有用的只有两万多字。葛洪这段话，不像是随便造说，可是当好好审读。第一，刘歆书只是个杂录，非有成书。第二，说"班固所作殆是全取刘书"，此语可分两个讲法。一是班固《汉书》完全抄了刘歆；一是刘歆《汉书杂录》，为班固完全抄了。此两讲法大不同，我们绝不能说班固《汉书》"全取刘书"，明明他父亲就写了几十篇传。但刘歆的编录，班固却全抄了，不抄的只有二万多字。刘歆乃西汉末年一位大学者，他编录了一百多卷材料，全为班固所取，那亦必是很重要的。至于《汉著记》一百多卷中间材料如何，我们无法知道。若说如孔子以前的"未修春秋"，那恐未必然。而刘歆在西汉学术上的地位，则或许还应在扬雄之上，决不输过班彪。班固花了几十年工夫，凭借他父亲及刘扬编录下的许多好材料在那里，倘使诸位今天要写一部民国史，而从前有人先有一部笔记预备写民国史的留给你，那自然用处就大了！我想刘歆所录下的材料总是很有用。试举一例，《汉书》里特别详及谷永，此人对刘歆发生着大影响，我在《刘向、歆父子年谱》里，说谷永是当时大儒，汉代后半期的政治思想，此人影响非常大。刘歆助莽代汉，自有一套政治思想作底，非如后来魏晋篡位之比。今《汉书》里谷永材料特别多，或许正是刘歆所编录，也未可知。

我们批评《汉书》内容，同时就该批评到班固这个人。书的背后必该有人，读其书不问其书作者之为人，决非善读书者。诸位不要认为书写出便是。如他写了一部历史书，他便是个史学家，此固不错。但我们也得反过来看，因他是个史学家，才能写出一部历史。而且我们也不要认为每一作者之能事，尽只在他写的书上。孔子之为人，不能说专在写《春秋》。周公之为人，也不能说专在《西周书》里几篇与他有关的文章上。司马迁写下了一部《史记》，但尽有许多其他方面的，在《史记》里不能写进去。我们要根据《史记》来了解司马迁一个活的人，若我们只读《史记》，而不问司马迁其人，即是忽略了《史记》精神之某一方面，或许是很重要的一方面。若我们来讲人的话，则班固远不如司马迁多了。在后代中国，唐以前多看重《汉书》，宋以后始知看重《史记》。郑樵《通志》里说："班固浮华之士，全无学术，专事剽窃。"在《文选》里班固有《两都赋》、《幽通赋》等，故而说他是"浮华之士"。但若说他"全无学术，专事剽窃"，那话或许讲得过分些。写史当然要抄书，太史公《史记》也何尝不是从旧史料中抄来。《汉书》最后一篇《叙传》，正是学《史记》里的《太史公自序》。但《太史公自序》把他写书归之其父之遗命，即在《报任少卿书》中亦然。而班固的《叙传》却并没有讲到他父亲，说他自己的《汉书》只是承续父业。有人为班固辩护，在《汉书》里也曾称到他父亲，而称"司徒掾班彪"。看这五字，便见与司马迁不同。司马迁称他父亲为太史"公"，不直称太史令，又更不著姓名，那见是司马迁之尊亲。而班固称他父亲便直呼"司徒掾班彪"，这可说是班固的客观史笔吗？班固写《汉书》，或说开始固是继续着他父亲的写下，后来则是奉了朝廷诏旨而写，因此他不能说我这书是继续父亲的，这也是强为辩护。无论怎么讲，总觉得班马两人有不同。班固明明是继承父业，而把父业抹去了，在他《叙传》里没有大书特书地把他父亲写出来，单拿这一点论，郑樵称之为"浮华之士"，实不为过。

当时有人说班固写《汉书》有"受金之谤"。别人贿赂他，希望写一篇好传，或者把坏事情少写几句，这话见于刘知幾《史通》。当然是相传下来有此话，所以刘知幾《史通》也讲到了。在先有刘勰的《文心雕龙》，在《史传篇》里已为班固辩诬，说"征贿鬻笔之愆"是没有的。所以我们不能根据这些来批评《汉书》。可是郑樵《通志》又说，东汉肃宗曾对窦宪说：重视班固而忽略了崔骃，那是不识人，等于叶公之好龙。平心而论，班固在人品上学术上或许不如崔骃，是可能的。然而《汉书》一出，"当事甚重其书，学者莫不讽诵"。在王充的《论衡》里也就屡次提到班固《汉书》，可是后来又有人说王充看见了班固，那时班固还是一小孩子，王充摸着他头说：这个小孩将来要做大事！这就不可靠，不过王充曾称赞过《汉书》则是事实。只举一人，后来写《后汉书》的范晔，在他的《后汉书》里便有班彪班固的传，他曾批评司马迁班固说："迁文直而事核，固文赡而事详。"这十字，十分有道理。司马迁的文章"直"，而事则"核"，是经得起考据和批评的。当然《史记》里也有事情讲错的，不晓得多少，大体言之，文直事核，纵有忽略，也可原谅。"赡"就不如"直"，"详"亦不如"核"。若使文赡而不真，事详而不核，那就要不得。范晔接着又说："固之序事，不激诡、不抑抗、赡而不秽，详而有体，使读之者亹亹而不厌。"此说《汉书》叙事不过激，也不诡异，不把一人一事过分压低，或过分抬高。"赡而不秽"，是说整齐干净不脏乱。"详而有体"是说每事本末始终，表里精粗都有体。故能"使读之者亹亹而不厌"，《汉书》能成大名，确有道理。我觉得范蔚宗此一批评却很好。但范氏又说："其论议常排死节，否正直，不叙杀身成仁之为美，轻仁义，贱守节。"此数句却批评得甚为严重。这些病痛，当知并不在行文与叙事之技巧上，而在作者自己的见识与人格修养上。诸位如读太史公书，即如《魏公子列传》、《平原君列传》、《刺客列传》之类，此等文字，皆非《战国策》书中所有，乃太史公特自写之，而使人读了无不兴会淋漓，欢欣鼓舞，想见其人。《汉书》中此等文字绝找不到。诸位且把《汉书》从头到尾翻一遍，何处见他排死节？何处见他否正直？例如《龚胜传》，他是汉末一死节之士，而班固说他"竟夭天年"，这岂不是说照理还该活，而死节转贻讥了吗？又如王陵、汲黯，此两人，太史公《史记》里都有，《汉书》称他们为"戆"。又如《王章传》，那也是能杀身成仁的，而班固批评他说："不论轻重，以陷刑戮。"又如《何武传》，班固说："依世则废道，违俗则危殆。"既怕危殆，自然也只有依世。又如《翟义传》，班固批评他"义不量力，以覆其宗"。即观上举诸例，可见班氏《汉书》不是无是非，而是把是非颠倒了。范蔚宗说他"轻仁义，贱守节"，一点也不冤枉。而他还要说司马迁"博物洽闻"，而"不能以智免极刑"。但班氏自己也岂不死在牢狱里。司马迁乃是为李陵辩护，而班固则投在窦宪门下。两两相比，大不相同。但他总不失为有才、能文，也花了一辈子工夫，《汉书》也是写得好。在魏晋南北朝唐初，群认《汉书》是部好书，正为那时人都讲究做文章。后来韩柳古文兴起，文学眼光不同，对《史》《汉》高下看法亦不同。上引范蔚宗论《汉书》，本亦承之华峤，而傅玄亦贬班固，谓其"论国体，则饰主缺而折忠臣。叙世教，则贵取容而贱直节，述时务，则谨辞章而略事实"，可见当时史家公论。范蔚宗也是不获令终，死在监狱里，但范蔚宗《后汉书》，在讲仁义守节等事上，不知比《汉书》好了多少。又在《后汉书》班固的赞里说："彪识王命，固迷其纷"，班彪曾写了一篇《王命论》，不为隗嚣所屈，可说有见识，有操守。不如其子固，生值汉朝中兴天下平治之际，对种种世俗纷纭还是看不清。把他们父子相比，也复恰如其分。总之，一位史学作者应有其自己之心胸与人格。对其所写，有较高境界，较高情感的，而适为彼自己心胸所不能体会，不能领略，则在其笔下，自不能把此等事之深处高处曲曲达出，细细传下。但如诸位此刻学历史，不细读一部书，只一条条地检材料，则从前史家好处坏处都忽略了，都全不知道。如我此处所辨，也将被认为是一番不关痛痒之废话，与史学无关。诸位若知做学问与读书自有一条路，自己做人与论世也自有一番胸襟与眼光，读史书自也无以例外。

今再说班固《汉书》，略论考史方面，有他父亲六十几篇的传，有刘歆之所编录，选材大概是不差。论"写史"，班氏文笔也不差。班氏所缺乃在不能"论史"。当知在考史写史中，无不该有论史精神之渗入。如太史公写《孔子世家》，主要并不在考与写，而在其背后之论。我们读太史公书，常会"有意乎其人"，有意乎他之所写，如信陵君、平原君、聂政、荆轲，往往使人在百代之下想见其人。此因太史公能欣赏这许多人，写来一若平平凡凡，而都能跃然纸上。一部《史记》，所以都见其为是活的，乃因书背后有一活的司马迁存在。所以司马迁《史记》，不仅是一部史学书、文学书，而还有其教育意义之存在。即如《魏其武安侯传》，这是在太史公当时武帝朝上两位大臣，同时也是政敌，一升一沉，一得意，一失势，事亦平凡，而太史公文章实在写得好，显因太史公自有一番真情渗入其间。又如他之对李陵，因而及于陵之祖父李广，史公付以极大同情，而对同时卫青之为大将军者，反而对之漠然。今试问太史公在此等处，此一种情感是否要不得？他不仅作《孔子世家》、《仲尼弟子列传》、《孟子荀卿列传》等，在学术上的高下是非讲得极清楚极正确，即对一普通人物普通事件，如魏其、武安两人之相轧，在当时政治上也曾发生了大波澜，其实从古今历史大体言，也可说没有什么大关系，然而太史公这一篇《魏其武安列传》，绘声绘形，写得真好。至于班固的《汉书》，往往有其事无其人。如说杀身成仁，其人之死事是有的，而其人之精神则没有传下。我们若用此种标准来读此下的历史，则真是差得又远，还更不如班固。班固《汉书》赡而能详，他把事情详详细细地都摆在那里，又不乱七八糟，叙事得体，范蔚宗的批评正说准了他的好处。而范蔚宗《后汉书》长处自也不须多讲。我们果能用这样般的眼光来读书，自能增长了自己的见识，抑且还提高了自己的人品。不是定要读《论语》、《孟子》，才知讲道理。读历史则只讲事情，其实在事情背后也还有一个道理。果自己无本领批评，诸位且莫尽看重近代人批评，也该知有古人早有的批评。即如比论太史公《史记》和班固《汉书》之高下，范蔚宗的批评岂不更值得我们之欣赏。

范晔《后汉书》和陈寿《三国志》

我们续讲《汉书》和《史记》的比较。《汉书》也有比《史记》对后来影响大，该说是写得好的，就是它的十志。《汉书》的"志"，在《史记》里称做"书"。《史记》有《封禅书》，《汉书》改成了《郊祀志》。封禅是汉武帝时一件大事，司马迁的父亲就为对这事意见和当时朝廷不同，不见采用，抑郁在家病了，后来司马迁作《史记》，专记这事成一篇。实际《史记·封禅书》也不是只讲了汉武帝一朝的封禅，但班孟坚就把这题目改称《郊祀志》。"郊"是祭天，"祀"是祭地，祭天祀地是从来政府一项大礼节，封禅只是在此项目中的一件事。班书从上讲下，讲的是这郊天祀地的演变，其实讲法还是和太史公书差不多，只是题目变了，意义便别。以后历代正史都可有《郊祀志》，不如《史记》里的《封禅书》，却像只是当时一项特殊事件。又如《史记》里有《平准书》，《汉书》把来改成《食货志》。"平准"乃是汉武帝时一项经济政策，这是一项极重大的经济政策，太史公特别把来作"书"名。而到班孟坚，把平准改成食货。平准只是讲"货"，此又加上了"食"，国家经济最重要的两件事——便是"食"与"货"。这一篇志，便成这一代的经济史。后来每一部正史可以都有一篇《食货志》，但不一定都有一项平准制度。又如太史公有《河渠书》，因汉武帝时及其以前黄河决口，汉朝屡施救治，太史公就作了《河渠书》。渠就是渠道，班孟坚再把此题目扩大，改做《沟洫志》。"沟洫"是古代井田制度里的水利灌溉，当然治水害、开河渠，都可写在这里面。《史记》八书，每每特举一事作题目，而《汉书》则改成一个会通的大题目，不限在一件特别的事上。《汉书》虽是断代为史，而他的十志则是上下古今一气直下，从古代一路讲来，却不以朝代为限断。司马迁《史记》本是一部通史，而他的八书命题，偏重当代。班孟坚把他题目换了，就等于看成一个通的，上下直贯，古今相沿的事。我们讲过，历史上换了一个朝代，便换出一个样子，人物制度都可换，但在制度里有许多是从头贯通下来的，如像郊祀之礼、像食货经济情形等，在历史上一路沿袭，不因朝代之变而全变。班氏找出几项最大的题目来作"志"，于是此一体在历代正史中成为一特出的。一般学历史的人，觉得志最难读，不像读本纪列传等，读志才像是一种专家之学。学历史要知道历史中的事件较简单，如汉武帝时怎样、宣帝时怎样，都是比较简单。但要知道汉代一代的经济水利等，像此之类，题目较大，必要一路从上贯下，不能把年代切断。若照《史记》封禅、平准等篇名，好像只是当时一特殊事项，从班孟坚改换篇名，显然性质大变。

而且也有《史记》里没有，而《汉书》添进去的。《史记》只有八书，而《汉书》有十志。如《汉书》里的《地理志》，此后讲到中国沿革地理的，第一部参考书是《禹贡》，实际《禹贡》只是战国晚年时的伪书，第二部书便是《汉书·地理志》，其效用影响甚大。地理内容又可分两部分，一是当时的政治地理，分郡、分国，共一百零三个，使我们清清楚楚，一目了然。汉代的政治区域大概划分，尽在这里了。以后历代政治区域划分不同，也几乎每一断代史里都有《地理志》。会在一起，就可以研究中国的沿革地理。而同时班孟坚又根据《诗经》十五国风，把各地民情风俗彼此不同处，都扼要地写上。这一部分却又是《汉书·地理志》里极重要的，惜乎后人不能根据此点继续班氏来写得更深更好。如我们今天，也都知道台湾和福建不同，福建和广东不同。每一时代之不同，如能有人学班固《地理志》写出，这将为读历史人贡献了一个极大重要之点。故自有《汉书》以后，历代学历史的人，特别对于《汉书》里的十志工夫用得大。如《地理志》，只讲清代一代研究它的，就不晓得多少，这在史学中已成了一种专门之学。又如《汉书》另有一篇《艺文志》，亦为《史记》所没有。《汉书·艺文志》是根据刘向刘歆的《七略》而来。刘向歆父子在当时是监管汉代皇家图书馆的，外边看不到的书，尽在皇家图书馆里，他们父子把这许多书汇集整理分类，成为《七略》，此是一种有提纲的分类编目，班固根据这编目来写《汉书·艺文志》。虽然只是根据刘向刘歆，并不是班固自己所写，但这篇《艺文志》就变成了将来所谓目录校雠学最深的泉源，最大的根本。在中国廿四史里，就有八史有此同样的志。后人把此八篇汇刻单行，称为《八史经籍志》。从古书籍，任何一部书，从何时传下，有的直传到现在，有的半路失掉。如汉代有的书，到隋代没有了。隋代有的，唐代、宋代没有了。我们只要一查各史《艺文志》、《经籍志》便知。要讲学术史，有此一部两千年积聚下来的大书目，这是历代国立图书馆的书目，真是珍贵异常。可是从来的学者讲究《地理志》较易，讲究《艺文志》较难。直到南宋时代郑樵《通志》里的《校雠略》，清代章学诚的《文史通义》与《校雠通义》，才把《汉书·艺文志》的内蕴讲得更深透。直到今天，成为我们讲学术史，特别是讲古代学术史的一个极大依据。当然普通读《汉书》的人，有的不懂地理，不会看《汉书·地理志》。有的不会看《艺文志》，不懂《六艺略》、《诸子略》这种分类的重要。但亦有人专门研究《汉书》十志中的一部分，如《地理志》、《艺文志》等，其所贡献，也往往在研究《史记》者之上。

《汉书》也有表，中间有一《古今人表》，很受后人批评。因《汉书》是断代的，而《古今人表》，则从古到今把一应人物都列上了，此与《汉书》体例不合。《史记》虽是通史，但古人入列传的并不多。第一篇是《伯夷传》，伯夷前边的人都不管了。第二篇《管晏列传》，从伯夷到管仲这中间还尽有很多人，也全没有了。而这个古今人表则网罗甚备。固然在当时应有书作据，而在现代，十之七八也还可考察得出。清代就专有人为此人表逐一查他出处。不过此表被人批评，重要的并不在这些人之多出在汉以前，而更为他把古今人分成了自上上到下下的九品。如孔子列上上，颜渊列上中，老子则放在下面去了。当然把历史上人分成九品，不会都恰当。然而大体上说，尧舜在上上等，桀纣在下下等，像此之类，也不必特别太严苛地批评。因有人批评及此，就讨论到《古今人表》是否班固所作，还是后人加上，我们现在不论这一点，只讲《古今人表》在《汉书》里也如《地理志》、《艺文志》等，都是超出于《史记》之上的一类文章，该认为这是班固《汉书》有价值的地方。

今天我们要讲到下边范晔的《后汉书》和陈寿的

《三国志》。这两书，后人把来同《史记》、《汉书》合称"四史"，在十七史廿四史中特别受人看重的就是这四部。我没有查过"四史"一名究竟什么时人才提出，可是我们可想见，汉有前汉、后汉，既有所谓"两汉"，读了《汉书》，自会读到《后汉书》，因此班孟坚的前《汉书》和范晔的《后汉书》就常成为我们同时并读的书，这就成前后汉，或称"两汉书"，因此就有人把《史记》和两《汉书》并在一块称"三史"，这是历代正史里开头的三部，这也很自然。但照成书年代讲，则《后汉书》在后，《三国志》在前，写《三国志》的陈寿是晋代人，而写《后汉书》的范晔则是刘宋时代人。此两书又有很多重复的地方，如董卓、袁绍这许多人，《三国志》里有，《后汉书》里也有。因此读《后汉书》的人定会去读《三国志》。又且《三国志》里的蜀汉，国号也叫"汉"，是汉的宗室，有人认为要到蜀汉亡了才算汉代全体亡了，所以读两《汉书》的人自会再去读《三国志》，恐是因于这些理由。读历史的，读了《史记》、《汉书》，就会再去读《后汉书》与《三国志》。至于《晋书》，要到唐代人才写定下来，并且从汉到晋中间自然有个分别，告一段落了。或许正为这些理由，学历史的人开头一口气就会读四史。读了四史以后，或许没有精力读全史，于是喜欢治唐代的读新旧《唐书》，喜欢治宋代的读《宋史》，喜欢治明代的读《明史》，不一定要从《史》、《汉》以下一起读，这是一点。又有第二点，无论读哪一代的史，总该先懂正史那一个大体例，这就定要先通了《史记》、《汉书》，才能来读下边的。而读《史》、《汉》的定会继续陈范两史，这已如上所说，因此从来学历史的人，基本都是先读《史》、《汉》，或先读四史。不像现在，一切没有了个基本。所以诸位学历史，最好还是先读《史》、《汉》，或四史，最好《史》、《汉》一起先读，读了《史记》不读《汉书》还不够，《汉书》才是断代史的第一种，但读《汉书》不读《史记》也不够，因许多大体例都由《史记》定下。至于今所要讲的《后汉书》与《三国志》，实际上已没有什么特殊可讲的。因他们都超不出《史》、《汉》这个大范围、大体例。照此一点讲，《史记》、《汉书》是创造的、特出的，而《后汉书》、《三国志》则只是摹仿、因袭的。固然《后汉书》、《三国志》里也有对《史记》、《汉书》变动的地方，如《史记》、《汉书》里只有讲经学的《儒林传》，而没有讲文学的《文苑传》，到范晔《后汉书》就有，这不是前面阙了，乃是历史演变，古代还没有专门所谓文章之士这一行，在《汉书·艺文志》里只有《辞赋家》，而《汉书》亦没有《文苑传》。如此之类，尚待我们讲了大的，小的自会看。所以我们只说《后汉书》、《三国志》是因袭，只《史记》、《汉书》是创造，开辟了史书一个新体例，但

《后汉书》、《三国志》两书也有一个特别共同之点，应该在此提出来一讲。

先讲陈寿的《三国志》。《三国志》有裴松之注，那是很特别的。陈寿是晋人，裴松之是宋人，在经学上有"传"有"记"，史书则无，但因陈寿《三国志》叙事较简，篇幅不多，而当时的史书则已特别地多，裴松之便把其他人讲三国史的都采来注在陈寿书里。因此我们看了裴松之注，就可看见很多到今已失传的史书，在裴松之时尚存，到以后南北朝长期大乱，及到唐代，很多书都看不见了，幸而在裴松之注里有，差不多有一百几十种书。而裴松之对于这许多书都一段段全文抄下，不像经书里仅是解释字义般的注，乃是添列史料的注。大概讲裴注，大体可以分成六项：一、"引诸家论，辨是非"，这属史论方面的。二、"参诸书说，核讹异"，一件事有两说以上不同，他"参诸书说"来校核其"讹异"之所在。三、"传所有事，详委曲"，这些事陈寿《三国志》里有，或者太简单，中间委曲的地方，他来详细地补注。四、"传所无事，补阙佚"，在陈寿《三国志》里根本没有这事，他补进去。五、"传所有人，详生平"，《三国志》里有这人，可是生平不详，他补进了。六、"传所无人，附同类"，《三国志》里根本没有讲到这人，他就把这人附在同类人的传里。所以裴注比陈书不晓得要多了多少事情、多少人。在一部陈寿《三国志》以外，同时还有一两百部书，裴松之无不把来一起抄，可是他所抄的部分，都是从头到尾自成篇段。此种史注，前无其例，而此下也更无后起，所以裴注很特别。后来凡读《三国志》的，无不兼读裴注，而且陈志裴注总是合刻，不再分行。在陈寿写《三国志》时，这一时期的史书，裴松之看过的就已有一两百部，现在拿来一比较，陈寿的不一定都好，裴松之引进的，有些是理论正确，事情重要，并不全出陈志下。

我们试再讲到《后汉书》。范晔的《后汉书》已在宋代，在范晔《后汉书》以前，写《后汉书》的就有七家。及范晔《后汉书》出来，这七家的《后汉书》都不传了。学术上大体还是有一个公平，可见范书是有价值的。只因范晔是犯了罪死在监狱里，他的书没有写完，因此只有纪、传，而无志。我们不能说范晔不想写志，只是来不及写，已经下狱了。范晔下狱而死，他的书又是一部未完之作，而后来其书独行，即据此点，可想以前的七家或许并没有他的好。唐初章贤太子为《后汉书》作注，在注里就有许多零碎历史事情为范书所没有。这虽不能比裴松之的《三国志》注，可是也补进了很多历史故事。清代有一个经学大师惠栋（定宇），写了一部《后汉书集注》，他所补进的材料比章贤太子注还多了很多。清人还曾把七家《后汉书》合刻，但都是不全的，实际上这七家《后汉书》在惠定宇《集注》里也都有，不过是分散了，不是一家一家集合在那里。

根据上述，可见读《后汉书》与《三国志》，读法要和读《史记》、《汉书》不同。《史记》中春秋战国还有很多材料没有收，但《汉书》，如要补进班固所没有收的材料，就很难。西汉史料流传到今可以补进《汉书》里去的，实在很少了。但《后汉书》、《三国志》，很多材料，在这两部正史以外，为我们可以看见的，当然也可见陈范两人的剪裁所在，但当时的历史，要之不尽纳入此两部正史内。因此《后汉书》章贤太子注不如裴松之注补进很多，但裴注也还有缺漏，此所缺漏，现在我们却反而大家都知道。即此可见写史之难。如讲书法，定称"钟、王"，王羲之是东晋人，钟繇是三国时魏人，陈寿有《钟繇传》，裴松之当然也注了，但钟繇在后代最大流传的是他的书法，而他之精于书法，陈志里没有，裴注里也没有，这只能说他们两人都缺，而且也缺得不应该。又如管宁、华歆两人年轻时同学，在院里锄地扒出一黄金，管宁连看也没有看，华歆则拿起来看了一下又扔下。有一天，门外有大官贵人过，听到车马之声，管宁没有理会，华歆就到门外去望了一望。等华歆回来，管宁就同他割席而坐，说："你不是我的朋友。"陈志钟华在一篇传内，华歆亦做了魏国大臣，管宁则始终没有在魏国做过官。后人推尊管宁为三国第一人物，此一故事见在《世说新语·德行篇》，也成了一件传诵千古的故事，几乎是大家知道，但在陈志里没有，而裴注里也没有。其他所缺的不止此两事。清末王先谦，写了一部《汉书补注》，又写了一部《后汉书集解》。民国初年，卢弼写了一部《三国志集解》。《汉书》有颜师古注，出于唐，但清代研究《汉书》的人多，王先谦集来写《补注》，省人翻检各书。但王氏的《补注》还多靠不住，有些问题《补注》引了此说，没有引彼说，所引也不是全部，删节得还颇有问题。不过大体讲，《汉书补注》还是用了很大工夫，而《后汉书集解》就要差一点。至于卢弼，诸位或许不知其人，他正为王先谦有了《汉书补注》与《后汉书集解》，而来写一部《三国志集解》。在裴注外，又添进不少材料，如刚才讲钟繇书法，以及管宁华歆同学时故事，他都补进了。卢弼这书，还是花极大工夫。可惜《汉书》、《后汉书》、《三国志》都有近人作补注集解等，而《史记》则没有。有一日本人泷川龟太郎，写了一部《史记会注考证》。此书开始出版，我在北平偶然见到几本，中间错误很多，当时在北平图书季刊里写过两篇文章批评他。但目前大陆把此书翻印了。我们自己就没有人能来写一部《史记集解》之类，此事自不易。我们此刻讲史学的多不通经学，此是一难。当然还有其他方面的难。特别是战国史，太史公之《六国年表》就错得多，清人屡经研讨，也无结果。要待我的《先秦诸子系年》始得一定论。不晓得哪一天，我们史学界或者有一个或几个人能来成一部《史记集解》，或《补注》，此真不易。诸位且莫看轻从前老一辈人的工作。如王先谦一部《汉书补注》，一部《后汉书集解》，对我们用处大。我们骂前人不懂历史，但他们至少已方便了我们。此间艺文印书馆所印二十五史，除上边几部外，此下还收有《晋书》斠注等好多种，都是清末民初人作，此刻我们连他们的姓名都不知，但他们的书究竟是放在那里，供我们阅看，但我们总不问他们这些人是怎么一回事，全不理会了，这也是我们目前学术界一个大毛病。

现在我们再讲范晔《后汉书》和陈寿《三国志》的本身。刚才讲的主要是讲这一时代的史料，而这两书的本身则似无可多讲，因他们都是沿袭《史记》、《汉书》而来。《史记》有一篇《太史公自序》，《汉书》有一篇《叙传》，范晔《后汉书》就没有，只有一篇《狱中与甥侄书》，他没有儿子，这书是给他外甥侄儿的，书中写到他写《后汉书》的事。他说："常耻作文士，文患其事尽于形，情急于藻，义牵其旨，韵移其意。"他指出当时文章家毛病有此四项。一是"情急于藻"，写文总得有个内在情感，然而当时写文章的都要用力辞藻，遂使这个内在情感反而为辞藻所迫，不平稳，不宽舒，这恐是"情急于藻"之义。一是"韵移其意",文章必有个作意,而为韵所限,便"移其意",失却了原来应有之位置。又一是"事尽于形",文中事情为文章的外形所拘束。所谓尽,实则是不尽。"义牵其旨"的"义"字,该同"旨"字略相近,不当把自己写文章的大旨反为要该如何写文章之义所牵,而陷于不正确。这是当时流行骈体文之通病。其实即此四句,也见范氏自己不免正犯了此病。他又说:"常谓情志所托,故当以意为主,以文传意。以意为主则旨必见,以文传意则其词不流。然后抽其芬芳,振其金石。"写文章要情志,情志寄托故当以意为主。能以意为主,才能"以文传意"。可见他所谓"义牵其旨"这个"义"字是讲的文义,不该把文义来牵动文旨。我们若懂得文以传意,"则其词不流",文章不会泛滥,然后才能"抽其芬芳,振其金石"。"芬芳"是辞藻,"金石"是声调,此为文第二义,而非第一义。可见范蔚宗深悉当时人的文病。但看他这封书,向后不能比韩愈、柳宗元,向前不能比司马迁、班固,可是他已能在当时骈体文的重重困缚中要求摆脱。他的《后汉书》,文章写得也非常好。我今举此一例,想借以告诉诸位,将来若轮到诸位来写历史,定有一番困难使诸位无法写,即在文字上。此刻白话文应用范围,其实也尚只在报纸新闻副刊乃及普通著作之类。如要写一传记,白话文反不易写。如要写一碑文,用白话,实不甚好。有时连日常应用文字也不能纯粹用白话，不得不转用简单的文言。若我们要来写一部历史，如《中华民国史》之类，单就文体论，便有大问题。我想诸位如要写史，最先便该重读文言文，至少三年五年，才来试写，不致的呢么啦，不成一篇史体文。范蔚宗父亲范宁，治《谷梁春秋》，是一个极有名的大经学家。范蔚宗学问有家传，他能看不起当时一般作家与文风，平心而论，《后汉书》也确不失为一部极好的史书。

讲到《三国志》，有一问题很复杂。那时已是断代为史，汉代完了，晋代没有起，陈寿自己是三国中的蜀人，可是他在晋朝做官。照历史传统，是由魏到晋，陈寿不能不由晋而推尊魏。因此他的《三国志》，只魏帝称本纪，蜀吴诸主均称"传"，此层便有关后来史家所争的正统问题。陈寿尊魏，颇为后世所非。但他书称《三国志》，不正名曰《魏书》，不与《汉书》、《后汉书》、《晋书》同例，既名"三国"，则是并列的，可见陈寿也有他不得已的用心。《三国志》里又有一问题，应该提出。此刻大家都说魏、蜀、吴三国，其实依当时历史讲，不应称"蜀"，应称"汉"。汉昭烈帝不能称蜀昭烈帝。当时蜀国人自称"汉"，不称"蜀"。此问题，诸位骤听似很无聊。但我们在今天也恰恰碰到这问题。其时吴蜀联盟，吴国人说："自今日汉吴既盟之后，戮力一心"，可见当时的吴国人也称四川是"汉",不称是蜀。而陈寿《三国志》把这个"汉"字改成了"蜀"字,由写历史人来改历史,那真是要不得。汉昭烈帝决不能称"蜀昭烈帝"。诸葛亮《出师表》上的:"汉贼不两立",也明明自称是汉,哪能改作蜀贼不两立?可见这一问题,也不仅是一历史问题,在我们当前,同样有此问题,在所必争。而且也不仅我们,在现时其他国家中,同样有此问题的也不少。近代有人说我们历史上所争的正统问题是不该再提了,认为此只是一种陈腐的、不成问题的问题。现在才知道此等历史问题,同时还即是现实问题,不可不争。但我们也要为陈寿着想,他不能称三国为"魏、汉、吴",因"汉"是王朝之名,所以当时魏人决不称蜀为"汉",汉则已让位给魏了,在魏人定称它是"蜀"。而从吴国人讲,通称蜀是汉。到今天,我们讲历史到三国,开头就说魏、蜀、吴,那就是跟着陈寿讲,但当时历史上没有蜀国,我们不得已而称之,至少应称"蜀汉",以示别于前汉后汉,而不能单称之曰"蜀"。这问题在前有人讲过,特别是黄震(东发)的《黄氏日钞》里,提出这问题。我以前读《黄氏日钞》,对此大为佩服。但此刻翻查卢弼的《三国志集解》,它钞了东发《日钞》,又加上了宋代的高似孙,乃知提出此问题的还不是从黄东发开始。所以我要告诉诸位,在我们前代老辈人之工力,我们实不该把来看轻抹杀。

我又想劝诸位，做学问不能只为写论文，也该学前人作笔记，笔记用处有时比论文大。我们尽要拿一个题目放大，好成一篇大论文，可以在杂志上刊载。但从前人考虑得周到，一条条笔记中，不晓容纳多少问题在内，易查易看，对后人贡献大。我们此刻写论文，尽求篇幅庞大，不想后来人哪能看这许多。即如卢弼，近人讲史学不会推尊到他，但究不能抹杀了。他一辈子成绩专研一部《三国志》，但也了不得。如我今天来讲《三国志》，一查《钟繇传》，又查《华歆传》，又查《黄氏日钞》论蜀汉这番话，他都有了。这些纵不说是《三国志》上的大问题，但也不能说不是问题。前辈人究曾下了实在工力，我们哪能存心轻蔑。这是我们做学问的一个态度问题，或说心术问题。若先已存心轻薄前人，又何能在前人书中做出自己学问。好了，今天讲到此为止。

综论东汉到隋的史学演进

今天我们又要回头来，略讲所谓做学问。让我做个简喻，好像做生意，定要懂得结账。既不能没有账，也不能尽是流水账，过一时候总要有个总结。这如我们做学问讲的"由博返约"，"约"就是总结一下。做生意人能懂得用账簿，慢慢儿就懂得生意。孔子所谓"温故而知新"，"温故"就是把旧的总结一下，这样自然懂得前面的新方向。读书也要懂得这样读。我们开始讲史学名著，从周公《西周书》一路下来，讲到上一堂范晔的《后汉书》，这是从西周经过春秋、战国、两汉、魏晋到了南朝刘宋，差不多一千三百多年。在此一千三百多年中，中国的史学研究怎么般在演进？我们不必定说它是"进步"，但总在那里往前，故说是演进。现在我们要在这地方暂时切断，且不管下面，回头来重想一番这一千三百多年内中国的史学是如何般在演进，这不是一个大题目，不是一种大知识吗？实际上也只是我们讲过的这许多，只要回头来综合一下，我们就能了解这一事。至少我们该在这一事上另外用我们自己的智慧、聪明，拿来想一想，如是学问方能有消化。如若今天看《尚书》，明天看《春秋》，后天看《史记》，大后天看《汉书》，看着半年一年来，看过了这许多书，尽向下面看，那不是办法。我们该回头来重看一番。倘使我今天不再讲下，只由诸位拿这个题目自己去想，这就最好不过了。因我今天所讲，也不过要告诉诸位这样的一个方法，并不是说我对这问题的讲法就对，还得诸位仍由自己拿此题目回头去思考，这是一项大工作。

而且我们讲史学，也不能只就史学讲史学，还该扩大。史学只是全部学问的一部门，不能越出于全部学问之外而独立。我们今天，要讲这一千三百多年来史学的演进，我们就该推展一步，看这一千三百多年来中国全部学术的演进。我们该从大处着眼，惟此事体大，我今天试提出一个简单的讲法。我们试从《汉书·艺文志》讲起。《汉书·艺文志》的前身，便是刘向刘歆的《七略》。一路下来，直到《隋书·经籍志》，其间从《后汉书》、《三国志》以下就没有志。唐初修《隋书》，才有《经籍志》，上承《汉书·艺文志》，这两志就等于是当时一个皇家图书馆的分类目录，把中国当时所有书籍拿来分类，从此可以看出当时学术的大体情况。我已讲过，下面还有《八史经籍志》，此处暂不讲。只讲从《汉书·艺文志》到《隋书·经籍志》，在中国这一大段时期中的学术演进。我试先举一例讲。在《汉书·艺文志》的分类里，那时还没有史学。说得正确一些，那时并不是没有史学，乃是没有为史书编成另一个独立的部门。换言之，也可说那时学术界乃是没有一个史学的独立观念。所以太史公书只附在《六艺略》的"春秋"下面，可见那时的史学述包括在经学之内，而不成另一独立的部门。可是到了《隋书·经籍志》，经学史学便分开了。第一部分是经学，第二部分便是史学，第三部分是"子"，第四部分是"集"。中国后代的经、史、子、集四部分类，就从这时候开始。其实在晋代的荀勖著《中经》，已分经、史、子、集四部，但他称作甲、乙、丙、丁，这所谓"有开必先"，《隋书·经籍志》就正式称经、史、子、集四部分列了。史部的第一书就是《史记》，《史记》已不附属在"春秋"之下，而成为史部的第一书。下面就是《汉书》、《后汉书》、《三国志》等，这许多称之曰"正史"。但史部除正史外，尚分有十三类。诸位从此可以想到，从太史公《史记》以后，史学就在中国学术里独立出来，不仅有正史，还连带有着十三类的史，这不是中国史学一个极大的演进吗？

倘使诸位把《隋书·经籍志》书目作一统计，史部所收的书共有八百十七部，一万三千二百六十四卷，这是指当时所存的书。还有知其有而已亡了的书。这且不讲。《隋书·经籍志》全部书目共有一万四千四百六十六部，八万九千六百六十六卷，即把卷数来作一衡量，大概史书占了七分之一。我们可以想见史学在当时中国学术界所占分量已相当地大。至于如何的十三类，我们且慢慢儿再讲。但《隋书·经籍志》里这许多书到现在，实际上都丢了，剩下的并不多，清代有章宗源、姚振宗两人都对《隋书·经籍志》做了一番考证工夫，两书都收在开明书店的《二十五史补编》里。诸位只看《隋书·经籍志》，就只可看出在史部中这八百十七部的书名。但若参看章、姚两人的书，则几乎每一部书凡可考的都考了。但所花工夫虽大，所得成绩并不大。要之这些丢掉的书，已然无多可讲了。我们也可如此说，大概这些书在当时本是没有甚大价值，所以不传到今天。我们上一堂讲过，在裴松之的《三国志注》里还保留着当时史书一两百种，虽然搜罗不完全，我们还可见此一两百种书的大概。又若再看王先谦《后汉书集解》，这里又收有很多零零碎碎的，总之是存者少，亡者多。但诸位应问，到后代，这许多书固已亡失了，但在当时，即隋以前，或说从汉代起（特别是从东汉起），魏晋南北朝，怎会在这一段时间里出有这许多史书？这许多史书出在当时，定有一种意义，以及其实际的作用与影响。否则东汉、魏晋、南北朝这一段长时期里的新的史学，怎会出生？又史学在当时究曾发生了什么作用？有了什么影响？这是我们研究历史的人应该要研究的。

诸位要知道，时代与学术互相发生作用。为什么这时代会产生这许多书，此是时代影响了学术。但这些书对这时代又发生了什么影响，这是学术影响了时代。倘使我们再换说："东汉以后中国史学的发展"，或说"中国的新史学"，这不又是一个大的题目吗？我们此刻在讲史学名著，这许多书已经丢了，无法讲，并且也不是名著，可不必讲。但我们若是光讲中国史学，或我们重换一题目讲"中国史学史"，则这一段时期就是中国史学特别值得我们注意的时期。向上面讲，上面还根本没有独立的史学，向下面讲，诸位再看《唐书·艺文志》，一路看下，才知这一时期的史学，还要高出于唐代。中国的史学怕只有两个时代很盛，一便是这一期，再有一个时期，便是宋。此下明、清两代也都不能比。我们要讲史学名著，当然先该懂得史学。要懂得史学在整个学术里怎样产生？史学的意义和作用何在？特别是史学和其他学问不同的在哪里？这些我们当然该知道，不能因为在这时期里这些书现在大部分丢了，我们就可置而不论。古人都已作古，已死了，我们还讲什么历史？汉代早已亡了，魏晋南北朝也都没有了，但我们正是要在这里边作研究。

我们根据这一点，试来看一看大家知道的两汉经学。从西汉到东汉，经学上很多博士讲经学的书，诸位一查《隋书·经籍志》，到今天，绝大部分亦都丢了。但我们不能说经学在两汉无任何意义，也没有发生什么作用与影响。我们要讲中国古代学术在汉代发生了大作用、大影响的，当然莫过于经学。那时史学还没兴，子学是衰了，集部也还没有。诸位试想，我们要讲两汉史，哪能不读两《汉书》中的《儒林传》乃及他们的经学？两汉时代人讲经学，可拿"通经致用"一句话作代表，便是要把经学在当时起作用。诸位只读一部《汉书》和一部《后汉书》，便能在这里仔细看出经学在当时所曾发生的实际作用与影响，这又是个大题目。而且把我们的眼光从经学转移到史学上来了。现在我们则在此讲史学，哪能说中国已往历史可全不管，又说中国无史学，无供我们研究之价值。我们该好好回过头来看从前，该要排出几个大题目来讲，不该零零碎碎都找全不相干的小题目。如我上面所讲，两汉经学究在当时发生了什么作用与影响，此是历史上一大问题，而且许多材料也都安放在那里，诸位只要细心详读《汉书》和《后汉书》，一切事实，自可寻见。

让我举一粗浅的例。如我讲太史公《史记》，特别讲到他引用董仲舒的一番话来讲孔子作《春秋》是怎么一回事。我曾说：从来讲《春秋》的，没有比董仲舒这几句话讲得特别精彩与扼要，而这几句话却并不见在董仲舒其他的书里。我讲太史公作《史记》，正就根据这几句话，那么太史公不也就是"通经致用"吗！他通了《春秋》，便写出了一部《史记》，这不是当时一个"通经致用"的实例吗？这部《史记》，在《隋书·经籍志》里，便成了十三类史书中的第一类第一部，称为中国之正史，这样的"通经致用"不是其用极大吗？诸位此刻说经学没用，但在太史公身上就发生了大用。

现在我再举一例。我曾写了一部《刘向歆父子年谱》，讲到康有为的《新学伪经考》，他说：现在我们所称的经学，并不能称为汉学，乃是新朝王莽时代的"新学"，这许多经不是古人传下，都由刘歆伪造，来帮助王莽篡位，所以称之曰"新学伪经"。康有为这些话，全是瞎说。我的《刘向歆父子年谱》就在讲明王莽篡位、变法，一切事都根据着当时的经义而产生，证据都在。《汉书》的下半部，从刘向生到刘歆王莽之死，那一段时间里汉朝人一切议论作为，都要根据经书，王莽代汉也是根据经义而来，我在我的《刘向歆父子年谱》里罗列证据极详极备，这又是一个"通经致用"，用的对不对，则是另一事。

我今天只举此两例，若我们再要进一步来研究汉人的经学在汉代发生了什么作用和影响，如太史公本《春秋》作《史记》，则影响在史学上，刘歆王莽据经义禅代变法，则影响在政治上，此其荦荦大者。只要根据前后《汉书》，从历史事实上着眼，如是则经学始成为活经学。不要像清儒般，他们尽说研究经学要根据汉人，而清代两百六十八年的所谓"汉学家"们，几乎全在经书的训诂、章句、校勘、辑逸等种种工作上着眼，把大半精力却花在"纸片"上，逐字逐句，而他们所讲的经学则是在已残阙中，由他们来搜索整理。他们自称曰"钩沉""稽古"，但他们所得只是一种纸片经学，也可说是一种"死经学"。单从经学里来研究经学，并不能从历史时代上来研究经学。他们并不曾注意到那时汉人是怎样来使用这经学的？如举董仲舒为例，他主张表彰五经，罢黜百家，设立五经博士，在他的《天人三策》里，对当时汉代政制发生了如何重大的作用和影响？在我所写的《秦汉史》里就对这层有切实的发挥，这才可说是在历史上的活汉学，也可说是一种真实的汉学。这也不仅是汉代人如此，即下至魏晋南北朝也还如此。经学在当时，虽不能和汉代相比，也还有其活的真实的使用。唐代亦然，宋代更甚。下至清代，他们所研究的只是他们一套的经学，全不是汉代人的经学，也不是汉以下历史上的一套活经学。

我们从这一点上，要知道，一切学术定要有它的时代性，要在它时代里能发生作用影响。这种作用影响，一路传下，便成了历史性。时代性也即是历史性，只是有一些不能传下的。时代过了，这种学问也过了，则仅有时代性，而更无历史性。必要待时代延续，我们才可称之曰"历史性"。古代的经学，并不是在汉代已亡了，汉以后还有经学的作用与影响，这就成为经学的一种历史性。凡一切学术，都不能脱离了它的时代性与历史性而成为一种学术的。真个脱离了时代、脱离了历史，便也并无此学术。如讲孔子《春秋》或孔子《论语》，都有它的时代性，在当时已发生了作用和影响。孔子的七十二弟子，不是听受了孔子这一套话而在当时便发生了大影响的吗？而这套影响又能愈传愈久，愈来愈大。到战国、到两汉、直到今天，孔子成为中国历史上一位最具历史性的人物，而儒学就成为中国历史上一种最具历史性的学术。所谓经学，只是儒学中之一部分而已。今天诸位做学问，多是受了五四运动以来的所谓"新思想"之影响，诸位才如此般来做学问。在我年轻时，我幸而并没有受到这一套影响，所以也不曾为这一套影响所束缚。但到今天，这一套影响是快要过去了，不能再存在了，诸位还能照这样的一套去做学问吗？下边将会做不出什么成绩来。我今天为诸位讲史学，要从头到尾，从历史眼光讲下，所以还要讲周公、讲孔子，我自信我这一套话是可以存在的，不像五四运动当时那一套话，此时早都不存在。然而我们也不能说它无作用、无影响，它还是有作用和影响，只是一种不好的作用和影响，不容得我们不反对。至于纸片上的学问，对当时的时代和此下的历史无作用、无影响，则也不值得反对。

再换一个说法。我们看《汉书·艺文志》，乃知中国古代学术有两大分野，一是王官之学，一是百家之言。这我已讲过，可是我对这些话，还要重重叠叠地再讲。首先是清代章学诚的《文史通义》和《校雠通义》，他在《汉书·艺文志》里找出此一分野，这是他一大"发明"。五四时代，胡适之写了一篇文章《诸子不出于王官论》，他说诸子之学并不从王官之学来。那么又从哪里来的呢？他说这是时代要求。他的《中国哲学史大纲》就是这样讲。但在那时，本只有王官之学，则是千真万确的。如是则百家之言岂不是在王官之学里产出么？只不能像《汉书·艺文志》那样，说成儒家言出于这一个王官，道家言出于那一个王官，如此拘泥以求，而总之百家言是从王官学里产生，这中间一个最重要的中心人物就是孔子。孔子有一部《春秋》，那是《六艺略》中最后一部。孔子又有部《论语》，那是百家言中最早一部。到了汉人，小学读《论语》，跑进大学读五经，读五经也照孔子一话去读。五四时则要"打倒孔家店"，诸位若讲哲学、讲新思想，要自来一套，也未始不可。但诸位若讲史学，研究汉代，便不能打倒汉代，研究宋代，便不能打倒宋代，汉宋究是什么一回事，要去研究它，那么诸位便见中国学术到汉代是大变了。学术思想变，社会也变，政治也变。到东汉，中国的学术、思想、社会、政治又在变。变出下面三国、两晋、南北朝。两汉政府是一个统一的大政府，但后来变了。在那变的中间，就可从《汉书·艺文志》变出《隋书·经籍志》这一段中看出其消息。这里面有"史"、有"集"，而《汉书·艺文志》里就没有，这都是当时一种新学术。如何变来，我们已讲过其中主要的一部分，如由于太史公之《史记》而变出史学来。

今天我们又要连带讲到中国那时的文学史。直从《诗经》、《楚辞》，变出汉人的辞赋，这在《汉书·艺文志》里有。它究是些什么？又是如何变来？我们又不得不佩服章学诚讲的话。他说：辞赋是从战国游士的"策"里变来，这个详细的演变，在我的《秦汉史》里也讲到。在汉代的辞赋，乃是出在宫廷侍从之臣，他们自己认为是接着《诗经》里的雅、颂，在为政府作一种宣传与颂扬。又有乐府，就如《诗经》里的国风。汉儒讲周天子在宫廷中采风问俗，经学家这样讲，汉武帝也来采风问俗，当时各地的民歌民谣都采来宫廷，乐府也就成为汉代的一种王官之学。直到古诗十九首，它又脱离了乐府，而自成一格。四言诗变成为五言，那就产生出后来的新文学，收在《文选》里的这许多诗全来了。因此在《后汉书》里，《儒林传》外又增添了《文苑传》，这在《史记》、《汉书》里还没有，但那时文章之士是已经有了，如从司马相如到扬子云，皆是辞赋家，但当时还没有"文人"这一个观点。"文学"独立，要到东汉以后才开始，那么才成为经、史、子、集之四部。可见文学也可说是从经学变来，这也是一个"通经致用"。

我讲汉代的经学，在当时历史上发生了这样大的作用与影响。我此刻要讲从《汉书·艺文志》到《隋书·经籍志》这中间的学术演进，是历史上一件极大的事情，比汉光武曹操这些政治人物，其影响或许还要大得多。这样以后，中国的学问就变成了经史子集四柱。以前的学问，只有上下两层。上面是王官之学，下面是百家之言，到现在则变成了经史子集四部了。当然，经学到魏晋南北朝时还有，史学也仅是魏晋南北朝时四柱中的一柱，不能同两汉经学相比。我如此讲学术，等于如我们在南方所见的大榕树，一根长出很多枝条，枝条落地再生根，经学是中国古代学术一个大的根，长出了六艺，就中《春秋》这一个枝条落到地，又生出《史记》，它再长出来又是一棵大树，这就是我现在讲的《汉书》、《后汉书》、《三国志》等。诸位看这大榕树，新的长出来了，旧的还在那里。在史学里又长出很多枝条，我们便要慢慢儿讲到那时史学中的十三类。文学也一样，《诗经》着了地，长出汉代人的乐府，乐府慢慢儿长成一新条，如古诗十九首又是一新条，就变成了当时的新文学。又如从百家言中的老庄之学落地，生长出王充《论衡》，又另外成一树。我们要懂得此种学术上的"落地生根"，又重新长出新生命来。

其实《春秋》也就是从《尚书》长出，这层我们已经讲过。但这榕树又落地重生根，现在又长出《史记》来。经学在这时期，实际上已长到极大，以后的经学再不能同汉代相比。所以汉代五经以后不再有别的经。同样的例，有了《史记》、《汉书》以下的二十五史所谓正史的，此下也不会再有第二种正史。因此，四史之后不是没有史，没有"正史"，但这些正史也只是从大传统里生出的小枝小节，有此传统，而更无大的创兴。经学是最早一个大传统，以后直到清代，有很多讲经学的书，然而经学则只是此经学，不再有大的创兴了。史学从经学里创出，可是有了《史记》、《汉书》、《后汉书》，以后的二十五史，只是一个正史的大传统，下面也并无一部正史值得我们特别提出来再详细讲，因为它也没有创兴了。当然诸位学历史，二十五史都该看，可是我讲史学名著中的正史，则就讲到此为止，下面的不再一一去讲它。等于像经学，讲了《尚书》、《春秋》，下面再无一部新《尚书》新《春秋》来了。至于今天以后的中国史学，该再来些什么，此刻我们不晓得，不过我想总有一点是可知的。就如大榕树般落地生根，却不能在上面把它根切断，根切断了，生命已失，哪里又来新的？倘使诸位，也不一定就是诸位，今天以后，来一个大史学家，又来创造中国的新史学，写出一部新史书，也一定仍从旧的历史里来。一定要先创有太史公，然后再能有班孟坚，再能有陈寿、范蔚宗。这责任真是大，非有一个大了不得的人，怎么再来一个太史公？但现在则定要再来一个太史公才行。班孟坚只是学太史公，太史公又向哪里学？太史公学的是《春秋》，使经学变成为史学，完全变了。诸位说中国此下不会再有太史公，一切该要从外国史学里学来，这也可以。但诸位一定先要深通外国史学，再从外国史学中来一个中国的新太史公，这却更难了。诸位须要益精益详地去读西洋史，真通了西洋史学，再来落地生根，却不能"不学无术"，不经一番学，如何能来创？要创总要有一个"术"，术即是一条路，或说是一个方法。这条路与这个方法还是要学。太史公的父亲，他就百家言都通，所以有《论六家要指》。太史公跟他父亲转一下手，他从孔子《春秋》变成《史记》。诸位听我前面这些话，要了解中国的史学已经完成，有了正史，则这个大干已经起来了，我们下边不再详细去讲这个干，下边我们要从正史之外来另加注意。

《隋书·经籍志》史部共十三类，正史之外还有十二类，这里头绪纷繁，能不能有人来写一篇从东汉到隋代的中国史学呢？当然还有人应写从周公到司马迁的中国史学，再有人写隋代以下的中国史学，慢慢儿拼成一部《中国史学史》，这种工作是必需的，而亦是很难的。先须你写一段，我写一段，将来有人合起来成为一部中国史学史。或者你写一部《中国史学史》，我也写一部《中国史学史》，有了八部十部，将来定会变出一部更好的《史学史》来。如讲中国通史，我所写的《国史大纲》也只是一部，可是也已几十年了，须有人不断来重写，写有十部八部，自会慢慢儿来一部像样的。学问不是一手一足之烈，一个人不能独自做学问，孔子也只是集大成，不是由他一人创出。司马迁也不是一手一足之烈创出了一部《史记》，他也远有所承。那么我们今天能不能把《隋书·经籍志》里的这许多史书，来讲一个从东汉到隋代的中国史学呢？像章宗源、姚振宗，逐部书讲，仅是一种材料之学，不是我们此刻所要求，但诸位要发愤做这工作，便得去看他们的书。而他们两人的书也仅是给你做参考。我们能不能把《隋书·经籍志》里这八百十七部史书，学太史公《史记》来制成一张表，也照《经籍志》所分十三类，如《史记·十二诸侯年表》般，连同周天子，共分十三行。每一类的书都根据年代排下，第一类有《史记》，要隔了多少年才有《汉书》，又隔了多少年才来《后汉书》。照这样，把当时史学十三类各分时代先后做一表，从此表里，我们就可看它一个大的演变，一个演变的大概。再把东汉到隋一切的历史事情配上去，这工作很繁重，是一个不容易做的工作，但也是个大工作。这是一个史学新兴时代，将来除掉两宋以外，其他时期没有像这时代般的史学之盛。这一段的史学，对当时社会起了什么作用与影响？当时的时代又怎么会产生出这样十三类的史学来？这不是一个空理论，这是现实事情。像苹果落地是一现实事情，慢慢儿从此讲出一个地心吸力来。诸位要讲科学精神，主要当从具体事实讲。但只讲材料又便不是科学。科学是从许多材料起，下面讲出一套科学来。如讲生物学，达尔文尽举许多实例，而后讲出一个生物进化，那才成其为科学。人文学也如此。我上面说过"由博而约"，一件件零碎事情归纳起来，而后可得一结论。诸位做学问，都要懂得这道理。

现在我把《隋书·经籍志》里的十三类抄在下边：正史、古史、杂史、霸史、起居注、旧事、职官、仪注、刑法、杂传、地理、谱系、簿录，共十三类，诸位要训练自己读书方法，读《汉书·艺文志》，不能只看一堆书目，要看如章实斋如何样讲《汉书·艺文志》，才知在这一堆材料背后有一套了不起的意义。这十三类中，每一类里都讲其来历，当然我们还有很多要补充。如第一类"正史"，从司马迁《史记》讲起。司马迁《史记》怎么来，我上面已同诸位讲了个大概。第二类"古史"，乃是学古代史书而写的，司马迁《史记》是创了一个新，而大部分所谓古史则只是跟着《春秋》来，用编年体，没有换新花样。第三类"杂史"有一部分是跟着《尚书》来，一件一件事抄下，就等于一种"史钞"。但诸位要知，任何一部史书大体都是抄来的，太史公《史记》不也是抄来的么？只是抄，而没有一个大系统，零零碎碎的，这就叫"杂史"，如《战国策》就属于杂史。杂史之外有"霸史"，中国自东汉以后又分裂了，有许多地方史不算是正式的国史，那就叫霸史，如《华阳国志》是。今不论正史、古史、杂史、霸史，都还在一个大系统里面，从古代已先有。下面再兴起了许多后来的。如"起居注"，这也是很古便有，一路传下，直到清代，注的是皇帝的起居，为将来写历史一个很重要的参考材料。"旧事"就是许多历史故事，包括极博，朝廷政令亦在内。"职官"，从《汉书·百官公卿表》以下有《职官志》。"仪注"，是朝廷种种礼仪制度，"刑法"，上自汉，中经两晋，刑法演变直至隋唐，一路下来，都可在此类中探究。此上从起居注到刑法这几类，大体都是政府档案，专在政治方面。此下"杂传"，这一类分量极多，共有二百十七部，一千二百八十六卷，在全部史籍所收八百十七部中，此类就占了四分之一。《史记》本来是纪传体，此下在史学中人物传记特别多，可说皆是《史记》影响。下一类是讲地理，分量也多，差不多各地域各有书，零零碎碎，凡得一百三十九部、一千四百三十二卷，只比杂传是少了，在整个十三类中占了第二位。

可知十三类中重要的，一是人物传记，其次便是地理记载，如有名的《洛阳伽蓝记》，只记洛阳一地之寺庙，而连带述及洛阳之宫殿街道等种种，此两类可说是十三类中特别值得我们注意的，两类加起来，几乎占了十三类中之一半。又下一类"谱系"，此是"姓氏"之学。东汉以后中国社会兴起了士族大门第，直到唐代，谱系之学应时而起。再次是"簿录"，从《汉书·艺文志》到《隋书·经籍志》，中间还有很多像此之类的书目，尽在这一类，此当从刘向歆《七略》开始，而《隋书·经籍志》以后，此类亦不断有迭起。

今再说此十三类中如起居注、旧事、职官、仪注、刑法五类，古代有，后代也有，一路到清代，可是杂传一类，唐以后不再占这样大的地位了。五四时期有人说中国人不讲究传记文学，此又是信口开河。太史公《史记》以下各代正史，不都是传记吗？此姑不论，如看《隋书·经籍志》，一个人的传记写成一本书的尽不少，杂传一类就多至两百几十种，有一人写一书的，有一家写一书的，也有很多人写在一起的。我们今要问，在那时为什么这样看重人物，乃至家庭的传记。如裴松之就写了一部《裴氏家传》，王家谢家的更多了。而地理一类亦更可注意，不论什么地方，一山、一水、风土文物、一寺、一墓，无所不有，此下的地方志书与家谱，正可说都从东汉以下开始了。诸位今且根据《隋书·经籍志》，再往下看，如《唐书》、如《明史》，直看到《四库提要》，下面的中国史学怎么样在变？还有新花样没有？还是只照这些旧类别，而旧类别里为何这一时代特别重在这两部分？如我们来写《东汉到隋的杂传》或《东汉到隋的地理书》，这也可算是大题目大文章，从这些再综合出东汉以后到隋这一段时期中国的史学，光是书籍就有八百十七部，年代就经历了四五百年，要在这里讲出一个大体来。如章宗源、姚振宗花一辈子工夫来研究，实也只重在材料上，没有深入发现其中的意义。从章实斋以后，又有好多人专来研究《汉书·艺文志》，但也没有更好见解，能超越章氏之上。我们该在材料上更深进研究其意义，工夫不专用在考据上，而更要在见解上。我们又说，从裴松之的《三国志注》，章贤太子的《后汉书注》，引到当时很多书，当时的书为此而保留下来的不少，清代又有一部严可均辑的《全上古三代秦汉三国六朝文》，史学的也在里面，如我们要找裴松之，他写有多少文章，今天所找得到的即都在严可均这书里。清代人做学问，也不能说他们没有下工夫，但他们究竟只看重在材料之学，给我们很多方便，今天我们即讲材料之学，和清人相比，已差得太远。因他们都是一辈子用工夫，而他们的社会也比今天安定，如清政府来编一部《全唐文》，把唐代一代文章都收进去，而严可均私人也来一部《全上古三代秦汉三国六朝文》，把私人精力来和政府集体工作作抗衡，那也就大可佩服了。但我们今天做学问，究该比清代人更进一步才是，该从材料搜集之上更深进到见解眼光方面。只是所谓见解与眼光，仍该读书，从材料中来，不能架空发论，又不应该只用心小处，该能有大题目，在大处用心。将来的中国史学，势必另有新趋，无法一一学步古人，但至少有两项断不能与古人相异：一是多读书；二是能从大处用心。我此讲首先提到由博返约，博便要多读书，多读书后，能从大处归纳会通，这就是约了。若如我们今天般，尽在小处，零碎寻一些材料，排比凑合，既失其大，又不能通，已无法追步清代，更何论为后代开新。史学更是一种应该博深多通的学问，我们应该自知自己的缺点与短处。若只就自己现实，反来多方讥评古人，那就更要不得。

《高僧传》、《水经注》、《世说新语》

　　我们今天续讲东汉以下到隋代之史学演进。我在上一堂特别提出"杂传"、"地理"两类的重要性，今天我想在这两类中每一类举出一书略为讲述。《隋书·经籍志》里许多书，现在失传的多，但保留下来的也还不少。我将在中间特别举出两部，略为一讲。但并不是举来作史学名著。但即称之为史学中间的一部名著，也非不可。一是杂传类里的《高僧传》；此书在《隋书·经籍志》里称为僧佑著，实际上该是慧皎著，慧皎是南朝梁人。此书共十四卷，讲到了在四百五十三年中二百五十七位高僧，共分十类，一一为他们作传。还有附见的二百三十九人，共可有六百僧人。除此《高僧传》以外，《隋书·经籍志》里还有别人所写，如《名僧传》等，可是只有此一部传下。以后就有《续高僧传》、再续三续的《高僧传》，一路下来，为我们研究中国佛教史一项重要的史料。

　　除《高僧传》以外，又有《传灯录》，此是记载禅宗祖师们言行的，这样我们可说中国已有了极详细的佛教史材料。诸位当知，宗教家不看重历史，特别是佛教，它本身就没有历史，连印度也没有历史，但佛教传到中国，中国僧人就把中国文化传统——看重历史的眼光，来记载佛教史。即论世界各大宗教，有精详的历史记载的，也就是中国佛教了。但把历史来记载宗教，这情形就会和原来的宗教发生很大差异。宗教本身不看重历史，今把一代代的教主，和下面很多其他传教的人，分着年代，再分着门类，详细把事情记下，把历史意义加进去，至少其本身宗教观念，会因此而开明得多，就会变成一种新观念，不啻在宗教里开辟了一个新天地。因此下面才有所谓中国佛学之产生，此即佛教之中国化，乃是说在宗教里边加进了中国文化传统中的人文历史观点，那是一件了不起的事。诸位研究历史，定要求其全，又求其通。如讲魏晋南北朝到隋这一段的历史，断不能把佛教排斥在外，置之不论。在这段历史里，从东汉末年佛教传入，一天天地发展、变化，中间究是怎么一回事？我们该从整个历史来看，也该以全部佛教之演进来看。研究史学的人，只要在这个时代发生过了什么事，都要求其全，求其通，从时代来看宗教，从宗教来看时代，时代变，宗教也跟着变，宗教变，似乎也是这个时代在变。像此之类，诸位要研究思想史社会史文化史等，都不能把佛教放在门外边。佛教在当时，是社会上一个重大的宗教，他有一套信仰、有一套作为，时代固是影响着宗教，宗教也在那里影响时代，中国的正史是纪传体，包容不了宗教，宗教还是在外边，我们只有在正史以外再来找宗教史，像《高僧传》，便甚有价值。在史学上、宗教上，都有极大贡献。我们即使不研究佛教，但佛教要之是历史中一大部门，将来到了唐以后，一路有佛教，历代《高僧传》便是佛学史上一宝库。诸位千万不能忽略。我们不能抱一种关门孤立主义，把此等重要事项置之度外。

现在再讲第十一类，地理方面，我在此方面一百三十九部书里边，也特别举出一部，就是郦道元的《水经注》。汉代桑钦著《水经》，郦道元为之作注，特别是史学方面的注，本在魏晋南北朝很盛行。我们已经讲过裴松之的《三国志注》，再有大家知道的，如李善的《文选注》，像郦道元的《水经注》，再有就是下边要讲的刘孝标的《世说新语注》，可说是当时四部有名的史注。桑钦《水经》本是薄薄的一小本，经郦道元一注，变成了一部大书。后人把《水经》本文和《注》放在一块，实际上就是读《水经》的《注》。等于我们把《左传》、《公羊传》、《谷梁传》附在《春秋》下，很少人去掉三传，专来读春秋的。《水经注》照理是一部地理书，《隋书·经籍志》也就放在地理类。书中多讲水道交通、农业灌溉，特别注意到水利。但汉代桑钦作了《水经》，经过几百年到郦道元，他亲自到过好多地方，来为《水经》作注，诸位当知，水道是会变的，原来这条水这样流，后来这条水换了方向不是这样流了。原来这条水经过这里，后来经过那里了。原来两条水分的，后来合了。原来两条水合的，后来分了。原来有这条水，后来没有了，干涸了。原来没有这条水，后来新成一条水了。中国最初重要地区都在黄河流域，到了南北朝，长江流域慢慢儿开发，隋唐统一以后，就慢慢儿南方重过于北方。我在《国史大纲》里有一篇《中国南北经济的变迁》，由于经济变迁就影响文化变迁，而同时重要的也就是水道交通等各方面的变迁。我们讲地理的沿革，多注重在地名都邑等，而郦道元的《水经注》却是拿水道交通为主，都邑附见在水道的旁边。又把这些都邑曾经发生了些什么事也一并记下。

在地方曾发生过什么事，那是历史。所以郦道元的这部《水经注》，固然是一部地理书，实际是一部极有价值的历史书。我们要讲中国古史的水上交通、物产、文化种种变迁，这部书关系非常之大，值得参考。

可是后来人不一定清楚这书的价值，而这书描写各地风土景色，描写得非常好。唐代柳宗元的文章，最受人欢迎的在其山水游记方面，如《永州八记》之类，大家说柳宗元这一类的文章就是学着《水经注》，于是《水经注》就变成为文学家所注意的一部书。再后来，这书屡经传钞，变成经注混淆，桑钦的"经"同郦道元的"注"慢慢分别不清。直到明代，那时并没有一部很好《水经注》的版本，清代人就花着工夫来重订《水经注》的文字。其首先特别重要的是为经注作分别，在此方面特别有贡献的是戴东原。他为四库全书馆校《水经注》，说是根据《永乐大典》，那时《永乐大典》藏在内廷，非外面人可见。但在戴东原同时稍前，也曾有人用功校过《水经注》，主要是赵东潜。他的书也送进四库馆，后来人见戴东原所校，有许多和赵东潜相似，于是疑心戴抄了赵，这就成为当时学术界一大问题。戴东原有一弟子段玉裁，他特为戴东原辩护，写了许多文字都收在段的集子里。但这一问题，直从乾嘉时代一路下来没有解决。到清末，《永乐大典》流传到外面，经王国维看见了大典中半部《水经注》，拿来校戴东原所校的《水经注》，一点也不对。原来《永乐大典》本的《水经注》完全仍是旧的，经注不分，由此可见戴东原实是说了谎。但王国维只校了前半部，后来商务印书馆访求得整部《永乐大典》的《水经注》把来印出，两面一对，显然戴东原根本没有根据《永乐大典》。我那时在北京大学教书，曾向商务印书馆预约了一部《水经注》，等它出版，我想把此问题来作一研究。可是那年暑假我回到南方去，待秋间回到北平，晤见北大史学系同事孟森先生。他告诉我：他在暑假中做了一件大工作，把全部《水经注》都校了。他说：你此工作可不必做了。但可惜他的全部稿子没有好好整理发表，接着是七七事变，而孟先生也过世了。但此下胡适之还要为戴东原抱不平，但《大典》本的《水经注》人人都看得到，戴东原是否根据《永乐大典》来校《水经注》，此问题极易解决，不烦多论，而且若使戴东原只是根据《永乐大典》来校《水经注》，这还有什么大功绩可言？大抵戴氏大功，是在其分辨经注，可是校《水经注》不仅此一点。戴东原在四库馆校《水经注》年月有限，他曾参考了赵东潜所校，而赵东潜的后人又看见了戴校四库本，有许多或许为赵东潜校本所没有，他们也把来加进去，于是这书有戴抄赵的，同时也有赵抄戴的。此刻傥能查出当初呈送四库馆的赵氏原本，此问题也可解决一部分。但我想此问题结论很简单，已有了，也不必在此上更多操心。我写《近三百年学术史》写到戴东原，在小注里就附带提到这问题。后来我在香港，胡适之曾写一信给我，说我和王静安同样未脱理学家习气。我给他一回信说，此问题现在已都不值得讲了，若得回到大陆，你再高兴看重这部《水经注》，不如组织一个考察团，这里面应要有史学家、地理学家、水利学家、农业家、考古学家，各方面人物参加。虽然《水经注》中所记载的地方不能——全去，几条大水像黄河、淮水、渭水等都该去跑一周。原来这条水这样流的，现在不这样流了，原来这里有这条水，现在没有了，原来这里是很繁盛的大都邑，现在荒废得变成一个小村镇或荒地了。这项工作，也像郦道元注《水经》那时，古今对照一下，可知其间有很大的变动。这事不仅为研究历史，实对北方开发应有大用。何必专为戴东原一人斤斤辩诬。我自己对《水经注》，并未用过大工夫，只在我的《先秦诸子系年》里，引用了《水经注》的地方很多，尤其是在司马贞《史记索隐》以外，郦道元《水经注》也曾引用《竹书纪年》的许多原始史料，对我有绝大的帮助。诸位今天若要读《水经注》，可读王先谦的《合校水经注》。在赵东潜同时，全祖望也曾七校《水经注》，后来他把那项工作让给赵东潜去做了。胡适之曾有几篇文章在抗战时期零碎发表过，中间有一篇说，他的朋友丁山告诉他全祖望七校《水经注》靠不住，其实在王先谦《合校水经注》的例言里就说过了，所以王氏合校全没有引用全祖望。王先谦既已如此说了，何待再要胡先生的朋友丁山。可见和我同一时代的学术界，实在读书粗心，已远不能和我们稍前一代的人比了。

现在再讲第三部书，这不在《隋书·经籍志》的史部，而在子部小说类中，其实也应是一部史书，而且很重要，这就是刘义庆的《世说新语》。刘义庆是刘宋人，梁代刘孝标为它作注。据说从前刘向曾写过一部《世说》，后来并无流传，所以刘义庆的书称作《世说新书》。后来又不晓得何人把此书名改成了《世说新语》。书里都记着些当时人的佳事佳话，在社会上流传的，而刘孝标的注，则采用了一百六十六家的书，这些书都在正史之外。后来刘知幾《史通》很不看重刘义庆此书，但很看重刘孝标的注。他说："以峻之才识，足堪远大，而不能探赜索隐，网罗班马，方复留情于委巷小说，锐思于流俗短书，可谓劳而无功，费而无当者矣。"他说刘孝标的学问识见，可以同班、马一样写大历史，他不做这工夫，乃留情于委巷小说，锐思于流俗短书，可见他很看不起刘义庆的书。然而此书连同刘孝标注直流传到今天，由今看来，这是一部对当时历史极有关系、有价值的书。重要是在能表现出当时的时代特性。每一时代同另一时代不同，正因其各有特性不同。要能表现出这一个时代的历史特性的，那么这部书就是历史上一部重要的书。若使我们要研究从东汉末到隋代这一段，特别是魏晋到南朝宋的这一段，我们该要懂得这一段的时代特性在哪里？历史特点在哪里？我想诸位都会提出一句话来，说：这是一个清谈的时期。话是对了，东汉以前没有清谈，隋唐以后也没有清谈，清谈正是那时期一特性。但我不免要接着问：什么叫清谈？其内容是些什么？诸位要去找材料来解答，最好就是读《世说新语》。我在《国史大纲》里，有时不根据陈寿《三国志》，不根据《晋书》宋齐梁陈《书》，只就根据《世说新语》，举出几件故事来讲当时人的观点和风气。我又写过一篇《略论魏晋南北朝学术文化与当时门第之关系》一文，重要材料还是根据这部《世说新语》。此刻我再举一例。《世说新语》中第一类是"德行"，诸位只从此德行卷，正可看出当时所谓的德行，究是怎么样的一会事？把来和东汉一比，这里显然便有个时代不同。我曾告诉诸位，《三国志》裴松之注，有许多事没有注进去，我曾举出了两例，这两例就在《世说新语》里。近人也有说《史记》有《货殖传》，认为太史公对历史有特见，后来人不能及，这话也有些似是而非。如讲《史记·货殖传》，子贡是孔子的大弟子，下边来了陶朱公范蠡，他是越国大臣，又下边到白圭，做过梁国宰相，下边到吕不韦，做秦国的宰相，秦始皇还是他儿子。这些做生意人，在当时社会上地位重大，太史公自该来写《货殖列传》。下面的做生意人，没有社会地位了，即是没有历史地位了，仅不过是发点财做一富人而已，那当然不该再要《货殖列传》了。又如太史公又写了《游侠列传》，为什么后来人不写了，这也因在后代社会上游侠不成为一个特殊力量，却不能怪史家不写。为何中国古代有货殖有游侠，而后代没有了？这是历史的变。我们要知道中国古代社会同后代社会的大不同之点在这里，这里才隐藏着有问题。如在《后汉书》有《文苑传》，而《史记》、《汉书》没有，但以下直到清代就都有，那又是历史变了。古代没有专门所谓的文人，社会上没有这流品，不能怪史家不为作传。又如《后汉书》有《独行传》，而古代则并没有所谓独行之士。如伯夷叔齐，也可算得是独行，但不成一类，而东汉以后便多有之，这又是中国社会变了。在廿五史里，每每有新的类传出现，如宋史有《道学传》，此与以前《儒林传》显有不同。明代亦然。清代就不行了，《道学传》可有可无。而那时讲历史的人却说：宋史不该有《道学传》，只存《儒林传》便可，其实是不同。儒林是儒林，道学是道学，既是那个时代新有了一种道学，就该立个《道学传》。如刚才讲过慧皎有《高僧传》，当然古代没有，但此下直到明代，高僧一路不断，故不断有《续高僧传》出现。可见历史记载要表现出当时历史上的一个特点，也说是历史上一个极重要的特性，或说是某种新起事项。恰恰《世说新语》就表现出东汉末年一路下来的清谈这一个特点。所谓佳事佳话，也都是清谈成分占得多。所以此书直到今天流传在学术界，而且成为史学上一部极重要的书。刘知幾不懂这层，实际上《隋书·经籍志》把此书放在子部小说家言已错了，无怪刘知幾便要说它是委巷小说、流俗短书了。其实大书有大书的价值，短书有短书的价值，这部书体例像小说，实是一部极大有关史学的书。但我们也不能怪《隋书·经籍志》的分类，只可说小说家言也有很多极有关于历史大事的。而且《世说新语》都是些真确而具体的佳事佳话，不像后来所说的小说，都是无中生有。《隋志》把此书入小说类，乃承汉志的分类法，而此下又有变，小说该入集部，不该入子部。如唐代的一部《太平广记》，那才真是小说了，但在《太平广记》里，也可研究唐代当时的社会、经济，乃至其他方面的材料很多，可惜今天我们没有人来运用这部《太平广记》来发挥当时的历史实况。这部书，将来定会有人注意到，虽然是小说，事情都靠不住是真的，我们如何来运用这部书，就要你的识见、眼光和本领来运使。我常说：我们倘能根据《全唐诗》和《太平广记》，以这两部书来研究唐代史，可以获得很多极新颖的材料，为唐史开一新天地。至于研究魏晋南北朝史，《世说新语》更见非常重要，只是在当时人不很觉得，即如刘知幾也无此眼光，但时代隔得久，此书地位便见不同。即是诸位讲究作文章，此书也是非常了不起。

我现在讲这三部书，《高僧传》文章就非常好，《水经注》、《世说新语》的文章也非常好。说到史料，《三国志》裴松之注，《水经》郦道元注，《文选》李善注，同《世说新语》的刘孝标注，都极可看。刘孝标注里就收有一百六十六家，真是取之无尽，有很多材料在里边，在历史的考据工作上也有用。我今天就讲到这地方。今天诸位要写历史，固然也不必定要写正史，这要看各人的眼光。外面材料容易找，如何运用材料来表现出历史上所谓一个时代的特性，这就要我们的学问。没有学问，材料只是材料。有了学问，材料不只是材料。庄子说："化腐朽为神奇"。材料不能运用，可以是些朽腐。成为历史了，那便是神奇。我们读书，不能把书只当材料读，《世说新语》不只是材料，我们要由此了解这一个时代的精神。《水经注》也不仅是材料，要懂得在当时中国的社会和经济、农业等各种历史上的大变，都在此书中透露出。读《高僧传》，则四百五十年佛教传来的变化、佛教在中国的新历史，都在这里。我从前老友汤用彤先生写汉魏两晋南北朝佛教史时，我和他常在一起，他到什么地方，一部《高僧传》总不离手，熟极了。他这部佛教史是一部好书，而我看他花在《高僧传》上的工夫真是极大。可见书是人人能读，但各有巧妙不同。若诸位认为做学问不须读书，那就无话可讲。若认为读书是一件重要事，则读书中的巧妙，诸位更应注意。没有巧妙，一味死读，那也是要不得。

刘知幾《史通》

今天我要讲到刘知幾的《史通》，那已在唐代。《史通》这部书，在中国学术著作中，有一个很特殊的地位。中国人做学问，似乎很少写像"通论"一类性质的书，如文学通论、史学通论等。中国人做学问，只重实际工作，很少写通论概论，《史通》则可说是中国一部史学通论，也几乎可以说是中国惟一的一部史学通论，所以这书成为一部特出的书。我讲过，从东汉到魏晋南北朝有两种新的学问，一是史学，一是文学，于是乃有经史子集之四部分类。在文学方面，最著名的有一部梁昭明太子的《文选》，荟萃了这时代新兴的各家的文章。另外有一书，《文心雕龙》，是梁代刘勰所著，这书可以说也是一部极特殊极有价值的文学通论。宋人黄山谷曾说：《文心雕龙》和《史通》，二书不可不观。他就把《文心雕龙》和《史通》两书相提并论。但中国在文学上自唐代韩、柳古文运动起，经宋以下，有了古文，对《文选》体的文章就比较看轻了。而刘勰的《文心雕龙》，不仅是他批评的重要在骈文方面，而他书的本身也是骈文，所以比较不受后人重视。而中国的史学则不像文学，并无一个新的转变，因此一般人一路下来仍多读《史通》。《文心雕龙》到了唐宋以后，慢慢注意的少，直要到近代，不再看重唐宋古文，以至桐城派，而再回上去，研究魏晋南北朝的骈文，这部《文心雕龙》遂又被看重了。

今天我们平心来看这两部书，由我的看法，《文心雕龙》之价值，实还远在《史通》之上。我曾讲过，史学当有三种工作，即考史、论史、著史。《史通》向来列为一部评史的书，但评史更重要是在评论这一时代的历史。而《史通》只是评论"史书"，不是评论历史。史书记载"史情"，应具"史意"。什么叫"史情"呢？这是当时一件事的实际情况。如汉武帝表彰六经、罢黜百家，这是一件事，这件事的实际情况我说它是史情。今天我们说这是汉武帝要便利专制，其实并不合于当时历史实情。每一件史事背后，我们要懂探求其实情，这实情背后就有一个"史意"。这是在当时历史实际具有的一种意向。当时历史究在哪里要往哪一条路跑，跑得到跑不到是另外一件事，但它有一个意向，想要往那条路跑。我们学历史的人，就应该认识这个史之意。史意得了，史情自然也得了。如我们研究《春秋》，就该认识春秋时代这段历史背后的一番意向，才能真明白到那时历史事件之真实情况。这才是我们的史学。我们具备了这一种的史学，才能来写历史，而后才始有史书。史书的最大作用，要能发掘出他所写这一时代的史情与史意。史学家写史的作用在这里，我们要来批评历史、考史、论史也该从这个地方去注意。而《史通》则尽在那里论史书、史法。《史记》怎么写的，《汉书》怎样写的，写得好和坏，尽在写史的方法上着眼。倘使照我刚才的理论讲，史书最重要的要能看出当时这许多史事背后的实情和意向，而刘知幾《史通》在这方面是缺乏的。他只注意在几部史书的文字上，没有注意到史的内容上。他只论的史法，没有真接触到史学。苟无史学，他所论的史法，都是肤浅的、皮毛的。史法之真实根源，并未涉及。孔子《春秋》是有史法的，但《春秋》史法之来源，则在孔子对春秋时代之史情与史意，有他一番极深的看法。

有人问过刘知幾，说：从古以来，为什么文人多，史才少？刘知幾回答说："史有三长，才、学、识。世罕兼之，故史才少。"他讲一个史学家应有三种长处，即史才、史学、史识。此后中国人讲史学，都喜欢讲这三长。今讲到史才，如举近代梁任公为例，他写的《中国六大政治家》，特别写到其中的王荆公，他又写《欧洲战役史论》、《清代学术概论》等，我觉得梁任公该可说有史才，他实能写历史。但所不足的是在史学。他究嫌书读得少，并也不能精读，因此他对这一时代的事情真知道的不多。他论王荆公变法，论清代学术，均无真知灼见。他并没有在这些上详细地学，他可能是有才而无学。至于说到"识"字，那就更高一层。梁任公讲《中国六大政治家》、讲《清代学术概论》，均嫌见识不够。今天来讲刘知幾，刘知幾一辈子在史馆供职，然而没有机会来写一部历史，因此就不易见他的史才与史学。从某一个角度看，我们上面讲过《隋书》经籍中许多历史书，刘知幾几乎都看到，也都批评到，似乎不能说他无史学。然而他所重只在文字上、在方法上，说不到有史识。则其所学也就另外是一件事，不能说他真学着历史。因为他只是在那里讲几部历史书，并不是在讲那几部历史书中之历史。诸位读了刘知幾的《史通》，最多仅知道些我们该怎么来写历史。他只在史法史笔上注意，倘使对这一段历史自己并没有一番很深切的见识的话，那这些史笔史法也就根本谈不上。这是我讲刘知幾《史通》的大缺点。他这书并没有讲到史书背后的史情和史意，他仅是读了那时许多的历史书，而并没有进一步通到史学。

他书分内外两篇，内篇中第一篇叫《六家》，他把中国古代史书分成《尚书》、《春秋》、《左传》、《国语》、《史记》、《汉书》六家，这讲法大体并不差。我们讲了半年的史学名著，主要也只是讲这几部书。他怎么分这六家的呢？就是照这六部书的体例来分，这个我们都已大体讲过。他的第二篇称《二体》，在这六种不同体例之上，特别举出两种的大不同。一种的代表就是《左传》，这是编年体。一种的代表是《史记》，就是列传体。刘知幾《史通》又批评到《尚书》，他说："书之所主，本于号令，所载皆典、谟、训、诰、誓、命之文，至如尧、舜二典直序人事，禹贡一篇唯言地理，洪范者也述灾祥，顾命都陈丧礼，兹亦为例不纯总。"他指出《尚书》应是一部记言的书，而中间如他所举诸篇为例，不纯是这一讲法。可见刘知幾对于史书的体例方面，实曾用心，并有一种极深刻的眼光，所以能发出这样的极深刻的批评。照我们现在讲法，《尧典》、《舜典》、《禹贡》、《洪范》这许多所谓今文《尚书》的，本来不是当时真的《尚书》，实际上只是战国时代人所伪造，是可以怀疑的。证据在哪里？只把刘知幾这段文章来推论，也可以做我们怀疑这几篇书的一个很好的根据。可见刘知幾对于批评史书体裁方面，确是相当有他的见解。

我们再照上面所讲，史书中一种是编年体，如《左传》。一种是列传体，如《史记》。又一种应该是记言体，而又兼记事的，那就是《尚书》。《尚书》本是记言的，但记言不得不兼记到事，这些我们都讲过。《国语》在刘知幾的六家中另立一家，那也可以。可是刘知幾在他《二体》篇中，又说我们后来人应该取法的，只有《左传》同《汉书》两家。这个讲法，就可证明刘知幾实在是只有史学，并没有史识。若我们只以记事一个角度讲，《左传》是比《春秋》来得详备了。可是更高一层从写历史的精神上来讲的话，当然孔子《春秋》远在《左传》之上。刘知幾徒然震惊于《左传》叙述之详备，而漠视了孔子《春秋》之义法，那是他见识小。又如太史公写《史记》，所谓"究天人之际，通古今之变，成一家之言"，这种精神，就远在《汉书》之上。但为何刘知幾却主张我们要写列传体史书，只教学《汉书》呢？此因《汉书》是一部断代为史的，以后中国人写正史，都是一个时代一个时代分着的。所以说我们应该学《汉书》。但是刘知幾仅知赞成一个断代为史的体裁，但并不能因为《汉书》之断代为史而忽略了太史公作《史记》的精神。我和诸位讲史学名著，对孔子《春秋》和司马迁《史记》之评价，远在《左传》、《汉书》之上，这是和刘知幾不同之点，所争则在"史识"上。《汉书》仅看重在历史里的事情和其记载事情的方法，不知历史更有超于事情之上的。如太史公说孔子《春秋》"贬天子、退诸侯、讨大夫"，这些天子诸侯大夫种种事，你要能懂得贬他、讨他，这就是另外一件事了。又如说"究天人之际，通古今之变"，这是在历史事情之上，更有一套高深的意义，留待我们作史的人去探讨去发掘。刘知幾的《史

通》，就并不能了解到这一方面去。所以刘知幾的
《史通》，后人说他"工于诃古"，他批评前人很苛
刻。但他自己提出来的意见，我觉得有许多有问题。
如他认为"天文志"不该写入历史，因历史常在那里
变，而天文则是一个不变的，并且他认为天文和历史
没有关系。我们此刻也可说天文学应该放进自然科
学，不在人文科学里，这话自是对的。但写历史的
人，一代有一代的天文志，把他当时人对天文的知识
写下，我们现在看着一代一代的天文志，我们才知道
当时人对天文知识的不同，这也不能不算历史。究竟
天文是怎么一回事？直到今天的天文学家还是不能完
全知道，所以刘知幾这个意见，我觉得并不很正确。
又如刘知幾认为《汉书·艺文志》可不要，这意见
就大错了。把当时许多书籍综合起来写一个《汉
书·艺文志》，到了《隋书·经籍志》，一路下来，
中国好几部历史里都有艺文志经籍志，我们今天正
可以根据这些篇文字来了解我们历史上各时代学术
的变迁，这是个非常重要的记载。而刘知幾《史
通》认为这些就不必放在历史里。他又说既然有了
天文志，为什么没有"人形志"？既然有了艺文
志，为什么没有"方言志"？人形志研究人种，研
究人的头发、皮肤颜色等，这都是科学，尽可不写
在历史里。"方言"也可不写进历史。人形之与天
文、方言之与艺文经籍，究竟在当时历史上，影响

大小大不同。究因刘知幾对整个历史没有一番清楚明白的看法，因此他遂横生驳议，而并不中肯。

刘知幾又批评《汉书·地理志》只讲郡国，那只是一种政治地理，他主张该有都邑志，则是人文地理了。他又主张要有氏族志、方物志等。像此之类，到了后来郑樵的《通志》，就特别看重这些意见。刘知幾又特别讲："凡为史者，宜于表志之外更立书，人主之制诏册令，群臣之章表檄议"，全收入此处。他不晓得史部已与集部分开，这许多全应放在集部里。即如一部《全唐文》，每一个皇帝的诏令、每一个臣子的奏议，若都把来放在《唐书》里去，《唐书》万万容纳不下。刘知幾批评某一书某一书的，今天且不讲，所讲只是他所提出的一些正面而共通的意见，他主张正史该如何，但这许多提议都不很值得我们之欣赏。尤其是他极端地批评《汉书·古今人表》，我已经讲过，古今人表也有它在历史上的作用，并不能说是十分要不得。后来人批评刘知幾《史通》，则说："薄尧舜而贷操丕，惑春秋而信汲冢，诃马迁而没其长，爱王劭而忘其佞，高自标榜，讥呵贤哲"，我觉得这样的批评，都是讲得很好。总之，刘知幾只注意到史书，没有注意到历史本身，也没有注意到写历史的背后的这个人，如像孔子作《春秋》、司马迁作《史记》，此两人究同左丘明作《左传》、班固作《汉书》不能并论，而刘知幾在这些地方就忽略了。

我们再可讲到刘知幾自己的学问。上面讲的是《史通》的内篇，最重要的，我们只讲它第一篇《六家》，和第二篇《二体》。下边讲《史通》的外篇，第一篇《疑古》，第二篇《惑经》。刘知幾对于古代的中国史怀疑，他说："倘汉魏晋宋之帝君生于上代，尧舜禹汤之主出于中叶，史官易地而书，各叙时事，校其得失，固未易是"，这样一讲，就对全部历史泛起了一种虚无的看法。那是一种极刻薄、极轻浮的虚无主义。人物无贤奸，历史无定准，特别是到了近代，我们讲历史的人，又特别喜欢疑古，"疑古"成为近人治史一大运动。刘知幾《史通》这部书，遂成为近代人之同调，近代人之先觉。中国古人早已如此讲了，岂不为近人一安慰、一鼓励。刘知幾《惑经篇》说："春秋之义所未喻者七"，又说《春秋》有"五虚美"，《春秋》并不这样好，只是后人虚美了它。又说："王充问孔，论语备见指摘，而春秋杂义，曾未发明"，他很高兴王充《论衡》里的《问孔篇》对《论语》加以许多批评，而恨他没有批评到《春秋》，他是来补充王充而批评孔子《春秋》的。所以又特别有一篇《申左》，说左氏有三长，而公谷二传有五短。这些，我不想在此多讲，只可说刘知幾仅通史学，不通经学，这是刘知幾学术上之偏处、短处。《唐书·刘知幾传》说刘知幾十二岁时，他父亲叫他读《尚书》，他读不进。同他讲《左传》，他就开心。

可见刘知幾从年轻时就喜欢史学。他自己说："始在丱角，读班范两汉"，可见刘知幾本身做学问本有所偏，只爱读史而不通经。固然我们可说他天性所近在史学，这是刘知幾学问长处，我们不得不看重。然而他幼年从学就走了"偏锋"，并未对学问有个大体的了解，亦未对学问有多方面的探求，就他自己才气近的一方面，就在这方面尽量发展，虽然成了如《史通》这样一部书，然而他的著作究为他的学问所限，不是一部理想的完作。

我们也可进一步来讲，有了自东汉以下到隋代这一大段的史学，才有刘知幾出来写他的《史通》。若使在刘知幾以前，史学界早有一番极高明的史学的话，刘知幾也就不止于此。正因从班孟坚《汉书》以下，都不能和司马迁《史记》相比。《三国志》、《后汉书》一路下来，经学史学大义慢慢迷失，所以当时人已只懂看重班孟坚的《汉书》，而不能看重到太史公的《史记》。讲材料，班固《汉书》是来得细密了，或许可在《史记》之上。但讲史识、讲学问的大精神，《史记》这一套，班固就没有学到。以后一路跟着班固的路，史学慢慢走向下坡，我们只要读刘知幾的《史通》，就可以回过头来，看东汉以后史学的慢慢儿地暗淡了。只要东汉以后，能有一套高明深远的史学见解的话，刘知幾也不会无所知。刘知幾是衔接着上面传统的史学而来，也可以说，我们要了解

《隋书·经籍志》里从东汉以下的那一套史学，我们只读刘知幾《史通》，便可了解，因在《史通》书中讲得多了。所以我们读了刘知幾《史通》，就可回过头来看东汉以下直到唐代初年的这一段史学。在外观上看，是史学很盛，但是看到他的内里精神方面去，史学实已衰了，远不能同从周公孔子到司马迁那一段相比。我们也可说，刘知幾《史通》其实也只是等于一部材料的书。在他以前许多史书，哪部书特点在哪里，哪部书长处在哪里，我们借有《史通》可得很多知识。但诸位千万不要学了他这书的最大缺点，即是一"薄"字。不要看他书中批评的苛刻，觉得《史通》了不得，那就会引我们入一条歧途。尤其是今天的学者，怕有很多是喜欢走此路，疑古惑经、恣意批评，无论其见解是非，只是太轻薄、太不忠厚，便该是一病。

我们从此再回头来看刘勰的《文心雕龙》，那就伟大得多了。他讲文学，便讲到文学的本原。学问中为什么要有文学？文学对整个学术上应该有什么样的贡献？他能从大处会通处着眼。他是从经学讲到文学的，这就见他能见其本原、能见其大，大本大原他已把握住。固然此下像韩愈、柳宗元、欧阳修这些人出来，提倡古文，反对骈文，实际上他们讲文学的最高价值，并不能超出刘勰的《文心雕龙》之上。刘勰是做了和尚的，他早年就在和尚寺里读书，当时和尚寺里许多大和尚所讲的一套，也都是义理之学，懂得讲本原。讲释家的，也会注意到孔子老子。所以当时第一等的人才都会跑进和尚寺，也都会寻究佛学。刘勰从和尚寺里读书读出来，最后还是做和尚，他的治学方法，应受当时佛门影响。他这部《文心雕龙》，还是值得我们看重，因他能注意到学问之大全，他能讨论到学术的本原，文学的最后境界应在哪里，这些用心，都是刘知幾《史通》所缺乏的。拿今天的话来讲，刘知幾仅是一个史学专家，他的知识、他的兴趣，完全在史学这一门里。而刘勰讲文学，他能对于学术之大全与其本原处、会通处，都照顾到。因此刘勰并不得仅算是一个文人，当然是一个文人，只不但专而又通了。

刘勰《文心雕龙》的文章也是骈文，而他的文章也比刘知幾《史通》的文章好。刘知幾《史通》也是骈文，但不如刘勰的《文心雕龙》，诸位把此两部同性质的书来合看，便懂得此两书之高下，也可懂得此两书背后著书人学问的高下。刘知幾在唐朝史馆里蹲了卅年，一生学问并未超出了历史，只恨自己没有来写一部史，不像刘勰，从开头在和尚寺，将来还是做和尚，然而他倒能注意到学问大全和文学本原，经史会通，这许多方面去。所以说，唐初的《史通》，可说是《隋书·经籍志》全部史学的最后结束。我们从《史通》的缺点，就反映出东汉以下当时中国史学上的缺点。而当时的大学问反而跑进和尚寺，不仅佛学在和尚寺里，即如刘勰的《文心雕龙》也见其超出于像刘知幾《史通》之上了。最近我们的学问是不在中国了，学问全到国外去，然而今天的国外，也似乎刘知幾比刘勰更时髦。那就无可多讲了。

我今就史论史，当知从事学问，先该知一个总体，又定要有一个为学的本原，从这里再产生我们的史学来。论史也要从这大的地方来论。尧舜到底不能和曹操司马懿相比，《古今人表》分别人品，我们治史的不能不知。考史也不能戴了有色眼镜来考，若要写历史，更要有一番大本领。必有其本原所在，才能写出好历史来。不然则最了不起也只能等于一部《左传》、一部《汉书》，此为刘知幾所最佩服的，但到底不可上及孔子《春秋》与司马迁《史记》。

我今天批评刘知幾《史通》，用意在学术上指出一准绳。像《史通》，不算得是史学上之最高准绳。我又曾说：读其书，必该知其人，如读《史通》，便该了解到刘知幾从幼年做学问就走到偏路。当然司马迁一辈子也只是写了一部《史记》，可是在《史记》书里，便可见司马迁有一个大的背景、大的立场，不仅是史学两字能限。诸位在此上定要用心，这是我们做学问的胸襟。我们不能先把一个史学来限着我们，至于做到做不到是另外一回事。所谓"究天人之际，通古今之变，成一家之言"，诸位试看，这岂不是史？但又哪里是专限于史。有其志而做不到，和根本没有这个志，两者大不同。尤其是根本无知，而多随便乱批评，那更要不得。当然刘知幾《史通》批评以前各史种种缺点，也多为此下史家所采用。而我今天又要来批评刘知幾，诸位当心知其意，莫谓我也是好讥评，学刻薄。

杜佑《通典》（上）

上学期最后讲到东汉到隋这一段的史学。我们学历史的人，第一要懂得时代，时代自然会变，从来历史上，古今中外，没有不变的时代。我们又要注意到每一时代的学术。学术不仅要跟着时代变，还要能创新。有了学术创新，才能跟着有时代创新。诸位不要认为时代永远在那里变，便是永远在那里新，这是不会的。如我们每一人从孩到老，天天在那里长大，慢慢儿老了，死了，这是个自然现象。我们要受教育，从事进修，才能在自己生命过程中有创新。时代之变是自然的，学术之变，不专是追随时代，而要能创新时代。中国历史从东汉一路下来，比较上面从春秋战国以至西汉，乃及东汉的上半期，这是大变了。最简单的，中国已经没有了一个大一统的局面。说到这一时代的学术，不是没有，只看《隋书·经籍志》，这个时代经史子集著作很多。但这一段时期的学术，一言蔽之，只是在随着时代变。如说两汉是讲经学的，魏晋南北朝变为清谈，转讲老庄了。接着佛教跑进中国来。这些都是跟随着时代之变而变，只是一个自然的。严格地说，说不到创新。即如讲到史学，本是这一时代一个新东西，但也只是沿着太史公《史记》下来，一路因循，下边并不能再有新创造，能主动来开创时代的一种新创造。也可说，在当时，不仅没有新史学，也没有新哲学。因此，不能达到领导时代开创时代的任务。

勉强来说，也可说建安以下有了新文学。但认真讲，建安以下所谓的新文学，也只是追随着时代在那里变，并不能由一种新的文学来创造一个新的时代。直从魏晋南北朝一路到隋，时代是尽变了，但这些变，只是走下坡，不是攀高峰。只是后退，不是上进。这一段时代的学术思想，只在跟着时代变，而并不能在变之中来创造一个理想的新。我们所要的新，不是只在自然的变里而感到新，乃要自有一套理想，能来领导我们在此变之中走上一条新的路。

我们讲魏晋南北朝的史学，最后讲到刘知幾《史通》，其实这是东汉以下直到唐初这一段的史学积累而成了刘知幾的这一部《史通》。只为魏晋南北朝这一段的史学没有很高的价值，而刘知幾的《史通》乃仅从这一段的史学中出来。所以我们也可说，刘知幾《史通》，乃是这一时代的产物，它不够作为将来新史学的领导者。因它并不能开出将来史学一个新理想，或者说新意义、新境界。它没有这些，所以说刘知幾《史通》并不能创。不仅不能创，它仅是代表一个衰世的史学，仅能在枝节问题上零零碎碎作批评。哪里不对，哪里不对，这种批评，不是说一无价值。他能指出从前史书中的许多毛病与缺点，到后来如写《旧唐书》、《新唐书》的，也曾接受了这一些意见。可是这些都是小题目，小问题。我们可以说，刘知幾在史学上根本还不能了解到司马迁《史记》，更不必说到《史记》以前的孔子《春秋》和周公的《诗》《书》。我们把以前所讲回头再来一试看，从周公《诗》《书》到孔子《春秋》到司马迁《史记》，正是在那里一步步地翻出新的来，一步步地有创造。下面从班固《汉书》到陈寿《三国志》，范蔚宗《后汉书》，乃及其他在《隋书·经籍志》里所见的史书，大体都是在走下坡路。他们仅能摹仿，又仅能在小处浅处摹仿。而刘知幾《史通》，也仅是这样，也仅能从小处浅处着眼。所以我们上学期讲到《史通》做结束，恰恰正可指出这一段时期中学术的衰微。而史学也是其中之一。太史公《史记》以前是一段，太史公《史记》以后到刘知幾《史通》又是一段。

今天我们所要讲的，已到唐朝，可说唐朝已有了史学的创新，新的史学又起来了。唐代人对于思想方面，他们讲老庄，或许还不如魏晋南北朝。讲经学，从孔颖达承袭上面作为《五经正义》以后，也没有能翻出新花样。讲文学，直要到韩愈柳宗元提倡古文运动，才确实开出此下一个新的文学境界。稍前也待李白杜甫出世，唐诗才能慢慢儿脱离了《文选》的老路，而自成为唐代一代的诗，使选诗变成了唐诗。而在史学方面，唐代也有一番创造开新。论其成果，似并不比韩柳古文运动李杜古诗之成果为小。这就是杜佑的《通典》。这部书，可说在中国史学里是一个大创辟。而这一种大创辟，也可以影响时代。我们讲到此下中国的学者们，有几部极大的人人必读之书。但这是说到清代为止，民国以来，那又另当别论了。此许多人人必读书，第一是经书，如说五经、九经、十三经。第二如说《史记》、《汉书》，或者说四史，以至后来十七史、二十一史、二十四史等。这十三经和廿四史，都是此下学术界知识分子应该去翻到的书。除此之外，却还有一样也是诸位所知道的，就是所谓三通。唐杜佑的《通典》、宋郑樵的《通志》、元马端临的《文献通考》。这三通的体裁各不同。到了清代人，就来分别依样作《续通典》、《续通志》、《续通考》。这些续的，都只续到明代。清代人再编《清通典》、《清通志》、《清通考》（当时叫《皇朝通典》、《通志》、《通考》），这样叫"九通"。九通以后，从乾隆到光绪，清代人另有一部再续的《通考》，这样又合成了"十通"。即是十部通书，在史学方面也是极为重要。中国的史书，最开始是《尚书》中的《西周书》，我们称之曰"记事体"。第二是孔子《春秋》，我们称之曰"编年体"。到了太史公《史记》，我们称之曰"纪传体"。这三大体例，我们上面都讲过了。以后史学上只不过沿袭这三体，到杜佑《通典》才有第四体，普通称之曰"政书"。因其专讲政治制度，所以称作"典"。可是这种政书，在中国史学里来讲，也可说是中国的通史。当然如说太史公《史记》，也是通史体例，因其从五帝直讲到汉武帝，而以后就变成断代史，此皆所谓正史。在历代正史中，如在《史记》有八书，《汉书》有十志，在纪传之外本也讲到典章制度。可是慢慢儿到了唐代，他们的观点和从前人又稍有不同。从前人的观点，可谓说一代有一代的制度，如汉代有汉代的制度。但讲到制度，实该求其通。因其在这一个时代中，只有此一个政府，此一个政府之一切制度，当然是互相配合，有其会通的。不能说我只要研究赋税制度、经济制度，或者法律制度、兵队制度等，各各分别地研究。固然也可以分门别类地作各别的研究，然而其间是血脉贯通，呼吸相关的。我们要研究此一代之制度，必求其一代之通。如我们讲《汉书》，不会只读《食货志》，不读《地理志》，或其他诸志等。果要研究一代的制度，则必要究其通，断不能知其一不知其二，则断不能说已了解了那时的某制度。

到了那朝代亡了，新的朝代起来，可是诸位当知，朝代是变了，而制度则终是不能变。制度也非不变，可是只在小处变了，大处不能变。变了某一些，而另有某一些则并不变。中国治史论政的，称此曰"因革"。革是变革，如商朝人起来革了夏朝人的命，周朝人起来革了商朝人的命。然而有所"革"，亦必有所"因"。商朝人还多是因袭着夏朝人，周朝人还多是因袭着商朝人。所以称为"三代因革"。如读《论语》，"殷因于夏礼，所损益可知也。周因于殷礼，所损益可知也"。周代的制度，跟着商代而来，有的地方减省些，有的地方增益些，大体上则是跟着商代来。商代的制度又跟着夏代来，其间亦复有损有益。大体上都是因袭着上边，不是凭空突起。孔子说：从此以下，虽百世可知。不要说三代，周也会亡，此下还是有因革，有损益。此处见出中国古人史学观念之伟大，亦是政治观念之伟大。似乎没有别个民族懂得到此。孔子在那时，早认为周朝也要亡。但周朝亡了，下边又怎么样？孔子说：我其为东周乎！倘使孔子果然能得意行道，周公创了个西周，孔子要来个东周。但大体上还是跟着周公西周而来，不过有损有益。

直到此下秦始皇汉高祖出来，中国大变，成为一个统一政府。但从前夏商周三代也可说是统一的。那时是封建的统一，秦汉是郡县的统一，这是一种新统一。所以秦汉就和三代不同，应得另有一套。但汉朝人有许多是跟着秦朝人来的，这一套，在《史记》里也讲，《汉书》里也讲，可是他们中间，当然有许多是跟着古代春秋战国或者三代而来的。到了东汉，天下分崩，就变成为三国、两晋、南北朝，远不能同汉代相比了。我们讲这时期是"衰乱之世"，时代变了，一切政治制度也跟着全要变。但就实而论，仍只是一种"跟随"，一种因袭，没有什么了不得。能随而不能创，能因而不能革，没有一代的所谓"一王新法"，或说"一王大法"，如汉代人讲的，一个新王朝出来，应该有一套新制度，一套新的大法则。他们说："孔子为汉制法"，孔子哪能为身后汉朝来创一套新制度，立一套新仪法，这只是汉代经生之"通经致用"，他们根据孔子意思来创造出一代的新制。下面魏晋南北朝，不再有汉儒的气魄与理想，只是因陋就简，跟随着乱世而逐渐走了下坡路。现在到了唐代，一统盛运又兴。唐朝人有唐朝人的一套想法，他们又能自有创制。唐朝乃始可与汉朝相提并论。有的是跟着汉人而来的，有的是改变了汉人而自创的。这里我们便可有一番"汉唐因革论"。当然，中间魏晋南北朝，还是有因有革，一路下来没有断。若使抹杀了中间魏晋南北朝一段，试问唐代的一切，又何因而起？其所革的，又是革的哪一代哪些事？大体说来，唐初的田赋制度，如租庸调制，兵队如府兵制等，都是沿袭着北周的。而它的一些衣服器物朝廷礼仪方面，则多采诸南朝。唐代的一切，既非凭空而起，以前的南北朝，亦非一无足取。若分别而论，则每一制度，每一仪法，如各有一条线承贯而下。但合而论之，则一朝有一朝之制度仪法，其间高下得失，有关治乱兴衰，相距不可以道里计。所以我们研究制度，则必然是一种通学。一方面，每一制度，必前有所因，无可凭空特起，此须通古今。又一方面，每一制度，同时必与其他制度相通合一，始得成为某一时代、某一政府之某一制度。此须通彼此。唐代统一盛运之再兴，自然有它直通古今与通筹全局之一套远大的气魄与心胸，始得肇此盛运。所以朝代、人事，可以随时而变，而历朝之典章制度、大经大法，则必贯古今，通彼此，而后始可知其所以然与当然。学者必先具备了此种通识，乃能进而研治此种通史。若我们说，唐代的田赋制度是跟着北周来，北朝制度还从上边来，如此一路直讲到秦汉，乃至三代，一切制度，都是通古今。而同时每一制度，又必互相通。

此等话，说来像平常，实不平常。诸位当知，这在全世界各民族各国家，只中国能到达此境。如欧洲从希腊到罗马，即没有因革可言。罗马是另外一套凭空而起，不是承袭希腊而来。罗马下到中古时期，一切也并没有跟着罗马来，也说不上对罗马有所"革"。无因又何来有革？从中古时期封建时代下至现代国家兴起，如英国、法国，他们又是另外一套。他们只把希腊、罗马、中古时期与现代牵连合写在一起，遂成为他们的通史。只有我们中国，则是另有一套通史，此是我们历史里的制度史。又一当知者，中国历史始终最主要的乃是一个大一统政府下之历史。在一个大一统的政府之下，则必然有其相通合一的统一性的制度。制度有多方面，有法律、经济、军事等一切。但既是在一统一的政府之下，它当然得彼此相通。中国古人称此为一王大法，可见此非枝枝节节的，而实有一共通大道存在。所以孔子说：虽百世可知。汉亡后有唐，唐亡后有宋、有明，还是可以一路通下。人事变动，跳不出此大全体。它必有所因，可是也必有所革。一个新的时代来临，要能创造一番新的制度，所谓一王大法。到了明末，大儒顾亭林身受亡国之痛，他说：有亡国，有亡天下。亡国就是人事变动，一朝亡了，后朝兴起，改朝换代，亡了一家一族治国之权，这只叫亡国。我们一向的断代史，便都是亡了国后所写。如汉朝亡了，唐朝亡了，宋朝亡了，这都是亡国，此与大道因革转有相得之妙。一朝的制度亡了，下一朝的新王，正可借此整顿一番。但亡天下是亡其道。这不是一朝制度之存亡，乃是道统亡了，匹夫有责。此因道统绝续，不比治统，我们匹夫，都有一份责任在里边。他著《日知录》，正要为将来新王定一代之法。他书里讲到各种制度，都从上到下，原原本本，凡属制度，则不能是断代的，有它的前面，自必还有它的后面。平心而论，元朝清朝跑进中国，其实中国也还没有亡天下。至少我们讲当时的一些政治制度，还是有因有革，一路接下。所以讲制度史就是中国的通史，创其始者是《通典》。此下有《通志》、《通考》、《续通典》、《续通志》、《续通考》、《清通志》、《清通典》、《清通考》。到了辛亥革命，满洲政府亡了，而我们的天下也大变了。在清未亡以前，那时一辈读书人，都要讲变法，于是很注意"三通之学"，有如《三通详节》之类的书也甚多。但到民国以后，则真是划地的变了。

诸位当知，时代必变，此是自古皆然的，不是到了清末才有所谓时代的变。诸位千万不要认为中国二千年来没有变。哪里有此事，这是不读书人所讲的话。中国二千年来时时在变，可是到了清末乃来了一大变。至少是学术大变了，史学也不例外。我在北京大学教历史，定下三门课，两门由大学规定，都是历史系的必修科。一门选课，可由我自己开课。我先开了"近三百年学术史"，续开"中国政治制度史"。当时历史系乃至文学院都不主张我开这课。他们说：两千年中国政治只是专制，都已打倒，还有什么可讲？我说：不读历史的人可以这样讲，学历史不讲政治制度，历史也将无可讲。所以我坚主开此课。史系学生都不来选课，幸有法学院的政治系，他们却说：他们的学生，只知外国制度，不懂得中国制度。大批来选

听此课。随后史系学生也多来旁听。我本想写一部
《中国政治制度史》，可是至今没有写。只来台湾，曾
在一星期时间中讲了一部《中国历代政治得失》。此
书很简单，但可约略懂得中国从前政治制度究是怎么
一回事。诸位当知，中国历史从秦至清，历代政治，
无不在变。即是西方制度也不能历久不变。且一看今
天的美国，他们的那个民主制度，也正需大变才是。
如论选举，选一州长要多少钱，选一总统要多少钱，
没有钱便不能有选举。若是一开头便如此，也就不会
有今天的美国。但制度演变到此地步，又岂再要得。
今天大家希望美国做一个自由世界的领导，但他们自
身在政治制度上实已出了问题。每一制度，当然隔了
多少年总要变。今天诸位学历史，或许学制度的人并
不多，但我认为不通制度便不能通历史。要学制度，
也不该采用目前狭窄的专家态度。如说我研究明代的
赋税制度，或说只研究一条鞭法。如此般狭窄的研
寻，势将把捉不到该项制度在当时的实际情况与实际
意义。若要研究制度，便该讲整个朝代，又该要上下
古今，要通不要专。

在此方面有创造、有特殊贡献的人，就是杜佑。
如此说下，可见杜佑《通典》在中国史学上的地位。
我也可说，从司马迁《史记》以后，班固变出断代为
史，自有他的地位。而杜佑《通典》在中国史书里，
又开了一片新的疆土，将来遂有所谓三通、九通、十

通。今天以后的中国，我们的学术界，不晓得要变出如何样子来领导我们的国家。但总之不能尽只跟着人家走。我们只言政治界，对中国以前制度全不知，一意只要学外国，那亦是件麻烦事。最好还是要自己能创造，这就要有学术基础。

下面我们再讲杜佑的《通典》。杜佑在唐代，已到了德宗宪宗时代，他做过一段唐代的宰相。他通吏事、通军事，也通经济、财务等各方面。他自己说："臣识昧经纶，学惭博究。"诸位当知中国人常例，要看他谦虚的是些什么话，也许正便是他所抱负，所要想达成的。如杜佑说："识昧经纶，学惭博究"，这经纶与博究之两方面，也可说就是他抱负所在。唐宪宗有诏称他："博闻强学，知历代沿革之谊。为政惠人，审群黎利病之要。"可见他论制度，懂得看重社会民生利病。他是"以荫入仕"的，活到七十八岁，从年轻到老，一路在政治上生活。他这部书，大概还是他年龄不大时所作。当时他作《淮南节度书记》，在唐德宗贞元十七年献上朝廷，相当于西元八百零一年到八百零二年。诸位读西洋史，在第九世纪时，真是很不像样。现代国家如英国法国等，都还没有。可是读杜佑《通典》这部书，当时中国的各项政治制度，已经更历了几千年的因革变迁。所以说中国文化深厚，一如今天我们大家所讲的"伦理"。伦理不仅是在家孝父母，更大的伦理，应该是能治国、平天下。中国人的传统政治，也应为伦理所包括。也可说：中国人的政治才能实应远超于外国人之上。所以这样一个大一统的国家，可以直传四千年到今天。而我们今天所最看不起的，便是自己的传统政治。凡属从政的人，若要他讲一些英美的政治，他还可能知道。若要他讲一些中国以往的，那么就如我以前在北京大学所遭遇，"现在还要讲历史上的政治吗？"认为此等是一文不值了。但我不能不希望诸位学历史的人，还是该能对中国历史上的传统政治各项制度能略有些认识。李翰为杜佑《通典》作序，他说："君子致用在乎经邦，经邦在乎立事，立事在乎师古，师古在乎随时。必参古今之宜，穷终始之要，始可以度其古，终可以行于今。"他说：一个君子最伟大的用，应该在治国平天下，经邦的事业上。今天我们读书人，则尽学了外国，他的理想只在教书、著书，国家民族他不管，如此而来讲中国学问，自然很难。至少大学只能讲到"壹是皆以修身为本"，站在一个私人份上便完了。齐家、治国、平天下，我们已无此想象。至于李翰说："经邦在乎立事"，"立事在乎师古"，而"师古在乎随时"，我们今天则挖去了中间一句，成为立事在乎随时，更不懂要师古。所谓随时，也只是师洋而已。至若"参古今之宜，穷终始之要"，我们更不关心。每一事情，于古如何始，于今如何行。懂得现在应该怎么办，那惟有问之西方人。

虽然李翰这篇序，如我上面所抄这几句话，我认为可以说出杜佑这书的精神，但近人不会去理会。后来到了南宋朱子，极推重杜佑《通典》，主张在当时考试科目中添开此一门，应考杜佑的《通典》。他说：杜佑《通典》是一部"是今非古之书"。诸位莫认为是今非古，只是我们今天才有这见解，朱子也把是今非古来推尊《通典》，可说同上引李翰序里这段话说得差不多。立事定要师古，而师古又定要随时，此一见解中，却有甚深义理，值得推寻。

此书共分九门，食货十二卷，选举六卷，职官二十二卷，礼一百卷，乐七卷，兵十五卷，刑八卷，州郡十四卷，边防十六卷，合成两百卷，是一部极大的书。这书远从黄帝尧舜讲起，直讲到唐玄宗天宝年间。下面肃宗，代宗时颇有沿革，亦附在书里。此书采取了五经、群史、魏晋南北朝人的文集、奏议，分着记载下来。当时人批评此书，说其"详而不烦，简而有要"。这也很难讲。说它详，全书两百卷，当然是详了。然而"详而不烦"。说它简，从黄帝尧舜到唐代，九个门类的事情全放在里面，只有两百卷，也算是简了。然而简而有要。我劝诸位做学问治史，一定要一读此书。若碰到一制度问题，不要只为找材料，去杜佑《通典》里找，仅要拿人家的精心结撰来做自己的方便使用，却不如此省力。要运用一本书，先该对此书有了解。诸位学史学，我已经劝过诸位，应该读《史记》、《汉书》，乃至《后汉书》、《三国志》，下边可不再那么用大工夫。可是像《通典》这样的书，却该细读。要学他怎样地来写这书，要学到它"详而不烦，简而有要"，把群经、诸史，各代文集一起拿来，这一种编纂方法，真是何等体大思精。若诸位自己懂得这方法，将来自己写书始有基础。我们更要晓得，要读一部书，还该懂得写此书的人。我们能知学那写书的人，才是学到了他书的精神，成为一种活的学问。我们读杜佑《通典》，也该要能想见其人。新旧《唐书》里都有《杜佑传》，而还是旧《唐书》较详。杜佑自己说："太上立德，不可庶几。其次立功，遂行当代。其次立言，见志后学。"所谓立德、立功、立言三不朽，此是春秋时代叔孙豹的话。他说不敢希望到最高的立德，只希冀在其次立功、立言上。他总算在当时政治上有贡献，其次立言，是他写了这部书。又说："臣才不逮人，徒怀自强，颇玩坟籍。虽屡历叨幸，或职剧务殷，窃惜光阴，未尝轻废。"他的职务之忙，事情之多，是可想象的。而他总觉得时间之可惜，从来没有浪费过。即此一层，就可为后人作师表。我们读刘知幾《史通》，便该研究刘知幾这人。他的非经、疑古，足见其人之浅薄。像杜佑，我们只看上引诸节话，就可想象其人，也就可信托其书。诸位不要把事情都分开看，人是人，书是书，不求会通。

杜佑自说，五经《尚书》、《毛诗》、《易经》、《春秋》，他也曾看过，但他不是个经学家，他的工夫完全在史学。他说过这许多古代的经学，"虽多记言，罕存法制，愚尝管窥，莫测高深。"所以杜佑诚然不是个经学家，也不是个思想家，可是在这许多方面，杜佑究也用过工夫。即如司马迁，也不能说他是个经学家或思想家，司马迁也只是个史学家。但司马迁杜佑，都不是不理会到经学。《通典》里从三代一路讲下，很多问题，都讲到《诗》、《书》，都从经学讲下。他引古代的经，常加附注与考订，而这些附注考订，也多为一般经学家所没有讲到的。可见杜佑不是不兼通经学，文学更不必论了。在杜佑前，已有一刘秩。在唐玄宗开元年间，采集了经史百家言，写了一部《政典》，分门别类，有三十五卷。在当时很为人看重，杜佑认为这书还不够，所以再来推广，重写《通典》。此所谓"有开必先"，刘秩《政典》是在杜佑《通典》以前的一部书，现在是看不见了。至于杜佑《通典》本身，我想留作下次讲。但这部书实在有价值。不过后来，有了《通志》、《通考》，而普通一般人则都去翻《文献通考》，因为《文献通考》的材料更多了，唐以后还下及宋，杜佑《通典》所有，已给他抄了进去，再加上新的。但创造这类书的究是杜佑，而且有许多地方马端临实远不如杜佑，他只略为有一点改动，等于如班固《汉书》略为改动了太史公的《史记》，我们就感觉其不如太史公。他不了解太史公的地方还是很多。我们要知，抄人家的东西也不容易，所以杜佑《通典》还是应该读。但杜佑《通典》两百卷，我们此刻如何读法？但纵不能细读，至少也该把来翻一遍。此下我再讲到郑樵《通志》、马端临《文献通考》时，诸位就知道中国人所谓的三通、九通究是怎么一回事。多看书，总对诸位有好处。诸位要知，自己所做学问只是这一点，所没有做的学问还多，这已对自己有极大好处了。不要只做这一边，那一边的全不知道，而自高自满，这一种态度就会出毛病。至于我们学史学，也不应该全不知道经学和文学，我也已处处提到，不必再细讲。

杜佑《通典》（下）
（附吴兢《贞观政要》）

我们今天续讲《通典》。《通典》共分食货、选举、职官、礼、乐、兵、刑、州郡、边防九个部门。这九个部门是分着次序排列的。他说："理道之先，在乎行教化。教化之本，在乎足衣食。"政治最先第一项是教化，即今天讲的教育，但教化的根本在经济。大家先要有生活，丰衣足食。所以全部《通典》第一项开始就是经济问题。中国从来讲政治，从《论语》、《孟子》一路下来，无不以经济为政治的最先第一项，杜佑《通典》亦就如此。直到现在，我们大家不读书，好发空论，遂认为中国人一向不看重经济。其次说："行教化在乎设职官，设职官在乎审官才，审官才在乎精选举。"政治组织必要设职官，设职官先要审别能当此等职官的人才，要找适当的人才，就要有选举，这是《通典》第二项目。照今天讲，有选举就是民主政治。我们只说中国是传统的专制政治，当然皇帝用人，不需要有客观的标准和规定的制度。

我们又说："中国社会是个封建社会"，试问在封建社会里，又怎么有选举制度？封建社会里的贵族是世袭的，但我们历史上有选举制度，做官人向来先从下边选上去，再从上边派下来。所以我说中国到了汉代，已该称为"士人政府"，因其既非贵族的，又非军人的，也非商人的，当然也不是教会的。政府里边许多人，都从社会选举出来，选举从汉代就开始成立一制度，后来到了唐代，又变成为考试。在杜佑作《通典》那时，所推行的是考试制度，而论此制度的源本，则从选举制度来，所以他还称之曰"选举"。考试选举，是一本所生。而在两汉，乃至于唐代，选举和考试制度的后面，还是有学校、有教育。因此在叙述选举制度中，学校教育与考试，都已包括了。这是中国传统政府重要的第二项目。第三项目才是设职官。从政府首领宰相以下，中央地方各级，合成一政府的组织。学这三点，诸位就可知，中国传统政府究是建筑在一个什么意义上的。再说政府是以解决社会经济生活问题为首要，这是他的最大责任，所以第一项便是食货。政府为要选择社会贤能来办政治，因此有选举。然后再讲到这个政府怎样地分配职位，你尽此职，彼尽那职，故称职官。中国人讲政治，向不讲主权何属，却称职责系何。现在我们则定要说政治主权在哪里，于是有神权政治，说主权在上帝。有王权政治，说主权在皇帝。民权政治，主权则在民众。这些都是西方人的政治思想，中国人从来不讨论到这主权在哪里，却尽讨论他的职责是什么？一官则必有一职。皇帝在政府里，也有一份职责。他只是政府官位中之最高一位，这是中国政治思想同西方根本不同处。西方人讲国家，便说国家要有主权、有民众、有土地，主要仍逃不掉一个"主权论"。我们讲政治，一向不重讲主权，重要在讲政府应该做些什么事？所以杜佑《通典》最先第一项制度是食货，第二项是选举，第三项是职官。只从这三项制度上来讲中国的政治理论，已可讲得很扼要、很透彻。而第四项是"礼"，第五项是"乐"。他说："制礼以端其俗，立乐以和其心"，中国人一向看重社会的风俗和礼乐。他又说："官职设然后兴礼乐"。道德教化毁灭了，再始用刑法，所以下边有"兵"有"刑"。我们的政府，是一个大一统的政府，所以下面还要划分地域，有"州郡"，又有"边防"来阻挡外面侵犯。我们只看他这九个门类的先后，已可说这是杜佑一番极大的政治理论所在，所以直到清代乾隆时，再刻杜佑《通典》，在序上亦说到：从食货开始，就是"先养而后教"，下面是"先礼而后刑"、"安内以驭外"，"本末次第"都有条理。我们只从这一大体上，就可看出杜佑《通典》之"体大思精"。

其次讲到书的内容，特别有一点重要该提出的。

如看他的《选举篇》，前面有"总叙"，后面有"评语"，前三卷是历代制度，下三卷是"杂论议"。我们当知，在中国历史传统上，每一个政治的措施，或成立一项制度，便有朝廷许多做官人，乃至社会普通平民，都可发表意见。而这许多意见，其中重要的，也都大部分记载在历史上。主要是所谓"奏议"。奏议以外，在每一家的文集里，也常有文章讨论，或是古代，或是当代，某一项制度的利害得失。我常说，我们治历史，有著史考史评史三项。评史项下所特别重要的，当然要论评当代。中国人一向下来对于现实问题的论议，尤其是政治上的，是非常重视的。我们今天常说：我们的意见要客观，不要主观。但当知，如在汉代有一制度，汉朝人在那里批评这制度，他们这种批评才真是客观的。若使我们来批评此制度，这些批评，反而是主观的。只有汉朝人批评汉朝制度，这才是真批评。我们该要懂得汉朝人怎样来批评他们当时的制度。他们的批评，始是客观的。待我们今天来批评，那不免是主观。譬如说今天要批评极权政治，最重要的，要问在极权政治下边的人，他们对这个政治抱怎样意见，这才是客观的真批评。我们站在这个政治的外边来批评这个政治，岂不是我们的主观吗？所以我们学历史，更重要的，要了解在当时历史上的人，看他们对当时的事是怎样的看法？如中国历史上有一个孔子，在此下两千五百年的中国历史上，一向为各时期的中国人所崇拜，这是历史上的客观。今天我们来反对孔子，要打倒孔家店，这是我们这一个时代人的观念，这是我们的主观。同样理由，对于中国传统政治，我们要看在中国历史上向来每一个时期中的人，他们对这个政治怎么看法，在他们认为是对是不对。我们不能拿我们今天学了西方的一点皮毛，其实也学得很少很浅，而把来批评中国传统政治，说中国两千年来只是个专制政治，这实是一个很主观的讲法，实在也没有仔细去读这两千年来有关政治上的书。如杜佑《通典》，光是关于选举制度，一半是叙述这制度，一半是网罗历代各家各项批评。汉代的情形和魏晋南北朝不同，魏晋南北朝和隋唐不同。因于时代不同，而批评意见也不同。中国有一点和西方不同处，中国的知识分子，因为有了选举制度，几乎多数都跑进政治界。他们对于政治有意见，都是很具体，这件事该这样，那件事该那样。不像西方许多知识分子，本不亲身预闻政治，就凭空写一本书来批评政治，来构想一个悬空的乌托邦、理想国。我们见外国人这样，说这是"政治思想"，他在专心一意写一本书讨论政治。而中国知识分子，却没有像样来写一部有头有脑讨论政治的书，于是认为在中国就找不到像样的政治思想。其实中国人的政治思想，该从现实政治里去找。如说选举制度和考试制度，在这个时期这样子的情况下，就有这时期的许多批评。在那个时期那样子的情况下，就有那时期的许多议论。读历史的人，看了这许多批评议论，自然也能懂得关于这一制度的情形。一天他跑上政治，他对于其当时的选举考试制度的利害得失，自也能加以一个很正确的评断了。所以在中国历史上，很少有彻头彻尾的大变动。即如选举制度，从汉到魏晋南北朝，到隋唐以下直到清代，一路下来，如我上面所说，有因有革，但总是有此传统。今天我们一意要学西方人之革命，要把前面的历史传统全体推翻，那么下边该怎么办？这只有一条路，便是到外国去学。中国历史上自己原有的一套，是不要了。这是一件最可怕的事。为什么中国自己原有的一套全该不要呢？其中道理，却就大家不知。循至历史上一切经过事实，我们既已全部不知，试问又如何再要？今天的中国，老实说，全部政治都已外国化。最少在政治上引经据典，发大理论，就该全从外国来。诸位在此也都看见过我们的选举，选一个市长、县长，如何选法，选出的又是何等样人，诸位也知道了。试问这样就是最好的吗？外国人的选举，有没有比这样好一点，这是一个问题。但中国历史上，从前是怎么样子的？有没有选举，这又是另一问题。现在我们是要把历史"腰斩"了，以前传统，一刀切断。清代以前的旧的，我们都不知道都不要。

诸位学历史，有一坏现象，学历史就想做一史学家，至于在历史上如政治等许多现实问题，好像和我不相干。要进了政治系，才学政治。进了历史系，好像对于国家治乱兴亡可以漠不关心。诸位都预备在大学里教书，先得写篇论文，拿了几十几百条证据，不痛不痒，这是在大学教书的必需资格。现实政治则和我不相干。诸位认为这样的学者是对吗？还是以往中国的旧式学者对？他只读了一部杜佑《通典》，懂得这样那样，跑上政治，选举该这样、食货该那样，他可有种种理论、种种玩法。即使他不在政界，写本书也写得很具体，很客观。诸位不要认为今天的我们才是进步到了最高点，从前一切不如我们。我们今天所最了不得的，不过学到一些外国的。但你能说今天的外国，就是他们的最高点吗？如今天的美国，就一定比华盛顿初开国时，或者林肯南北战争时进步吗？经济是进步了，政治未必就进步。今天的英国，就定比十八世纪十九世纪时的英国进步吗？科学说是进步了，经济政治未必就进步。我们仅是学着外国今天的，而且是学的一点皮毛，难道我们大学里政治学系的学生都能留学外国吗？在中国读外国书，所知有限，跑到外国去，仍是在大学里读课程，和实际政治还是相隔很远。回来了，还是在法学院政治系教政治。至于政府用人，并不定用到这批学者。这也不能专怪我们，外国就这样。外国的一切，是否也值得批评呢？这是个大问题。近代人物中只有孙中山先生敢对外国选举制度也有批评，此外似乎是没有了。

《通典》"选举"下的第四卷是"礼"，就有一百卷，占了全部《通典》的一半。诸位要知，中国政治是一个礼治主义的。倘使我们说西方政治是法治主义，最高是法律，那么中国政治最高是"礼"，中国传统政治理想是礼治。什么叫做"礼"？今天我们岂不一点也不知。还是鞠躬举手就算礼了呢？倘使诸位读《通典》，研究经济史的，只翻它《食货志》。研究选举制度的，只翻他《选举志》。研究政治组织的，只翻他的《职官志》。却没有人去翻它大半部《通典》所讲的礼。可是一部《通典》里，很大的贡献就在这里。他把礼分了吉、凶、军、宾、嘉五种，中国人一向称为"五礼"。不读古书，就不晓得这五礼所包括的范围。

《通典》在"礼"一部分前也有个总论，提起中国历来讲礼的人，从西汉叔孙通起，到唐代，共有三百人之多。可见杜佑自己至少对这一部分是下着很大工夫的。在此五礼中，杜佑《通典》特别的贡献，则在讲凶礼中之丧礼。在丧礼中最重要的是服制，中国人所谓的丧服。怎么叫做丧服呢？如父母死后，子女为父母守丧的年限及一切的制度，都包括在内。我们中国历史上的家庭组织很复杂，丧服是中国古人一个极大的学问。远在《小戴礼记》里，就有一篇文章叫《丧服》。这尚是在贵族时代。后来到了汉代，特别到了东汉以后，中国社会才有所谓"士族"出现，这已不是古代的封建贵族了。汉以后的士族，是经过汉代的考试制度以后所产生出来的一个新阶级。此下就是魏晋南北朝的门第，一路下来到唐朝，也可说士族便是那时的贵族吧！不看别的，只看《新唐书》里的《宰相世系表》，就可看出门第在当时之地位。但那些大门第怎样维持？这就靠着一种礼，更重要的是丧礼，尤其是服制。因此在魏晋南北朝时，研究丧服制度是一个大学问。当时有一位经学大师雷次宗，他在经学上的地位，当时人推尊他可比东汉末年的郑康成。他的学问，就是讲丧服。甚至当时一个和尚出了家，他也要做一世之师，也要来领导当时的社会，也就要研究丧服。我们死了父母，有种种事情不明白，也可去问和尚。所以当时中国的大和尚也多研究丧服。和雷次宗同时，就有一个慧远，他是那时住在庐山东林寺的大和尚，他就研究丧服。丧服在当时社会的重要，诸位即此可想而知。下到唐代，还是有大门第，还是要讲丧服制度。现在我问诸位，那时的丧服制度，究是个什么制度？中间讲些什么呢？我们全不知，却尽大胆批评，说中国社会是一个宗法社会。"宗"就是我们向来的宗庙祠堂，祠堂里也有一套法，即是礼，最重要就是这丧服。不是像我们想法：父母死了，送进祠堂，每年去祭拜，这就叫宗法。这想法太幼稚、太简单了。在杜佑《通典》里，就保留着可以说最详备的当时的丧服制度。在他以前以后都没有。若能具体地来讲中国的丧服制度，这才是讲了中国的宗法。倘使今天诸位要批评中国社会，说它是一个封建社会、宗法社会，这也可以。但中国的宗法究是怎么样子？诸位不应都不知。恰如诸位批评我们中国的政治是个专制政治，为什么呢？只为它有个皇帝，是一个政府中最高的第一位，所以中国从秦以下的政治是个专制政治。这话也对。但我问诸位，究竟我们历史上各代皇帝，又是怎样的专制法？诸位又都不知。除非诸位能去翻出一部杜佑《通典》，花费着一年半载工夫约略读一过，你才会告诉我中国政治究是怎样专制法。你说中国社会是个封建社会宗法社会，但封建究是个怎样子的封建？宗法又是个怎样子的宗法？倘使诸位想拿来和西方中古时期的所谓封建社会相比，其间相差简直是太远了。但我们直到今天，始终没有人把此问题来研究过。此因到了宋朝以下，中国大门第没有了，不需要这样繁复细密的丧服制度，所以连宋以后人，都不来研究这一套，又何况在今天？这是过去的事。可是今天我们定要提出这句话来，尽说中国是封建社会，至其一切实况，则只说不知。不知亦无妨，但不该随口骂。

我们今天做学问，不讲"实用"，只高呼为学问而学问，要做一种专家之学，详细来下考据工夫，那么倘使有人能拿出一番大工夫来读杜佑《通典》里的凶礼和丧服制度，写出一部书来，也可使我们了解到中国那时的"大门第"和其所谓"宗法"在当时究是怎么一回事，这岂不也是一项极大的学问？那时的这项制度，也不是由专制政府下一条法令规定便得，这事情很细密，不知经过了几多人辩论，你认为该这样，他认为该那样，收进在杜佑《通典》里的很多，都是些极深细的学术性的讨论，不像穿一件衣服、坐一辆车子，这些礼却简单了。至于下边的"乐"，当然更是一个专门之学，到我们现在也都不懂了。

下边是"兵"，《通典》大体以《孙子兵法》十三篇为主，把历史上的兵事，一切分类归在这十五卷里。下边刑、州郡、边防三门，我们可不一一详细讲。我在这里只想举出一点，杜佑不愧是个大政治家。在当时，做过几任宰相，对经济、财政、军事各方面，相当能干，都有贡献。然而他写这部书，两百卷中间的一百卷，却都是写的礼。倘把"礼乐"两门合算，就占了全部《通典》的一半以上。诸位不要以为在中国古代孔子孟子时，儒家讲礼乐，当知汉唐以下到宋明，还是有讲礼乐的，杜佑就是极好一证据。今天我们没有一个讲历史讲政治的人再来讲礼乐，这实已是一大变。只因外国没有，自然今天的我们，也就不肯再讲了。可是在中国历史上，明明是一路下来有此两项，至少今天的我们也该有人知道此所说礼乐者究是怎么一回事。这些礼乐，又和政治有什么一种关系？我想学历史人，至少有此责任。那么最先便应该翻翻杜佑《通典》。可以说,杜佑《通典》实在是中国史学上一部独创的书。

我最近得到美国一朋友来信,说现在的美国人,慢慢看不起历史,他们要转向注重讲社会学,不讲史学了。他们认为讲社会学才是转现实。最近我又看到有人写文章,说现在我们也该都讲社会学了。跟着美国人风气,不要我们再来讲史学。在以前,就有人说,中国的二十五史,只是一部帝王家谱,只管讲上层的政治,不讲下层的社会。我们要来研究中国的社会史,就苦没有地方去找材料。却不知中国传统政治,向来和社会不分家。如看杜佑《通典》,第一篇就是《食货》,国家的赋税制度,就根据了当时的社会民生和经济实况,然后再来订出政府的赋税制度的。所以我们只要真能细看我们历代政府的赋税制度,便可间接地了解到当时的社会民生。惟其因为中国的政治制度,都要根据着当时的社会实况来决定,所以社会变,制度也跟着变。汉代的赋税制度,到唐代变了。唐代的赋税制度,到宋朝又变了。正因为社会一切情形变,上层的政治制度不得不随而变。诸位果要研究中国社会史、经济史,只去看杜佑《通典》,则唐以前的社会经济各种问题,多项材料,都已收在里边。西方政治并不这样,西方人在王权时代,皇帝要收多少赋税就收多少,政府和社会上下隔绝。民众拒绝交这许多税,缴不起,就向皇帝说:你要我们这许多赋税，究竟怎么用？能不能给我们一个账，这就是今天所说的决算。明年要的钱，预备用在什么地方？也开一个账，这叫做预算。这一来，就有近代西方人的民主政治和选举制度出现。这是因社会对抗政府而起。而中国则并不如此。中国的选举制度，不专是选了代表来审查政府账目的，中国政府的赋税制度，都是针对着社会经济情况而设立。中国历史里既记载有历代赋税制度，怎么又说没有社会经济情况呢？今天我们中国人，不读中国书，一意骂中国，这至少已成为这六十年来的普通现象。诸位今天应该要多读几本中国书，却又不是学了外国人办法来读中国书，今天这里翻一些材料，明天那里翻一些材料，把中国古书只当材料看，这又不成。我们定要一部一部地来读，而读书又应有一个最大重要之点，便要能读到这书背后的人。若我们读《论语》而不知孔子，这不行。我们从读《论语》而能想象到背后孔子这个人，待我们了解了一点有关孔子这人的，再回头来读《论语》，你就会对《论语》更多明白。史学也是这样。我讲《史记》、《汉书》，定要讲到司马迁、班固这两个人，再来读《史记》、《汉书》，那么了解得会更深切。不能既不管人，又不读书，只是翻查材料，这绝对不是个办法。

上次我讲刘知幾的《史通》，这次讲杜佑《通典》，都是唐代人，但诸位要能从刘知幾《史通》来认识刘知幾这人，从杜佑《通典》来认识杜佑这人。这两部书当然不同，而杜佑和刘知幾两人也就不同。至少在刘知幾心里，拿现在话来讲，他是要做一个史学专家，来讲究怎样写历史。而杜佑心里，他并不是只要做一个史学家。我上一堂已先详细地讲了杜佑这个人，诸位再把此两人比看，一人存心要做一史学家，一人并不存心要做一史学家。惟其存心只要做个史学家，因此他的理论和见解都狭小了。《史记》里这个题目错了，《汉书》里某篇文章某个字用得不对了，他仅是讲的这许多。在我则不认为有一种学问可以从别种学问里划分开来，互不相关。倘使仅为史学而讲史学，这决非真史学。杜佑心里并非仅为着史学，他不是只为自己要做一个史学家来写一部历史，而是对国家、社会、政府、上下古今，他有他一个研究的方面。杜佑说：太上立德，我是学不到。其次立功，其次立言。杜佑至少是一个有心人，他不是限制在史学里面专来讲史学。

我们再进一步讲，诸位学历史，历史里面包括有一件一件的事，诸位固然要懂得。但也要在许多事的背后去找这些做事的人。没有人，怎么会有事？魏晋南北朝几百年，可说是中国的中衰时期。现在到了唐代，一下子，光明灿烂，新的大一统时代又来了。诸位说：你看唐代的制度多好哇！但要问究是哪些人来订出这些制度的呢？为什么魏晋南北朝人不能而唐朝人能？这里我们自要懂得学问该要做到人身上去。今天我们都知道中国该要学外国，但为什么外国人能而我们不能？诸位要懂得其中道理。诸位或说：这是我们中国文化不好，这就荒唐了。当知这和我们从前的文化无关系。至少是无直接密切的关系。我们岂不都已到外国去学了，如何回来便做不成？这背后是人的问题。这里所谓的人，应该就是现代我们的自身，而不是历史上的古人。中国古人做个古中国，做得蛮像样。现代中国人要做一个现代中国，何以做得不像样，这里总有个道理。这道理不在我们自己身上，又在哪里呢？所以我劝诸位，学历史，该从事情背后去研究到人。唐代人确是了不得。不然，唐代怎会这样了不得？固可说：唐代经学史学都不够标准，思想上只是依信佛教，然而在政治上则多出人物，杜佑也只是其中一个，而又不是其中最上乘的一个。惟其他们在政治上有成就，才能有如《通典》那样的书出来。

在此，我又要附带一讲吴兢的《贞观政要》。吴兢是唐玄宗时人，此书专讲唐太宗贞观一朝的政治。书分四十篇，共十卷。此书甚为以下历代朝廷所重视。宋、元、明、清历代做大臣的乃至皇帝，都会要读此书。看看当时唐太宗究竟怎样来治天下。在中国历史上，贞观之治，也实在是个了不得的大事。而此一书专来写此事，宜受后人重视。此书到元代，有戈直为作解注。在解注里，还特别载了自唐到宋好多人讨论这贞观之治的好多话。诸位当知，唐太宗不能一人完成此贞观之治，在唐太宗当时的朝廷上，是有大批人配合他来造成这贞观之治的。

书分三大部分。第一部分是"朝廷之设施"，唐太宗究竟具体地做了些什么事。第二部分，唐太宗怎么做出这许多事的？那么须看当时"君臣之问对"。唐太宗如何问他许多群臣，而许多群臣又怎么样告诉唐太宗。第三部分，"忠贤之诤议"。唐太宗也有想错做错的地方，有很多人出来诤议。这在唐代初年的政治阶级里，不过把唐太宗来做一个中心的代表，而来讲这一朝的政治。我今略举几篇一说：

第一卷两篇，第一篇为《君道》，第二篇为《政体》，此两篇讲做皇帝该怎么做？政治该是怎么一回事？第二卷三篇，《任贤》《求谏》《纳谏》。做皇帝最重要的条件是要能用人，等于如杜佑《通典》第二部分最重要的便是"选举"，选举与"任贤"是一意相生的。皇帝要懂得求谏，要让下边人遇到皇帝做错了事能谏他。谏了他应该能纳谏，听人家的话。我们可以说，唐太宗最伟大处就是能听人家讲话。而在唐太宗时，最难得的，也就是有人肯讲话。第三、四卷暂略不讲。第五卷五篇，《仁义》《忠义》《孝友》《公平》《诚信》。第六卷九篇，《俭约》《谦让》《仁恻》《慎所好》《杜谗邪》《悔过》《奢纵》《贪鄙》。诸位一看这两卷的题目，这都是讲私人道德的，并且讲些我们私人极普通的小事情。用钱该要懂得节省，对人该要懂得谦让，这又和政治什么相干？诸位且莫说：我不进政治界，也不学政治，不想做官。但我劝诸位，还是可以读一读《贞观政要》。

像唐太宗这样一个大皇帝，在当时历史上，唐太宗被尊为"天可汗"。这时全世界许多外国都服从中国，共推唐太宗做皇帝的皇帝，可汗的可汗，而称之为"天可汗"。在西方，古代的罗马帝国，后代的大英帝国，最了不得也不过这样子。其实也并不能这样子。因罗马帝国和大英帝国乃是用兵征服了外国，而唐太宗并不如此。只因唐代威声所播，而获得各外国之推尊。可是诸位看所谓贞观一朝的"政要"，还是讲些俭约、谦让、仁恻之类。我们今天来读这部书，也就可做我们每一个人的修身教科书。可见中国古人所谓"身修而后家齐，家齐而后国治，国治而后天下平"，把修身、齐家、治国、平天下一路讲来，这不仅在中国古代经书里如此讲，后代的历史书里，也同样有这样具体的事情。

我们且看吴兢，他并非一大儒经学家，但他在唐玄宗时，当然可以知道唐太宗时的事情。拿这许多事情汇合起来，写这十卷四十篇书。我们现在且把此书中第五第六卷一读，我们才可知道唐太宗一朝这个贞观之治实在是了不得。但后代的中国人，要把中国传统下的更高观念来批评历史，把孔孟程朱儒家的最高理想来批评唐太宗，那么觉得唐太宗还是不够条件。如唐史所载的玄武门之变，中国后人便要说唐太宗在私人道德上有缺点。这是后代中国人拿出一个更高的道德标准来批评，才如此说。倘使我们只把一般的政治情况、且就世界古今的政治现实来讲，像唐太宗这样的人，实在也已是了不得，不失为中国历史上一个大君主。而他之所以能造成这一贞观之治的，诸位只看这书中的第五卷第六卷，也就已经可以知道中国人的理想政治应该是怎样的一套。中国人所理想的一位政治领袖做皇帝的，又该是怎样的一个人。

下面第七卷三篇是《崇儒学》《文史》《礼乐》。若不看重儒学，怎会有第五第六卷这许多。既重儒学，便该讲文史，讲礼乐。我们今天自己做学问，却只要做一个史学家或文学家。要做史学家，也便不管文学了。在史学中，又不管礼乐或儒家这许多。讲求儒家，是思想方面的事，和我们研究史学不相干。则试问我们所要的史学，究该如何才算做史学。倘使今天来一个唐太宗，他要用读书人，要找几个大学里一辈研究史学的，诸位只能说：我对政治没兴趣，我正在写博士论文。在写博士论文里，却可恣意批评，说中国历史中国文化根本要不得，自秦以下的政治，则只是专制皇帝在一手干。但中国历史如何有此五千年，五千年中如何有此贞观之治，则究为当时及此下人所看重，此刻大家都不管。我想我们讲历史的人至少该来管。又如我们今天要讲新文学，那么男女恋爱便成了主题。从前中国文学里究竟讲些什么，现在我们也不管。我们大学里的国文系还是陈旧的一套。而社会上所流行的所谓新文学，则和大学国文系分道扬镳，谁也管不了谁。不过从前中国人也有文学，大学国文系抱残守缺，摆个样子在那里，也还未可厚非。而历史系则力追新趋，把大学里的一套，和旧历史上的一套，也就分道扬镳了。我们只看在唐玄宗时，朝廷上还有这样一个人来写一部《贞观政要》，可见唐朝人大大小小都对政治很重视。固然《贞观政要》不能和《通典》相比，可是在将来的历史上，这部书也给后人大家看重。所以我今天讲《通典》，特别附带提出这部书，以见唐代人纵在最高的学术思想方面，他们对儒学、经学并不能超过前人，而社会一般人则只是信仰佛教。但他们跑上政治去的人，我们还不能一例看轻他们。即举杜佑《通典》、吴兢《贞观政要》做例，诸位便知倘使要研究唐代史，还是要从历史的背后去寻这个人。

　　唐朝人毕竟和魏晋南北朝时的人不同。诸位如回头看看像《世说新语》中那些人，便知和唐朝人不同在哪里。到了宋代，那时人就又和唐朝人不同。诸位要懂得这样来读中国历史的话，诸位才知道今天我们的中国人，又是一个样子，在整个五千年历史上，该占一如何地位，却大值我们一番研究。我们不要把我们今天的大学生、大学教授，乃至整个学术界，看成是中国开天辟地以来第一个好样子，我们是第一个好时代。我想我们最好也不过能读几本外国书，知道了一些外国情形，但不能说从前中国历史上这许多人全不像样，全未读过外国书，要把向来整个理论推翻。循至跑进政治做官的人，也全不读中国书，不要以往一切学问，看不起从前做学问的。我想在外国也并不这样。我想我们该懂得悔过，这是我们的错，我们这几十年来的学术界实是错了，我们不能过而不悔，永远像此般下去。

我今讲唐代史学，只举这两部书，诸位试去一读，也可知唐代确是了不得。但我并不是说唐代的史学了不得，只由此可以看到唐朝的时代了不得。《贞观政要》很省力，很易看。《通典》恐怕难看，不过也不妨大略地一看，且看一大概。实际上，中国古书，真要细读的也并不多。如诸位照我所讲，读《尚书》、《春秋》、《史记》、《汉书》，以下便可不要都全读，便读杜佑《通典》。我也并不劝诸位定要去细读，只先懂一大概也得。下面我们就要讲到宋代了。可见要我们读的书并不多，如游台北，中山北路、阳明山，总该看一下，却不要私家小巷到处尽去钻。诸位研究史学，几部大书便够，还有工夫，不妨还读点文学，读些儒家经典，如《论语》、《孟子》之类。为什么定要圈出一个小圈圈，在这小圈圈里拼命找材料，做一篇论文，也得二三十万字，这只是现前的时代风气。大家想做刘知幾，不想做杜佑。刘知幾只是存心要做史学家，杜佑却并不存心在做一个史学家。但诸位要存心做个史学家，也已经了不得。可是我再劝诸位放高一层，岂不是更好。诸位只看刘知幾《史通》，这也可就使诸位生害怕。他把以前一应历史都读过，他所批评的也是相当苛严，这部书终是废不掉。可是这部书最多也是史学中第二流的书，像杜佑《通典》才算得是第一流。我定要给诸位一个更高标准来读书、来批评古人，才好。

欧阳修《新五代史》与《新唐书》

　　我们上一堂讲的是杜佑的《通典》和吴兢的《贞观政要》，唐代就只讲这两部。现在讲到宋代。讲中国学术史，宋代是一个极盛时期。上比唐代，下比明代，都来得像样。唐代富盛，明代亦然。而宋代衰贫，讲国势当然宋不如唐，也不如明。但是学术恰恰不同，唐朝只是佛学大盛的时代，宋不能及。若论文学，唐诗宋诗各有长处，唐诗并不一定就是在宋诗之上。如讲古文，虽然由唐代韩柳开始，可是宋代的古文盛过了唐代。经学、史学各方面，唐朝都远不能与宋相比。明代也一样不能同宋相比。今天我们对于所谓"宋学"，大率有两种错误的见解。一为清代学者的门户之见，他们自称为"汉学"，以与宋学分立门户。尤其是乾嘉以后，是看不起宋学的。民国以来，接受了清代人这一种门户之见，还加上了一套浅薄的实用主义观点，认为若是宋代学术好，为何不能救宋代的衰与穷。这话其实讲不通。孔孟儒家，乃至于先秦诸子百家，也并没有救了春秋战国。我们现在佩服西方人，但如苏格拉底、柏拉图、亚里士多德也并没有救了希腊。罗马帝国后来也已经遵奉耶稣教，但耶稣教也并没有救了罗马。像此之类，可见我们不该用一种浅薄的实用主义来批评学术。孔孟儒家乃至先秦诸子的学术，自有它的价值。纵算不能挽救春秋战国时代之乱，但为后来中国学术史上建立了一个很好的基础。宋代的学术，固然也不能救宋代之衰亡，但亦为宋以下的中国建立了一个很好的基础。等于我们讲希腊这几位大哲学家或者耶稣教，也不专在希腊罗马时代发生作用，它们的作用还要在后发生。这些我们暂时不多讲。

我们要专讲到史学。再回头来看看以前，周公的《西周书》此刻也暂不讲。中国史学从孔子《春秋》一路下来，经过《春秋》三传、《国语》、《国策》到太史公《史记》，这一段是中国史学的极盛时代，正是起在乱世。当然，学术史的年代，同普通史的年代，不能划得恰平，中间有些参差不齐的。如太史公《史记》，已经到了汉武帝时，可是我们可以把史学从孔子《春秋》一路到太史公《史记》，这是中国史学的一段黄金时代。而此一段黄金时代，则正起在春秋战国衰乱之世。

第二段就是上面几次讲的，根据《隋书·经籍志》从东汉末年一路讲到唐初刘知幾《史通》这一段。从普通史讲，又是中国的一个中衰时期，然而史学在那个时期则很盛。我们能不能这样说，时代衰，史学会盛。好像一个人，跑到前面无路，发生了问题，会回过头来看看，那就是在衰乱世史学会盛的一番理由了。自东汉末年、魏晋南北朝一路下来，是一个中衰时期，而史学确盛。只是那时史学虽盛，但不够理想。对于当时，乃至后世，并无甚大贡献，这我已在上面讲过。

第三个时期就是宋代。拿中国汉唐宋明清五个大时代来讲，宋代最弱，也可说宋代在中国历史里边，是一个比较中衰的时代。所以这时代能有史学复兴了。而这一时期的史学，比较上，他们能针对着时代要求，在史学上有很多有意义有价值的贡献。较之东汉末到隋唐统一一段，宋人的史学确要好些。但为何宋代还是不行，这问题我们已经讲过，乃是另一问题，不能把普通史来一气抹煞了学术史。再下，到了明代末年，清室入主，那时候可说是中国历史上一个极大的转变，而那时又有史学兴起，新的史学又见曙光。可惜下面满洲政府政治上的高压力量使我们这一番新的史学只见萌芽而又不能发旺滋长。后来乾嘉以后，时代是盛了，而学术反走上了一条不理想的路，史学也一样。

我们讲到第五个时期，应该是清末民初我们的现代，这正是我们国家民族又在一个艰苦多难之秋了，又是一个时代的大转变。照例，我们在这个时期也该有史学兴起。换言之，我们又该要回头看一看啊！我们到了今天，该要回头看一看我们这两千年四千年来究竟是什么一回事。这个回头看，便是史学兴起之契机。可是我们现代这一段史学，可说并不能满足人的想望，而只有使人失望。到今天，我们这时代的史学，并未能对国家社会有些好的影响、大的贡献。反而横生枝节，发展出很多坏影响。关于此明末乃至民初的两段史学，我们到以后再讲。今天我们下面几讲，则都是讲宋代的史学。

宋代学术，不是单单史学一项，只是在全部宋学中有了史学一项。我在宋代史学中，想首先举欧阳修的《新五代史》来讲。我们去年讲了四史以后，不再讲此下的许多所谓正史了。因其在体制大节上，没有什么可讲。而欧阳修的《新五代史》则不然。我们要拿一大题目讲宋代史学，那么首先就该提到它。而且从唐代以后中国人修史，都是属于官修的。至于私家著史，则只有欧阳修的《新五代史》这一部。上面所讲《史记》、《汉书》、《后汉书》、《三国志》，四史都不是官修的。欧阳修《新五代史》，则是后代惟一的一家私人著作。他生存时，这部稿子并不曾送上朝廷，也不是朝廷要他写的。等他死了以后，朝廷上才下诏把他这部稿子在国子监开雕出版。这是第一点值得我们提出的。第二点，欧阳修的《新五代史》是上法《春秋》的。后来人批评此书，说它"褒贬祖春秋，故义理谨严，叙述祖史记，故文章高简"。又说"史官秉笔之士，文采不足以耀无穷，道学不足以继述作，惟欧公慨然自任迁固"。这是说一般正史，从四史以下文章都写不好，也没有一种高的观点，足以成为标准的著作。只有欧阳修《新五代史》，可谓迁固以来未之有。这都是极端称赞欧阳修的《新五代史》，文章比《史记》，而书中义理又是学孔子《春秋》的。在欧阳修的《新五代史》以前，已有了薛居正的《五代史》，这是奉政府命编修的。欧史一出，就变成了两部。一部称曰《旧五代史》，就是薛居正写的。一部称曰《新五代史》，则是欧阳修写的。就两书的篇幅材料来讲，《旧五代史》比《新五代史》多得多。也有人对此两书作了各有得失的批评，说是："薛史如左氏之纪事，本末赅具而断制多疏。欧史如《公》《谷》之发例，褒贬分明而传闻多谬。"此是说薛史像《左传》，从头到尾纪事详细。欧史是学孔子《春秋》讲义理，褒贬分明而记载多不可靠。这话好像很公平，但拿薛史比《左传》，拿欧史比《公》《谷》，实际上是比拟不伦。即论纪事，欧史也不能同从前的《公》《谷》相比。《公》《谷》确是记事很疏，欧史所记，只能说他简洁严正，多所删略，不能说他都有错。欧史当然亦有记载错误处，这从太史公《史记》一路下来，从前的历史都如此，没有一部历史从头到尾没有错。当然不必专讲薛居正的《五代史》。所以我们要有"考史"工夫。但历史不单是一堆材料，清代讲史学的人，就有人赞成《新五代史》，有人赞成《旧五代史》，把此两书来详细比较。诸位也可自己把此两书仔细去对看。但史学上更重要的，是写史人的义法所在，这可说《旧五代史》根本不能同《新五代史》相比。

赵瓯北的《廿二史劄记》，比较似乎推尊《新五代史》。他说："不阅薛史，不知欧公之简严。欧史不惟文笔洁净直追史记，而寓春秋书法纪传之中，虽史记亦不及。"薛史网罗一大堆材料，当然记载是详了，可是写史还得应该"简"。赵瓯北说欧史文章干净，直追《史记》，而他的纪传里边都有《春秋》笔法，连《史记》也不能及，可见是很看重《新五代史》的。而王鸣盛的《十七史商榷》，则似乎有许多地方偏重《旧五代史》。甚至即在宋代，司马温公的《通鉴》，写到唐史，也比较多用《旧唐书》，少用《新唐书》。《新唐书》就有欧阳修在内。他对于五代史，也比较多用薛史，少用欧史。照这样讲，岂不是司马温公在史学上也并不很看重欧阳修吗？这问题到下边再说。总而言之，《旧五代史》是一路跟着上面从四史以下的诸史来，他只是网罗材料归纳起来便是。而《新五代史》则有写史的一套义法，不是归纳一堆材料就算历史的。这一点，我们觉得该特别看重。

我们且把欧阳修《新五代史》里所谓写史的"义法"举几点讲一下。五代是梁、唐、晋、汉、周。梁代第一个本纪是朱温，后来唐朝赐他名字叫"朱全忠"，薛史开头就称朱温为"帝"，而欧史则开头称他是"朱温"，后来唐朝赐了他名字，才称他"朱全忠"，再后来封了王，然后始称他是"王"，更后来他篡位做了皇帝，那才称之曰"帝"。单举这一点，诸位把此两书比看，就是一个大不同。薛史也有它来历，如从前南史宋齐梁陈四代，每一个皇帝，本纪一开始就称"帝"。而欧史则是学的《史记》，沛公到后来才称"帝"，为沛公时不称"帝"。最先也不称"沛公"。若我们只读薛史，正名定义都称"帝"，一读新史，才知本末。朱温本是一个很下流的人，然而还好。更有外国人跑来在中国做皇帝的，诸位一读欧史，原原本本、清清楚楚，都知道。这些只读本纪就知。所以欧阳修自己说："孔子作春秋，因乱世而立治法。余述本纪，以治法而正乱君。"春秋是个乱世，然而孔子《春秋》里面，有一种书法，故说因乱世而立治法。但到欧阳修写史，那时是已经有了治法了，孔子以下治国平天下岂不已有了大纲大法吗？孔子《春秋》是因乱世立治法，现在欧阳修写史，乃是拿孔子一套治国平天下的大法来正这些乱君。我从前就最喜欢拿欧史本纪来同薛史两面对读，一个一个皇帝，在这边都见得清清楚楚，在那边则都是"帝"，只做了皇帝，一开头就是"帝"了，岂不这两书的高下一看就见了吗？

五代很短，一个时期，就有八姓十三君，只有梁、唐两代，每一代有三十多年。此外的各代，都只几年、十几年。因此在五代时做臣的，很少只在一个朝代做，普通都是一个人做了几代的官。倘使拿我们今天的话来讲，好像这个人做了清朝的官，又做袁世凯时代的官，又做国民政府的官，或许再做到共产政府的官，这是一个乱世现象。薛史则只要这个人死在哪一朝代就写在哪一朝代里，好像此等事不成一问题，这就把五代史所应有的特殊点没有把握到。欧阳修的《五代史》，若其人专是一朝之臣，就入梁臣传、或入唐臣传。但这样的人少得很。梁臣传、唐臣传中所收真是极少。一个人都做几个朝代的官，历事数朝，欧史便把来另立一个"杂传"，乱七八糟地拉杂作传，这真是多。也有人批评说：这样写法，只看目录，便感到不好看。怎么每一朝代只有两三个臣？这种批评，实是可笑。一部《五代史》，真是一段漆黑的历史，难得有几个人在一个朝廷做臣，而一个人兼做了五代之臣四代之臣的，却很多。那我们岂不只看目录，便可想见了这一个时代的特殊现象了吗？这亦可说是欧阳修《新五代史》的创例，为从前所没有。

照旧史之例，一篇传后有论、有赞。而欧阳修的《五代史》，则论赞不苟作。每篇后有论赞，都是很重要的一篇大议论，不是随便循例而写。最有趣的一点，在欧史写的传赞里，每以"呜呼"二字开头。先叹了一口气，再往下讲。也就有人批评说，从前历史传后的赞，没有拿"呜呼"两字开头的。这种都是学的刘知幾，只在小处批评，而并不了解写史人的特别宗旨。欧阳修自己说："此衰世之书也。"既如此，那有什么可"赞"，但照例史传到最后要赞几句，他却不是在"赞"而在"叹"。所以欧阳修又说：我用《春秋》是用其法，师其意，而不学其文。其实有许多人，是可"叹"而不可"赞"的。在五代这个时代无可赞只可叹，那有何不可呢？我小孩时，在小学里读书，写了一篇文章，先生大为称赞。那时我在初级小学，有高级小学年纪大的学生就围着这先生说：他写的文章先生说好，但文章总没有开头就用"呜呼"两个字的。先生说：你们不知，欧阳修的《五代史》，开头就用了"呜呼"二字。当时的小学先生，学问也博，多能读过史书。那时在我脑里就有了个欧阳修。其实我那时也没有读过《五代史》，不晓得怎么开头就用了"呜呼"二字。但在欧阳修以前，是没有人用"呜呼"二字作文章开头的，所以有人要批评我，而那位先生可以替我辩，说欧阳修就这样。但若有人批评欧阳修，那又有什么办法呀！

诸位读史书，于"考史"外，又要懂得"论史"。不仅要知从前人对其当时及以往的一切批评，还要有眼光针对自己时代作批评。不能人云亦云，前人如何批评，我也如何批评，该要有新意见，新批评。但也不能像五四运动以来那样信口批评，如"打倒孔家店"、"全盘西化"等，一笔抹杀了全部历史，那实无所谓批评。到今天，已到了全部历史更无可批评了，遂只有作搜集材料的工夫。但搜集这些材料又有什么用，若使一部二十四史全是帝王家谱，全是专制政治、封建社会，那么还要读什么中国史？可见"评史"不能省，但批评历史要能有见解，要知道从前人的批评，还要能来批评从前人。我们且随便再讲几点欧阳修的《五代史》。如说军事，五代正是用兵时代，欧史用攻、伐、讨、征四个字来分别记载。两军相交，处在同等地位者称"攻"。以大压小，一大国攻打一小国，或中央政府的军队攻打一地方，这叫"伐"。对方确实有罪称"讨"。天子自往称"征"。这就是春秋笔法。只看他用哪个字，便知是哪样一会事，很简单。兵事成果亦有不同。用兵获地，或称"取"，或称"克"。易得曰"取"，难取曰"克"。又如敌人投降，以身归称"降"。带着他辖地来归称"附"。你只看一"降"字，便知他一人来，或仅带着家，乃至随从少许人。倘见"附"字，便知他带着地方一并投降。又如"反"与"叛"。"叛"是背叛了这里归附到那里，在此称"叛"，在彼称"附"，如背梁附唐。若在下反上，不是归附到别人那里去，只在里边作乱、造反，这是"反"。又有"自杀"与"死"不同。"死"是死节，为国为公而死，"自杀"则还不到"死"的程度。自杀当然死了，但还不够称"死"。死是一种忠节，"自杀"则仅是自杀而已。"他杀"亦与"伏诛"不同。有大罪，应该杀，这称"伏诛"。仅是杀了他，这又不同。像此之类，欧阳修《五代史》讲究这些用字，很有趣味。

诸位可看从前人讲《新五代史》与《旧五代史》显有分别，新史里有他自己的许多"例"，现在我们不看重这些，只拿书中材料来作研究。一件一件事，不分轻重大小是非得失，那就没有趣味。现在人讲历史，都只讲了下一级，不向高处寻。所以我特别要再讲《史记》《汉书》。一样都写汉代人的事，但两书体例不同，此因背后作者人物不同，学识不同。我们现在都不管，从来不去研究到整部书，更没有研究到书背后的那个人，只研究书中间的事情，而有些事情又更无研究意义。如这个人究是"死"，还是"自杀"，我们都不管，只知他死了便算。我们觉得，研究历史，只是些旧东西，只是一堆旧材料，但从前人如何来写此历史，你不能说这些不值一论。孔子作《春秋》，也是一部历史，若只看材料，当然远不如《左传》，《左传》里材料详细得多，《春秋》还有什么价值？所以孔子便远不如左丘明。那么从前人为何要推尊孔子，我们说这只是一种旧观念。这样一来，我们今天的史学，先有一个新旧观念的分别横梗在里面。我们又要拿西方人的史学观念来讲中国人的历史。但西方历史远为简单，为了这一点，至少使我们今天无法有史学了。从前人争论的问题，今天一律都不管了。什么"死节"呀，以及治乱兴亡呀，我们似乎都没有工夫和兴趣去讲究。大问题不讲，只找一些极小的题目，这就意味何在呢？

现在我再讲到欧阳修第二部史书。在五代时就有一部《唐书》，但到宋仁宗时，又命宋祁、欧阳修来重写一部，称《新唐书》。五代时刘昫所写称《旧唐书》。后来读史的人，既有新旧《五代史》的比较，又有新旧《唐书》之比较。从前人都花着极大工夫，零零碎碎，一条一条地研究，可是我们今天也都不管。只知研究唐代历史，只在新旧《唐书》里翻查材料，更不管两书得失。在《新唐书》里，大概从前人一般的批评，就是"志"与"表"最好，而志与表则是欧阳修所写，纪、传乃是宋祁所写。可见欧阳修对《唐书》贡献更大。当时朝廷派欧宋两人写唐史，是有一番规定的。将来这部《唐书》的作者，只由一个官爵较高的署名。如《隋书》署魏徵所著，其实这一部书并不是魏徵一人著，不过由他一人来署名。宋人也照此规矩，《新唐书》的作者，欧阳修官位高，应由他署名。但欧阳修却说，宋祁是前辈，年龄比较大，我是比较的后辈，这书他也花着很大工夫，不应该专署我的名。因此《新唐书》是分别署名的。志和表署欧阳修的名，纪与传署宋祁的名。宋祁说：我没有碰到这样子谦虚，而尊重别人的朋友。但朝廷上待那一部书写成以后，还要请一个人，等于如现在总编辑一般，来总其成。纪传写好了，宋祁把来交给欧阳修，请他再仔细改定。欧阳修说：宋先生所写已很好，他应一字不动。这件事从前人很看重，直传下来，成为一种佳话。但我们今天，又认为这样究是对不对呢？我不知诸位对此事如何感觉。志表既署欧阳修之名，纪传则署宋祁之名，朝廷也答应了。但要欧阳修全部看一遍，而他竟一字不改，诸位认为他是不尽职呢，还是敷衍客气而已呢。其实他就来改一遍的话，老实说，也未必一定全是。各人有各人的学问，各人有各人的见解，欧阳修的态度还是可佩。今天我不过偶然举此例。总之从前历史上这种佳言美行，零零碎碎传下来的，不晓得多少。今天我们根本也没有在那里用意为这时代写历史，倘使为这时代写历史的话，有没有那些佳言美行可传呢？固然我们今天是一乱世，但有没有一个人讲了一句话，而可以传之后世的呢？或许有，但有没有人能为他写下呢？我们今天都是拿了一大堆材料，你这里错了一点，几年几月之下写错了一个"日"子。如此之类，将来这史学究于国家何补呢？倘使诸位治史学，有意要学从前人的这一套，那诸位的学问态度该要大大地改变。该就先要读《论语》《孟子》大义所在，要懂得这样才算好，才叫做"谦虚"。不能就只是旧啊，新啊，外国对，中国不对，这样笼统武断是不行的。你如来讲袁世凯，你该怎样讲法？你如来讲唐绍仪，讲伍廷芳，又该怎样讲法。当时国民政府派个伍廷芳，袁世凯派个唐绍仪，两个代表在上海开会，此两人，诸位也该懂得研究。这样治史学，对国家社会自然慢慢儿的会有贡献。现在出了一好人，诸位既不懂，也不管。做官人没有好不好，教书先生也没有好不好，所谓乱世，就先乱在我们的心上。

欧阳修修《新唐书》，也不只是谦德可风。他还有许多大理论，大意见。如《旧唐书》没有《兵志》，《新唐书》添了《兵志》。《旧唐书》没有《选举志》，《新唐书》添了《选举志》。这当然都是非常重要的。《旧唐书》里有"志"，无"表"，《新唐书》里还添进《宰相世系表》，添进《方镇表》，添进《宗室世系表》。特别此《宰相表》与《方镇表》用处极大。从这些地方讲，当然《新唐书》应该在《旧唐书》之上。在《新唐书》里的每一篇志，欧阳修还有一篇很大的文章写在前面。如《艺文志》，如《礼乐志》，前面皆有大文章。在《艺文志》前，他说古代的书，到今天流传的少，失掉的多。他从这上面发了一番大理论。诸位试就此看《隋书·经籍志》里面的书留下到唐代的有几部。我们试问，今天的书到明天还留下的有几部。今天出版能保留着三十年五十年的有几部，保留着一百两百年的有几部。书求出版，不求保留，认为时代在那里进步吗？其实何尝是进步，实只是变化而已。变到今天，在西方，连上帝都迷失了，人与书自然不必讲。这是整个人类文化中可以争论的大观点。西方人最近又公开地把人称"前一代"，"后一代"，后一代的看不起前一代，这又是时代进步吗？诸位也会立刻就生小孩，又要后一代来了，又看不起前一代，诸位立刻将会被子女看不起。而且年代间又认为一定要有冲突。这样的人类社会，还有什么意义与趣味，还有什么历史可讲？在这样的时代中间，诸位实也不该学人文科学，一点价值都没有，学些自然科学还好。其实自然科学也不值得学，学做生意赚几个钱，也麻烦，不如买股票，或者斗马，这样赚几个钱过一辈子，现在社会就多这样的人。这是人类一个极大危机。诸位如去读欧阳修《新唐书·艺文志》前面这篇长论，已是慨乎言之。当然欧阳修一生著作，一字一句几乎都留到今天。其他宋代人留下的也比唐代多。又如欧阳修在《礼乐志》前有云："由三代而上治出于一，而礼乐为虚名。"只看这两句，便见史学家大理论。诸位要知，中国历代史籍每有许多大理论。如此两句，我们便不容易懂得。如何是"前世礼乐本于一，后世礼乐为虚名"，我们要"评史"，也要能发挥像这样般的理论才是。

当然，历代能具这样见解来讲历史的人是不多。宋代的史学，我们就拿欧阳修来做代表的话，欧阳修在经学文学各方面都有大修养，所以他的史学也有个博大的基础。并不像他人，只要跟着《史记》《汉书》，也来写一篇篇的本纪列传，拿许多材料汇聚在一起便是。像我们民国初年写清史，这部《清史》实在要不得。可是我们尽知道它要不得，却没有人能出来重写一部。今天我们共有正史二十五部，此下第二十六部新史该如何写，现在还没有人想到此问题。下面我们只要新，但问如何般新法。父母死了，或者买口棺材，或者送火里烧，总得要有个了结，不能不理就算。我们要讲新史学，那么清代一亡，我们也该写一部像样的清史才是。清代还好，已算有了一部清史，以下民国更不得了，民国史怕没有人管，置之不论，那不荒唐吗？所以今天诸位要来学史学，我得告诉诸位，先要立一个志，为什么要来学史学？我们且看宋代，他们经过五代大乱之后，慢慢儿跑出乱世，重创治平。诸位且看一部欧阳修的《五代史》，这里面"乌呼"二字到处可见。宋代是像一个样子了，他直在摇头、叹息前代。但今天我们骂祖宗，不是专骂五代，远从周公孔子直到今天都要骂，还不止用"乌呼"二字。在我们就是只懂称赞外国，倘使诸位博极群书，确实很熟外国史，能如此，我也佩服，说你通了西洋。但诸位实也并不是，那么何必要在这里空口骂古人。所以我们最重要的，自己祖宗究是哪样，我们这个现代又是哪样，诸位学史学，先应于此有所知，千万不要无知凭空骂。

我在此特别提出一部欧阳修《新五代史》，只是很薄一部书，看了让我们晓得黑暗乱世究是什么一回事。我恐怕将来我们有人来写中华民国史，也会来个欧阳修，写了许多乌呼，只叹气我们跑到此地，大陆变成这样子，总有人应该负这责任。我们亦该回过头来看看，想想我们今天在大学里读书做学问，有没有人能从此来知道我们走错了路而想要换个方向。我们没有这样的人，只是跟着下去。诸位讲历史，定要讲到整个的大的文化传统、国家社会，要能关心在这个地方，千万不能只限在自己一个狭小的论文题目之内，说就是我要做的学问了。我已再三讲，诸位现在不能听我话。到你们论文作完得到博士，有了一个职业，却不要忘掉我今天的话。到那时，慢慢儿再做学问。虽说这个国家社会责任不在我，但我也是其中的一个。天下事，不是一根木头可以撑一所房子的。诸位学历史的，当知汉高祖得天下，也不是由汉高祖一人得之。将来诸位讲史学，也该对国家社会有个贡献。人才从学术中来，要从学术来培养人才。今天我们看不起宋人，但唐朝时代盛，到最后，弄出五代黑暗乱世，所以宋人要一反唐弊。而尤其如欧阳修可说是开始第一批中人。欧阳修以前，还有像孙复泰山，他写一部《春秋尊王发微》，当时很出名。因为到了唐末，不再有王者，都是军阀，孙复来提倡"尊王"，这是一部由经学转到史学来的书。接着就是欧阳修的《五代史》。诸位懂得这一点，再回头来看刘知幾《史通》，"疑经""惑古"，只管历史，不管经学，相差远了。所以刘知幾只能做魏晋南北朝下来的一个人，而孙复、欧阳修是开出宋代下面的人。我们不要做前面拖下的"渣滓"，我们要迎接新时代，参加下面的新中国。诸位不要认为我以前早如此，诸位该放开眼更往前。我劝诸位学历史的先学明末清初，再学宋人，往上直学孔子《春秋》、司马迁《史记》。我想我们将来所需要的新史学，应该在这些地方，对国家、对民族、对整个文化传统，要有一个宽大的胸襟，要有一番恳挚的感情。好了，今天讲到这里。

司马光《资治通鉴》

今天我们接讲宋代第二部史学名著，司马光的《资治通鉴》。上面从太史公《史记》下来，中国有了所谓纪传体的正史，这以后，编年体孔子《春秋》比较在中国史书里的地位是在正史之下了。可是不断还有人写编年体，如在汉代就有荀悦的《汉纪》，南朝有袁宏《后汉纪》，这两书一路传下到现在，而且荀悦《汉纪》是很出名的。此外还不断有。在《唐书·艺文志》里，编年史有四十一家，九百四十七卷，也不算少了。可是还有不在这里面的，如梁武帝曾叫他群臣写一部编年的通史，卷帙很大，后来没有传。就是《唐书·艺文志》里这四十一家的编年史，传的也不多。直要到宋代司马温公出来写成《资治通鉴》，才是等于孔子《春秋》以及《左传》以下第一部最成功最像样的编年史。以后的史家，特别看重此书，所以常称"两司马"，一个是司马迁、一个是司马光。

《通鉴》共两百九十四卷，上面并不直接《左传》，实际上也等于是直接《左传》，下面到五代，共一千三百六十二年。除掉本书两百九十四卷以外，还有目录三十卷、考异三十卷。目录是所谓"年经国纬"，实际上学的《史记》的表，预备我们容易查。考异三十卷，现在附在《通鉴》本书里面。有些是这书这样讲，那书那样讲，下了考据工夫来定其得失。这书是司马光奉诏编集的，开始在宋仁宗时，他编了八卷，叫做《通志》。后来宋神宗要他继续编下去，直到他编成，神宗赐书名为《资治通鉴》。说他对政治上有帮助，可资以治国。

司马光编集此书，朝廷许他"自辟官属"，又许他借用政府馆阁藏书，最后又许他"以书局自随"。司马光脱离了中央政府，去到别处，这个书局也可以跟着他跑。所以这书虽不是一部官修书，但是由政府诏修，并用大力资助。

司马温公编集这部《资治通鉴》，特别重要帮他的有三人：一是刘攽（贡父），一是刘恕（道原），一是范祖禹（纯父）。这三人都是当时有名的学者，当然特别是史学了。照从前说法，两汉是刘攽帮忙，三国下来一路到隋这一段是刘道原的工作，唐五代是范祖禹的工作。他们三人，或许刘贡父责任更大些，此外两人助编部分，刘贡父也预闻到。此书自宋神宗命他续编起，到全书完成，前后十七年。尚有仁宗时开始的战国一段，《通志》八卷，前后共花了十九年。

这一工作，实在是相当繁重。待全书编完，原稿保留在那里，共有两屋子。黄鲁直（山谷）说他曾去看过，在洛阳的两屋子草稿，他看了几百卷，没有一个字是草写的，可见当时所花工夫之审慎而认真。司马温公自己说：他自限三天删定一卷。若今天有事中断，明后天定要补足。他又说：我生平精力尽于此书。他先要他三位助手先写一个"长编"，把一切材料都编进，最后的删定则是他自己的责任。有与范内翰祖禹论修书帖，详细说明怎样的修法。先编集一切有关材料。实际上从前人写历史，都是一样，必先汇集史料。如其发生问题，互有异同，就要考异工夫。在作长编之前，还有草卷。由草卷而长编，而考异，大概这三人都参加工作。最后删定，就由司马温公自己一人任之。所以这部书虽是四人合作，实际上等于司马温公一人工力。因为最后的决定在他，这里要，那里不要，都是他一个人的眼光和见解。

这一书，大家知道，当然绝大部分是根据十七史来，把纪传体删改为编年体。其实根据正史外，还添进很多书。宋代高似孙写了一书名《史略》，他曾查考《资治通鉴》参据各书，除正史外，还有两百二十多家。高似孙自己说：他前后花了七年工夫去查考每一条史料，把来开一目录。这些添进的部分，却多见《通鉴》之着意处。王船山曾说：《通鉴》能于十七史之外，旁搜纤悉，以序治忽，以别贤奸，以参离合，以通原委，盖得之百家之支说者为多。这是说：政事之治乱，人物之贤奸，事情之原委离合，往往在添进去的那些小文字中见出。若譬温公《通鉴》如绣成的鸳鸯，船山这番话，却把绣鸳鸯的针法线路指点出来了。我们要研读《通鉴》，船山的话，不失为一绝大的指示。

但诸位试想，一部十七史一千三百六十多年，他只用两百九十四卷都拿来写下，可见他的重要工作，不是在添进史料，更重要是在删去史料。但在他删去很多史料以外，还添上两百几十种书的新材料进去，这工夫当然是极大的了。善读《通鉴》者，正贵能在其删去处添进处注意，细看他删与添之所以然，才能了解到《通鉴》一书之大处与深处。

然而真讲起来，他所更重要的还是在删掉史料方面。因为在宋仁宗时，他开始写《通志》八卷，本名其书为《编集历代君臣事迹》，这是全部《资治通鉴》最重要的重心。不关这重心的他当然不要。如讲制度，我们上一次讲过杜佑《通典》，他的主要内容，当然在君臣事迹里边也可有，因一切制度都是历代君臣讨论定下，但《通鉴》的重要处则不在制度方面。又如各正史中《艺文志》《地理志》《礼志》《乐志》等所收，《通鉴》都不要。因此书所重，只是讲历代的君臣事迹。我们且先讲《资治通鉴》所不要的东西。有人说：《通鉴》不载文人，又如在《东汉书》里有很多隐士高士之类，他多不载，这也不能怪。他书的原来重心是要写"历代君臣事迹"，都与政府有关系的。亦有许多大学者，根本没有进政做事，或是个隐士，或是个文人，当然他书里没有。特别给人家注意的，如他书里没有屈原。直到今天，屈原在历史上的地位非常高，屈原的文学，温公《通鉴》当然可以不要，但屈原有一段时间与闻楚国的外交，特别是同张仪争议这一件事，温公《通鉴》也都没有。《左传》也不载颜渊，那是为编年史体例所限，但屈原究与颜渊不同。今人因《通鉴》不载屈原，遂疑屈原无其人，那就更不对了。其次如鲁仲连，在战国时，鲁仲连从没有做过官，但"义不帝秦"这一个故事很是重要。鲁仲连在中国历史上的地位也很高。后人时常称道他。只看《文选》里所收许多咏史诗，多有歌咏到鲁仲连的，这人好像是为后来人特别看重的人物，而《通鉴》里也没有。又如汉初的商山四皓，《史记》上说：汉高祖要废太子惠帝，张良设法教太子去请当时隐居商山的四个老人，到太子宫里做客，有一天给高祖看见了，从此就知道太子不可废。这个商山四皓的故事，也是直到今天为大家所传诵，可是《通鉴》里也没有。又如汉景帝时吴楚七国造反，汉朝派周亚夫带了军队去征讨，在路上见到剧孟，周亚夫说：我得到此人，这问题就解决了。剧孟是在太史公《史记·游侠列传》里边的人，他在当时势力影响之大，也是轰动一时的人物，但是《通鉴》里又没有。又如东汉光武帝有一同学严光，光武做了皇帝，就物色严光，请他来，又请他住在宫里，和光武同睡一床，睡中严光把脚放到光武肚子上去，明天主天文的官，因看天上星象获知此事，光武既不以严光为罪，严光也终辞光武归隐。固然夜看天象一节有不可信，而严光之终辞归隐，则其事可信。这个故事，极为后世传诵，但《通鉴》里也没有。像此之类，我们历史上很多故事，所谓"脍炙人口"的，《通鉴》多删去。唐代玄宗时，要姚崇做宰相，姚崇先提出了十件事情，所谓"十事开说"，他要皇帝先接受他这番意见，这也是一篇大文章，但《通鉴》里也没有。后人说，温公"不采俊伟卓异之说"。凡属后人所喜欢讲的那些"俊伟卓异之说"，往往温公都删了。姚崇提出十大事，对于当时现实政治并未发生很大关系。对现实政治有关的，如唐初魏徵的谏书，又如后来陆贽的奏议，《通鉴》里都载得很详。他不仅依照着新旧《唐书》，还另外去翻着魏徵陆贽的原书，直从原书里去采材料。可见司马温公写《通鉴》，他自己有一个主张和标准。要的便要，不要的便不要。可是在他不要的中间，如一部《通鉴》里没有屈原，总觉得是一件憾事。后世相传，屈原投水死节，温公或许不看重这事，但屈原总是中国历史上一个人物，他的《离骚》直到现在被一辈文学家传诵，他劝楚怀王不要听张仪的话，有关战国大局，温公《通鉴》里没有他，也没有说出其所以然。其他诸人，虽说有些对当时实际政治并无具体影响，但在当时乃及后世的政治和社会上，在心理方面、风气方面，无形影响也甚大。温公《通鉴》里不载，所以引起了后人的注意和讨论。

温公《通鉴》另有些地方使后人不满，如他特别看重了扬雄荀彧，便是一例。当然《通鉴》短处决不止此。不过我们对于一书，只能多采其长，不当专指其短。一书总有缺点，也是举不尽举。我们试再举一例。汉初晁错的《贤良对策》，《史记》《汉书》都有，但温公《通鉴》一字不着。董仲舒《对策》，《通鉴》载得很详。这种地方，可见温公是有其别择之用心的。等如他不采姚崇的十事开说，而于魏徵陆贽的奏议则采录极详。所以我们读一书，要了解此书精神所在。任何书不会都使人全体满意。我们做学问读书，要能采其长，不是要索其瑕疵，来批评它的缺点。今天我们则反其道而行之，不懂得一书长处，而喜欢来找它短处。或许所找出的也并不是它短处。特别如讲《通鉴》里的所谓"正统论"。中国历史上早有正统论，我们前面已讲过。《通鉴》在三国时以魏为正统，后人多致不满，如诸葛亮入寇围祁山之记载等。陈寿《三国志》固是以魏为主，但书名《三国志》，平称《魏志》《吴志》《蜀志》，也不能说它定是尊魏。在《魏志》太和五年有诸葛亮入寇一条，在《魏志》叙魏事，自应如此下笔。《通鉴》太和五年"汉丞相亮帅诸军入寇"，明是跟着陈寿《三国志》来。不过陈寿《三国志》是秃头的，说"诸葛亮入寇"，《通鉴》加上"汉丞相"三字，并不称他为"蜀"，这是对了。所以这一条的笔法，亦很难辨其是非得失。《魏志》又有一条说："诸葛亮出斜谷，屯渭南"，而《通鉴》青龙二年却说："亮悉大众十万由斜谷入寇"，是陈寿《魏志》里没有写"入寇"，而温公《通鉴》反写了"入寇"字眼，就引起了后来朱子写《通鉴纲目》之动机。像此之类的事情还有，三国时孔融死了，范蔚宗《后汉书·献帝纪》"建安十三年曹操杀大中大夫孔融，夷其族"。这一年是汉献帝建安十三年，若孔融犯罪，应是犯了汉朝的罪，而范书却说：曹操杀孔融，这是所谓据事直书，杀孔融者实不是汉献帝，而是曹操。而在《通鉴》里却说："大中大夫孔融弃市。"我们单看这条，当然觉得是《后汉书》好过了《通鉴》。《通鉴》里又有一条，献帝建安十八年，五月丙申，以冀州十郡封曹操为魏公。一路向下，《通鉴》就称他"魏公"，不再称"曹操"。若照《后汉书》看，不是汉献帝封曹操做魏公，乃是曹操自封为魏公，两书笔法大不同。显然又是《后汉书》好过了《通鉴》。又如班固《汉书》，汉平帝封王莽为安汉公，但下面都只写"王莽"，不写

"安汉公"。这因班固是东汉初年人，王莽已失败而死，班氏当然不称他"安汉公"，以后也不称他帝。但王莽曹操向来为后人相提并论，如说曹操司马懿一样，而温公在《通鉴》里却说，曹操的天下是自己打来，不是取之于汉，这未免不足以服后世人之心。温公在当时，又另有一件事使后人觉来怪。温公不喜欢孟子，因孟子说齐国可以王天下，温公很不赞成此说法。在温公一意提倡尊君，拥护统一的中央政府，在五代十国以后，再能有宋代之一统，在历史上真是一件了不得的大事，无怪宋儒要对此尽力卫护。但温公究不免视此过重，虽然在三国时，实际上并未统一，而《通鉴》定要推魏做正统，又反对孟子以齐王的意见，特著《疑孟》一书。在他是一个极端主张尊君的，主张尊君，为要维护大一统的政府，这是我们该对他了解的。然而终不免有过分处，不能得后世同情。《通鉴》里还有很多例可商量。如记年号，一个皇帝在一年中间改年号的很多，不是定到明年开始改，而《通鉴》所记年号，都以最后一个做决定，这样就有很多毛病。如在十月十一月改的年号，而《通鉴》却提前在一月二月就都用这新年号了，这样就容易把事情弄乱。以上我举出几点《通鉴》为后人批评的地方，一是有好多事删除不入《通鉴》，二是《通鉴》的正统观，三是他的年号记载等，有不能叫人满意的。

其次再讲到《通鉴考异》。我常说有写史，有考史，有评史，《通鉴》这三部分都完备。他的三十卷《考异》，有的考得非常精细。此一部分，甚为后人看重。但我在此，不拟举例细讲。说到评史，从前正史上有"赞"、有"论"，《通鉴》里常见有"臣光曰"，对一人一事有评论。他因此书是献给朝廷的，故自称臣光。《通鉴》一开始就是周命魏赵韩三家为诸侯，上接《左传》，中间还缺了几十年。《通鉴》为何不从《左传》直接写下，他自谦不敢接《春秋》。但为何挑着这一年开始？因温公认为这是一件大事，乃当时天下之大变，从此周朝就再不能和春秋时代之东周王室相比。下面便有"臣光曰"一篇长论，畅发其义。在当时，魏赵韩三家实际已成为诸侯，晋国早已分掉，东周天子的承认不承认，似乎无关系。承认了，他是诸侯，不承认，他也还是诸侯，可是我们直到今天，却感觉司马温公这一篇长论，还是非常有眼光、有意义的。我们今天都要讲承认现实，当道义法律屈服于事实势利之下时，公开地承认便是屈服，要正义昭彰，则惟有不屈服、不承认。我们上面讲孔子《春秋》，已经讲过这一层。这是中国文化传统中一项极伟大的精神。所以在史学上必要争正统，到今天我们还是要争，而如东周君之命魏赵韩三家为诸侯这是大不该。温公选此年作为他《通鉴》的开始，而便有一篇很长的"臣光曰"大议论，我们到今读来，正可觉得他的写史，所占的地位是极伟大、精神是极高远的。近代学人看不起"臣光曰"，那只是眼光短浅，对温公用意深长处不了解。

我们再举一例。《通鉴》第二百九十一卷"五代周世宗"时，那年冯道死了。五代八姓十三君，实是乱世之极。冯道迭做历朝大臣，自称"长乐老"。他一辈子富贵、得意，人人推尊他，认为了不起。直到宋朝，还如此。如范质是宋朝大臣，却称赞冯道，说是"厚德稽古，宏才伟量，虽朝代迁贸，人无间言。屹若巨山，不可转也"。范质也不是个坏人，而那时早已是宋朝的天下了，但正义未显，冯道依然受人崇拜。直要到欧阳修出来修《新五代史》，才把冯道大大批评了一番。第二人接起的，就是司马温公。在《通鉴》冯道死的那年，他就全部抄下了欧阳修《新五代史》里一篇批评冯道的文章，下面再加"臣光曰"，自己又一篇大文章，再加批评，直到今天，冯道为人，才算论定。这也算是当时一个大是非，我们该提出注意。《通鉴》里温公一切批评，当然也有的地方为后人不满意的。如温公辨才与德，未免太看重了德而不看重才。有才固不能没有德，但有德也不应无才，两面不能太偏。但《通鉴》中有些评论，我们究不该全把现代人眼光来反对。现代人往往看不起《通鉴》中那些"臣光曰"，所以我今天也特地要同诸位一讲。我们学历史的，不仅要能考史，还要能写史，也要能评史。对历史要能有见解，能批评。

再说到司马温公之写史。诸位当知，把纪传体正史改成编年体，这里面有许多困难很要费工夫的。如《三国志·赤壁之战》，牵涉到三个国家，文章该从哪里写起？曹操、孙权、刘备、诸葛亮、鲁肃、周瑜，有关系的人多得很，《通鉴》写赤壁之战，开始从鲁肃同孙权讲话开始。鲁肃说：现在事情很紧张，我请到荆州去看看刘备方面怎样态度，再决定我们对付曹操的策略，诸位读了《通鉴》，才知鲁肃是当时很有眼光的一个大人物，他到了荆州，诸葛亮才跟着到吴国来，下面吴国才决定同刘备联合抗拒曹操。赤壁一战以后，就成为三国鼎立。鲁肃是此转变中一枢纽。可笑的是后来明代人的《三国演义》，全把史实写错了，诸葛亮也不成为一个诸葛亮，而鲁肃则变成了一个最无用的愚人，给诸葛亮玩弄于股掌之上。周瑜应是个英雄，而《演义》里也写得他十分可怜。诸位若看王船山《读通鉴论》，他极论当时人才，懂得国际局面天下大势的，在蜀有一个诸葛亮，在吴有一个鲁肃，在魏有一个曹操。因在吴在蜀有诸葛亮与鲁肃两人，吴蜀才能联合起来抵御北方。到了鲁肃一死，在吴国方面，就再没有人懂得此大形势。而刘备派关羽守荆州，关羽也不懂天下大势重要所在。他去荆州，诸葛亮告诉他"北拒魏东联吴"六个字，乃他一意拒魏而不懂得要联吴。以后吴蜀失和，吕蒙渡江，关羽死了，从此吴蜀对立，刘备就自己去征吴，又失败了。诸葛亮重来联吴，实因非此不足以拒魏。王船山此一看法，非常深刻。其实《通鉴》上早已写得明明白白，船山也只是读《通鉴》而有得。诸位读书，应懂得像此般用心，自己见解慢慢也就高了，才能来讨论上下古今，自己也变为一个有用的人。千万不能照现在的读书法，只拣一个题目找材料，自己的见识学问不得长进。此是读书做学问一最大分歧点。诸位读书又应有一种无所为心理，只求细心欣赏。如读《通鉴》赤壁之战那一节，试去把陈寿《三国志》的《诸葛亮传》、《曹操传》、《孙权传》、《周瑜传》、《鲁肃传》有关各篇分从四面看，看能拼出怎么样一段事迹来，如此始能兼通编年史与纪传史双方体例与各自的得失长短。

我又特别喜欢读《通鉴》写安史之乱这一节。安禄山史思明的军队，打进唐朝的两京以后，当时李泌有一个主张，且暂不要用力收复两京，只佯作攻势，可使安史军队常在这东西两京一带作防。然后从陕北秘密派军队渡河直捣其后方，去攻安禄山史思明的老巢三镇，三镇既下，他在前线的军队可以不战自溃。若如此作战，以下唐代便可没有藩镇之祸。但唐肃宗觉得老皇帝还在，他急得要拿下长安、洛阳，收复两京，才可告无罪于天下。不悟取下长安，安史军队还可退到洛阳。取下洛阳，安史军队还可退回北方。下面就变成了一个苟安之局。在当时，李泌这番话，也许是一番空理论，并未见之事实，而温公《通鉴》却把这番理论详细记下，正为这番理论影响到唐代此下大局面。此处可见温公史识了不起，他才把此一番并未见之事实的空理论详细记下。如姚崇十事，温公不取，而李邺侯的这番理论，他却取了。这番理论，只在《李邺侯家传》中，而不见于新旧《唐书》。温公《通鉴》取材之博，用意之精，有如此。宜乎这一部《通鉴》，成为宋以下一部极伟大的史书。只举如上面赤壁之战安史之乱的事，便可见得。

再说到南宋时，有朱子起来作《通鉴纲目》，又有袁枢来写《通鉴纪事本末》，这两部书，我们下面还要讲。到元代有王应麟，有书名《玉海》，书里面有一部《通鉴答问》，可见王应麟对《通鉴》也是用过很大工夫的。在王应麟同时有胡三省，他一生就注了一部《通鉴》。现在我们读《通鉴》，都是胡注本。后来到了明代，有严衍，写了一部《资治通鉴补》，此书也是很花工夫的，其实也等于是《通鉴》的另一番注。我们从这许多方面，可以看到《通鉴》一书对将来的影响，所以此书直到清代乃至今天，还是一部学历史的人所必读的书。而后人要想写《续资治通鉴》，却始终写不出一部可以接得上温公《通鉴》的。清代已有不少人下工夫，到今天，我们能不能再有人来写一部《续通鉴》呢？我们当从宋元明清直写到现代，这也是一番了不得的大工作，我想一时绝对没有这样的人来胜任此工作。因我们今天的史学，已经到了一个极衰微的状态之下了。

我刚才讲的王船山《读通鉴论》，也是一部很了不得的好书。特别是在清末民初，这部书大家非常看重。我有一位朋友，是留学法国的，他年龄比我大。抗战时，有一次，我们同住在重庆，我的《国史大纲》初出版。我上午有课，他读我的《国史大纲》。吃了饭，两人午睡后，出外散步，便讨论我的《国史大纲》。他忽然背起《读通鉴论》，我十分惊讶地说：你怎么还记得能背。他说：他年轻时读过。他留法回来，是一个老教授，但所教不是历史课程。此时他已过六十，他还都记得能背幼年所诵，这真使我吃了一大惊。在清末民初那时，凡是开新风气的人，几乎没有人不读《读通鉴论》。从民国以来到现在，六十年中间，一切都大变了，《读通鉴论》便少人理会。但《读通鉴论》实是一部好书，值得读。诸位治史学，更不可不一看。我希望慢慢能有少数人起来，再改变风气，能把史学再重新开发出一条新路。特别像我这两次讲到的像欧阳修、司马光，特别在五代史里讲到冯道，司马光亲自把欧阳修的批评抄进他的书，抄了又自己再加批评，其他温公《通鉴》里五代一段，抄欧阳修的不止一处，屡见有"欧阳修曰"的评语。民初以来，大家看不起欧阳修《新五代史》，认为材料少，要研究五代，应看《旧五代史》，这种见解，我认为有些不妥。《旧五代史》里材料尽多，但我们读了《旧五代史》还该读《新五代史》。否则像冯道其人，或许还是中国历史上一个大人物，受人敬羡，此下也变不出宋朝，变不出此下的中国。诸位要知道，宋明两代，虽经亡国之祸，异族入主，其间可歌可泣的史事着实多。不能不说欧阳司马两位史家有他们的影响。我怕我们此下，又要变成五代，冯道的时代又来了，欧阳司马为宋代开出新史学，也只是少数人在努力，我盼今后也有人来努力，开出新路，让我们这个史学能对国家民族将来有一番大贡献。所以我要说唐代无史学，而宋代的新史学实是了不得。我们即以此两人为例，便可见当时新史学精神所在。我们今天就讲到这里。

朱子《通鉴纲目》
与袁枢《通鉴纪事本末》

今天我们要讲朱子的《通鉴纲目》。《通鉴纲目》共五十九卷。温公作《通鉴》，另外有目录三十卷，其实只等于一张表，上次已讲过。后来温公嫌《通鉴》本书太详，目录又太简，又另作一书，名《通鉴举要历》，共八十卷。到了胡安国，又另写一书，名《举要补遗》，来补写《通鉴举要》之遗。朱子说：胡安国这部《举要补遗》，比起温公《通鉴举要历》，是"文愈约事愈备"。朱子又根据了司马温公同胡安国两人《通鉴》、《目录》、《通鉴举要》、《举要补遗》这四部书，再来写他的《通鉴纲目》。乃是根据这四部书"增损隐括以就"。他又说：他这部书，"表岁以首年，因年以著统，大书以提要，分注以备言"。年则如贞观元年、二年、三年等，岁是另外加上甲子、乙丑等，从前中国另外有专用的岁名，今不多讲。所说表岁以首年，即如现在说辛亥民国那样。

这本是一件极简单的事。但到了列国分争时，增进了正统之争，那就复杂了。因年以著统，是编年。"大书以提要，分注以备言"，是纲目。用大字写的是"纲"，分着小字注的是"目"，"纲"如《春秋》的"经"，"目"就如左氏之"传"。实际上，诸位读温公《通鉴》，也是同样写法。如一人死了，那一句就等于一个"纲"，下面就讲他怎样死的，这一大段文章，就等于一个"目"。我们写文章，也有开头几句作提纲，后面再详细写的。但朱子《纲目》是仿《春秋》，在其纲中，寓有褒贬意义。今举两例，如在三国时，温公《通鉴》，以正统属魏，朱子《纲目》以正统属蜀汉。朱子自己说：他开始写这《纲目》，就为看了《通鉴》里"诸葛亮入寇"一语，感到不称意，才存心要来改写。实际上，在朱子前，也早有人把蜀汉作正统的，如晋代的习凿齿，他写一书名《汉晋春秋》，裴松之《三国志注》里引到此书。他称《春秋》，是编年的。称《汉晋春秋》，就是把三国里的蜀汉做正统。现在我们都称"魏晋"，但他却称"汉晋"。此其一。又一例。如在唐代武则天朝，唐中宗废了，不能再留中央政府，避到房州，武则天自己管理政府事务。这在以前历史上也有过，如汉惠帝下面有吕后，可是这里有个不同。在太史公《史记》里就有《吕后本纪》，此因惠帝已死，他的儿子实在不是他儿子，而且也不姓刘，这时既是吕后掌权，当然可称《吕后本纪》。但孝惠帝是死了，而唐中宗则并没有死。他给武则天废了，贬在房州，将来他再回来复位，唐朝皇位还由他接下，此和孝惠帝下边没有皇帝，只有吕后不同。武则天夺权，唐中宗还在，并且将来中宗还是做皇帝，这在历史上又该怎么写法呢？这里便有一个"统"的问题。唐人沈既济主张：武后虽然称帝，但正名定义还该是唐中宗。近代人看不起此等争辩，认为历史事情还是一样，何必争此名。但不知名有时必当争。而且此争论，在意义上也极重要。如民国以来的中国历史，就有正名问题，有正名，就有争论，可见我们非身当其境，轻率对古人作批评，往往可有误。远在春秋时也曾有过这样事。鲁昭公给三家驱逐出国，但此下《春秋》记年称"公在乾侯"。现在唐代事正可适用。唐中宗年号"嗣圣"，历史上应写"嗣圣几年帝在房州"，岂不甚好。但实际上这个"嗣圣"年号已废不用，那时只称"垂拱几年"、"天授几年"，都是武则天的年号，《通鉴》温公只是就实书之，但同时范祖禹为温公助编《通鉴》之唐代部分，他又自写一书名《唐纪》，却只写"嗣圣几年"，不写"垂拱"、"天授"。朱子的《通鉴纲目》，则是照着范祖禹写法来改正温公《通鉴》写法。此在沈既济已经有此主张，而在实际上，则此事似乎很勉强。因当时武则天已正式革命，把唐朝废了，她自定国号曰周，武则天在的时候，唐代既没有了，当然也没有唐中宗，而我们写历史的人，偏要加上一个唐中宗的年号来纪年，那就有违历史要写实的主要原则。上面讲过陈寿《三国志》不该把"蜀"来代替"汉"，刘先主诸葛亮并未自称"蜀"，写史的便不能改称他为"蜀"。如此说来，司马温公这样写法也不算错。但另外一讲法：唐中宗本是皇帝，武则天把他废了，他将来再做皇帝，中间那一段的武则天统治只是一番篡乱，不能也认他是一个正统。所以后代人多认沈既济、范祖禹、朱子这样的书法比较合适些。可见凡属关于这类的争论，可以有两方面意见，要斟酌论定是很难的，但也不能认为这里面没有问题，不该有争论。民国以来人，认为此等处过去中国人所讨论都是些不成问题的问题，则实为浅视。却不知此项问题到今还存在，将来写历史的还要讨论，哪能一笔抹杀。

又有一例，我们本不是一个耶教国家，为什么要用西历纪元？现在又不称之曰"西历"，而改称曰"公历"，这也是一问题。将来若要为世界人类历史定一个公历，怎么定法，现在还不知。而且此刻用西历，也有麻烦。西历的第一世纪已在汉代。汉武帝前用西元，须前一年前两年的倒推上去。在西方历史时间比较短，事情也简单，习惯了也还不妨。中国史要从春秋、战国一路推上去，岂不是自找麻烦。今天我们用阳历是一件事，要历史用西历，又是另外一件事。在我们学术界，中日抗战那年每不称民国二十六年，定要说西历一九三七。我们到台湾来，也不说民国三十八年，定要说西历一九四九。好像中国自己够不上有一个自己的年代，这真是亡国现象，为何我们定要讲西历多少年呢？岂不是中国人好像不承认了自己有这个中华民国之存在。这事有关教育，政府应有个抉择，不能尽让人自由。所以朱子《纲目》说："表岁以首年，因年以著统"，这两句话，我们骤看似乎不像是历史上一问题，其实乃是历史上一个大问题。我们无志写历史，而仅志于考史，那也无所谓。但一个国家一个民族总不能不写历史，总有人会出来写，到那时该如何写法？这是个大问题。在民国初年，新文化运动未起以前，多有人主张用黄帝纪元孔子纪元，这还比较有意思。

朱子《纲目》序，收在文集里，此序写在朱子四十三岁，下边还有二十八年朱子始卒。但朱子《纲目》究是写完了没有？朱子有一个惯例，往往序先写好了，而书还在那里改。开始写书已有序，不是写序时书已完成了。朱子的书，往往朱子生前早都刻了，如像"论孟集注"、《诗集传》、《易本义》都是。这也不是朱子要刻，乃是被人偷刻，流传。而《纲目》则始终没有刻本，要到宋宁宗嘉定十二年，那时朱子已死了二十年。刻《纲目》的人，一是李方子，一是真德秀。李方子是朱子学生，真德秀也是治朱子学的。

不过这朱子《纲目》的刻本，实际上并非朱子自己的定稿。朱子最大弟子黄勉斋曾说："纲目每以未及修补为恨"。而李方子在刻《纲目》的序上也说，朱子"晚岁欲加更定，以趋详密，而力有未暇"。所以朱子《纲目》只是有了稿子，而最后刻本，实不是朱子的原稿，而出于另外一人赵师渊（几道）之手。赵师渊亦是朱子学生，当然他是照了朱子意思来修补。在朱子晚年，赵师渊写了多少卷就寄给朱子看，朱子只说好，说我是没有工夫再来下笔改了。他屡次寄稿来，朱子回信总说"未暇观"。所以赵师渊写的，朱子并未仔细看，更不必讲到改。论到赵师渊学问，当然不能和司马温公写《资治通鉴》时的刘攽刘恕范祖禹相比。刘攽刘恕范祖禹写成了长编，经过温公自己一手写定。现在朱子《纲目》虽有一个初稿，而赵师渊跟着朱子初稿去添，完成了现在这个本子，却未经朱子详细看过改过，当然中间多靠不住的地方。即是温公《通鉴》，也有很多错，也有靠不住的，明人严衍作《通鉴补》，有《通鉴》错了，而严衍加以改正的。严衍有一学生谈允厚，严衍和他合作，《通鉴补》实际上出两人之手。谈允厚有一篇序，说他做这工夫，把十七史同《资治通鉴》从头对读，《通鉴》当然根据十七史，但有的地方，明明不是改的十七史，而是《通鉴》有错误，这样的例也很多，大概不止一二十条，诸位读严衍《通鉴补》就知。当然《通鉴纲目》

的错一定更多，后来也有人对此一条一条地来讲正，此处不多谈。

《通鉴纲目》还有一个凡例，说朱子怎么来作《纲目》的。现有《通鉴纲目》凡例共十九门，一百三十七条，可是这凡例实在更靠不住。《纲目》凡例印在宋度宗咸淳元年，差不多在南宋末年了，这书是王柏刻的。王柏也是讲朱子学的人，距朱子之死已快七十年，王柏从哪里看到此凡例。从朱子死到凡例刻成，中间有没有改动增添呢？因此这个《纲目》凡例是更靠不住了。

因朱子大名，元明两代，大家推尊朱子，所以朱子《纲目》虽非朱子自己最后定本，实际上可算是赵师渊的著作，而极受社会上重视，所以此书愈刻愈多。全书不到六十卷，翻刻很省力，愈刻愈多，里面自不免有其他人添添改改的也弄进去了。如我们举个例。真德秀有书名《大学衍义》，邱浚有书名《大学衍义补》，这两书也给当时人非常看重，于是在《纲目》里就有很多引到邱浚的话。邱浚是明朝人，第一个刻《纲目》的是真德秀，真德秀写了《大学衍义》，邱浚根据真德秀《大学衍义》来写《大学衍义补》，怎么他的话会引到《通鉴纲目》里去，可见这是后来人添进去的。我们现在无法得到一部宋本的《通鉴纲目》，现在看到的大都只是明代的本子，此事无法细论。但我们纵得宋本，也还是赵师渊的本子，不是朱子的原本。可是也有人说，《通鉴纲目》是赵师渊所作，与朱子不相干，这话也不对。因朱子确实用过工夫写《纲目》，他在四十三岁时，自己写了一序，序里明明说他是根据着《通鉴》、《通鉴目录》、《通鉴举要》、《通鉴举要补遗》四部书，来写他的《纲目》的。并且有很多朱子写这《纲目》时的意见，在《朱子语类》、《朱子文集》里可以查出。我现在写的《朱子新学案》，就把这许多讲到《纲目》的都抄出来，固是不多，只几十条，但是证明朱子自己是花着工夫的。现在不拟详讲。后来《纲目》定本出于赵师渊可是仍托名朱子。朱子名大，所以此书流传很广。两百九十几卷的《通鉴》读来究竟不方便，读《通鉴纲目》则不到六十卷，省力，大家当然喜欢读，到后来遂有像《纲鉴易知录》一类的书。我们的历史年代愈久，内容愈复杂，愈需要有简要的读本，像《纲鉴易知录》之类。清代末年，我小孩子时，一般老先生们多读御批《通鉴辑览》。今天我们大家忙了，事情多了，可是历史还是不能不读，该要知道一个古今治乱兴亡、人物贤奸的大概。固是我们现在观点变了，详的有些处可以略，略的有些处应该详。原来有的可以删，原来没有的应该补。那么我们应该来一个新通鉴、新纲目、新易知录、新辑览，这样可使大家读，大家有益。可是到了民初以来，大家看这种书，认为一文不值。我们尽要提倡通俗，其实如《通鉴辑览》、《纲鉴易知录》之类，不就是通俗化了的史书吗？而我们又看不起，又不肯自己动手来写新的更通俗而更简化的史书。于是民国以来的学术界，遂分成两部分。一部分是老顽固、旧学者，他们尽用工夫，如我上面讲的王先谦《汉书补注》等书，但社会上不能看，书则仍藏在图书馆，大家要用还得去用。社会上看得起的人，见称为新学术界中大师们，却又不肯写。偶尔写些新体例的，在社会上也偶尔流传一下，但不久便没有了。实多是粗制滥造，经不起时代考验。但时代有先后，老的不能在死后来反对新的，而新的则能不断反对老的。浅人不知，则总认为新的对，老的不对。而且旧书都用大字木刻，普通人不去读。新的书，铅字小本子，大家都看。所以老的书不流行，而新书尽流行。大家又都以书的流行量来定书的价值，这实是学术上一件无可奈何之事。现在我说，民初以下的许多新学者的史学，其实他们的成绩不如前清一般老先生们，这不是我随便批评，我只想说句公道话。但怕再过几年，连说公道话的人也没有了，学术更没有一个标准，只有社会的现在便是一个标准，这实是太危险。所以我们要破坏一种学术，蛮省力。要复兴一种学术，则相当困难。不仅是史学，文学及其他也一样。

现在我讲了朱子《通鉴纲目》，要另讲一书《通鉴纪事本末》。此书是袁枢（机仲）所写，共四十二卷。袁枢和朱子同时，朱子曾看过袁枢的《通鉴纪事本末》，有两句话批评他这书，说："错综温公之书，乃国语之流"。我们已讲过，中国史书有两个大体例，一是编年，如《春秋左传》；一是纪传，如《史记》、《汉书》。纪传体成为中国的正史，编年史便比较少。到了温公《通鉴》，就是《春秋左传》这一体例之复活。不过温公《通鉴》学《左传》，而朱子《纲目》是兼学孔子《春秋》的。现在袁机仲来了第三个体例，称《纪事本末》。此体以事为主，从头到尾只是纪事，中国古史里有没有这体例呢？像《尚书》，就是记言记事的。不过在实际上，如《西周书》，应是更重在记言。今文《尚书》如《尧典》《禹贡》这许多篇，实际上是后来人伪造，则是记事的。《国语》中如《晋语》，记载晋文公流亡等，本是记事的，如《吴语》《越语》记载吴王夫差越王勾践的事，则亦是记事的。《国策》仅于载言，而《国语》却多是记事，所以朱子说《通鉴纪事本末》"乃国语之流"。清代《四库全书》的提要里说到袁枢《通鉴纪事本末》，说："纪传之法，一事而复见数篇，宾主莫辨。编年之法，一事而隔越数卷，首尾难稽。编年纪传贯通为一，实前古所未见。"这是极称赞袁枢纪事本末的体例的。刘知几《史通》所谓"六家二体"，一体就是纪传，一体就是编年，现在中国历史里开始有第三个体例出来，这真是了不得。一件一件的事，分着纪其本末，可以救纪传编年两体之缺失。这书一出，以后大家都学他。因袁枢的纪事本末以《通鉴》为限，《通鉴》只到五代，于是就有《宋史纪事本末》，以至《元史纪事本末》、《明史纪事本末》等。在《通鉴》前，又有《左传纪事本末》。此下又有《清史纪事本末》，又有人写《辽史纪事本末》、《金史纪事本末》、《西夏史纪事本末》等。此一体例，共有了九部书，合称"九朝纪事本末"，这实是中国史学上一开新。

此外，我再讲一书，清初马骕写了一部《绎史》，这书是一部一百六十卷的大书，从开天辟地起到秦末为止，也是一件一件事分开着，从头到尾，也该是一纪事本末体。不过马骕的书同袁枢的书又有不同。袁书只是根据《通鉴》，把《通鉴》里的材料，一件事一件事分写。马骕的书，则把一切古书里的材料都搜罗来，排在那里。如《左传》里有、《国语》里有、《公羊传》里有、《谷梁传》里有，他都排在一起。如两书有不同的地方，他再加以辩论。他的书是一个史料汇编。诸位若要研究秦以前的中国古史，这些材料，差不多马骕《绎史》里都收了。他当然也有考证、按语。这样以外他另有一个别录，别录里有《天官》、《律吕通考》、《月令》、《洪范五行传》、《地理志》、《诗谱》、《食货志》、《考工记》、《名物训诂》、《古今人表》等。因《绎史》都是讲事情，如周武王革命、周武王开国等，都把事情为主题。别录里如《天官》，是讲天文的，《律吕》讲音乐的，《月令》讲气候的，《洪范五行传》讲五行的，如是以至《地理志》、《诗谱》、《食货志》、《考工记》、《名物训诂》、《古今人表》等。只有《古今人表》沿用班固《汉书》里《古今人表》这一篇。恰恰班固的《古今人表》把秦以前的中国古人都一起包括在内了，马骕不再需要别的补进。《四库全书提要》说：马骕《绎史》，与袁枢所撰，均可谓卓然特创，自为一家之体。

实际上，《通鉴纪事本末》以前，宋人还有一书就很像纪事本末，这书名《三朝北盟会编》，这也是一部大书，专讲北宋同金的关系。把很多事归在一起，也等于是一个纪事本末，这一体可说是中国史学里新兴的。到了清代章实斋的《文史通义》，他极力提高《尚书》的体裁，其实就是讲的纪事本末的体裁。在《四库全书提要》里，早已很推崇这一体，这一体总算是一个特创的新体，经过章氏《文史通义》的提倡，大家更注意。恰恰此下西洋的史书传到中国来，他们主要的就是纪事本末体。他们也有编年，实际上还是纪事本末。纪事本末里本来也是编年的，在一件一件事之先后，都加着编年。我们今天论到史书，就像只知道有个纪事本末体。所以我们中国的旧历史，到了清史，就像要告一段落了。我们中国旧传统，一个朝代有一部正史，今天以后，就没有朝代更迭，这好像不成问题了，但将来究竟将怎么来写历史，似乎没有人用心注意到这件事。好像只要拿一个题目去查材料，写论文。有考史，而没有了"著史"。若要写一本历史的话，又好像只有一个写法，就是纪事本末。所以特别到了清末民初，一般学术界，特别看重章实斋《文史通义》。可是我得告诉诸位，《通鉴纪事本末》那一部书，讲史体，是一个创造的，对将来有大影响，如"九朝纪事本末"一路下来便是。可是袁枢实当不得是一个史学家，他这书的内容也不能算是一部史学名著。除掉纪事本末这一个新体以外，他的书实不很好，不好就在他这纪事上。一部《通鉴纪事本末》四十二卷，两百三十八题。我们只看此两百三十八题，便知此书有很大问题在里面。如看第一卷：《三家分晋》、《秦并六国》、《豪杰亡秦》三题。第一题是因《通鉴》开始就是东周天子承认三晋为诸侯，温公认为一大事，故纪事本末亦以此开始。但下面好多战国史极重要，而他都阙了。不知三家分晋乃所以开出此下战国之新局，而历史重要处是在演变到战国史之后。他书不详讲战国，接下就是秦并六国了，则不免把全部战国史都忽略了。有了一个头，有了一个尾，中间的身段不见了。秦并六国后，才有秦始皇统一政府，此中国史上从古未有的统一政府究做了些什么事，他也不列专题，却接着便是《豪杰亡秦》。又是有了一头，有了一尾，没有中段。把该重视的放轻，把可轻视的放重。这是一大颠倒。秦始皇怎样灭六国，陈胜、吴广、项羽、沛公怎样亡秦，这些都该是次要的事。秦始皇做了皇帝以后，他在政治上做了些什么事，好的、坏的，大该详列。如像焚书坑儒这许多事，他书中并非没有，但归在《豪杰亡秦》一题目之内。我们读此书，便会给他书中所定题目引起了我们一个不正确的历史观，把历史真看成一部相斫书。

我们再看他第二卷，一共七题：《高祖灭楚》、《诸将之叛》、《匈奴和亲》、《诸吕之变》、《南粤称藩》、《七国之叛》、《梁孝王骄纵》。但汉高祖以平民为天子，这又是中国历史上从天地开辟以来未有的大事情，也和秦始皇统一中国同为开天辟地以来所未有。他既不看重秦始皇统一了中国以后做些什么，而汉高祖以一个平民为天子，不仅如此，他手下像萧何等人都是平民。古代中国只是一个封建贵族政府，一个新的平民政府跑出来，如何样来统治中国？这又是一个开天辟地以来的大事，但他书中也没有注意。经过汉高祖惠帝吕后诸吕之变以后，大家知道有所谓"文景之治"，但这个题目也没有。若我们如此读史，则只见历史上一些变动纷乱，不见历史上的一些治平建设。认为这些变动纷乱是历史大事，如说汉高祖怎样打天下，他手下许多将如韩信、黥布、彭越等怎样叛变，又怎么对付匈奴，下面又有吕产吕禄等出来叛变，下面又有赵佗称王，幸而没有打仗，而和平称藩了，下面又有吴楚七国之变，下面又有梁孝王，虽未作乱，而骄纵几乎生事。他书中题目都拣一些动乱之事，不见安定之象。文景之治，究是汉初一个安定局面，汉之所以为汉者赖有此，但他不懂，至少他看轻了。正如我们每天看报，报上大概多载些动乱的事。如某处车子撞了，伤了一个人，或某处失火，烧了一所房子，大抵报上所载，多是这些事。至于如我们此刻在此地讲学，这些在报上不能载。试问哪能登出今天下午四时到六时某先生在何地讲《通鉴纪事本末》，这些事绝不可登。但新闻究竟不就是历史，它只登载些临时突发事项，今天这事，明天那事，事过就完。台风来了，那是大事，来三天必要登载三天。若如今天般风和日暖，天气非常好，报上便不登。若如新立一学校它要登，待此学校成立后，它便不管。但历史不能只管突发事项，只载动与乱，不载安与定，使我们只知道有"变"，而不知有"常"。又如第三卷：《汉通西南夷》、《淮南谋反》、《汉通西域》、《武帝伐匈奴》、《武帝平两越》、《武帝击朝鲜》、《武帝惑神怪》、《巫蛊之祸》、《燕盖谋逆》这九个题目，就如我所说，仍是只讲变、乱，不讲安定、不讲常。他只注重讲外面，如通西南夷、通西域、伐匈奴、平两越、击朝鲜等题。但不讲内面，如汉武帝立五经博士等。使人只知道史之"外围"，不懂得历史的"核心"。又如记载一人，只记这人病了，进医院他要记，这人的日常生活他不记。等如诸位写日记，也如此。早上起来晚上睡觉，照常每天三顿饭，这有什么可记。这是日常生活，等于无事。那天肚子痛跑进医院，那是大事，该记一笔。昨天出了医院，这事就没有了。但历史上的事情决不是这样子。又如说齐桓公霸诸侯、晋文公霸诸侯，这些都偏在外面，还有更重要的事情，是在齐与晋之内部。又如孔子，七十二弟子跟着他，但《左传》不载孔门教学，编年史里就有许多事要丢掉。若读《论语》，子贡问、子游问、子夏问、曾子问、孔子一一回答，都写下。只有颜渊，孔子说："吾与回言终日，不违如愚"，就写不下。所以孔子的学生，别人都好写，颜渊似乎无事可写，但却特别重要。历史上有许多无事可写的人，而特别重要的。太史公《史记》就懂得这个道理。纪传体的伟大，也伟大在这里。无事可写的，他写了。如说周武王领兵去打商纣，路上跑出来一个伯夷一个叔齐，说："你不要去打。"若我们写编年史，周武王领军队渡河去打商纣，这是一件大事。中间横插进一段，说是路上跳出两人劝他不要去打，这似乎不关重要，有时也无法写。到了周武王得了天下，他们两人不食周粟，饿死首阳山，这更无法写进去。周武王当时有多少国家联合，怎样领军队去打商朝，商朝的军队倒戈了，怎么血流漂杵，周武王怎样打进商朝的都城，商纣被杀了，这些易写。忽然加进伯夷叔齐两人，这一段事，不好写。所以太史公要作纪传体，而把伯夷叔齐作为七十列传之第一篇。为什么太史公特别看重伯夷叔齐两人，这是另外一问题。而在我们中国历史里无话可讲的人，而写进历史的特别多，不晓得有多少，中国历史之伟大正在此。又如萧何曹参的故事，汉初所谓"萧规曹随"、"无为之治"。又如董仲舒怎么同汉武帝讲一大番话，而汉武帝因此来表彰六经。这许多事，在袁枢的《通鉴纪事本末》里，看他的题目就都没有。至其内容，诸位自己去看，有的只随便一提，有的连一提都没提。

又如看到他第四卷，有一题目"成帝荒淫"。但成帝前面的宣帝、元帝呢？他不列题目了。如我们说"宣元中兴"或"宣元之治"，那都很重要，但袁枢的《纪事本末》里没有，而特来一个成帝荒淫。若诸位只读了袁枢的《纪事本末》，来写一本秦汉史的话，那就决不会像样。若诸位来看我所曾写的《秦汉史》，其中材料也只根据《史记》《汉书》，也是找几个题目从头到尾写下。但袁枢不写的我写了，我写的袁枢不写。也不是说袁枢已经写了他这许多，我再来写这许多。这决不是这样。历史有轻重，要写历史，先要一识事。历史上有很多事，没有史学知识的人，他所知道的事只如我们从报章上看到的这些，这实是不懂得历史，即是不懂得事情。所以我们要读袁枢的

《纪事本末》，只要先读他书的目录和标题，便知他实在完全不懂得历史，不懂得历史里的许多事。所谓的历史，并不是只有动和变和乱，才算是事。在安定常态之下，更有历史大事。即如说汉光武如何打天下，袁枢《纪事本末》也有好几个题目，打这里，打那里，然而光武打天下以后有东汉中兴的一段，"光武明章之治"，他便没有了。下面只见有宦官，有朋党，有董卓、袁绍这许多人来了，而东汉的许多名士，他书里反而没有。

讲到唐朝，共有二十二题，唐高祖、唐太宗怎样得天下，以后一路下来，完全是变动和乱。只有一个题目讲到近乎内政的，就是"贞观君臣论治"，这是袁书里特别的一个题目。因《通鉴》所收这一套材料很多，所以袁书也不尽删。那么《通鉴》从哪里收来这许多材料的呢？我们讲过《贞观政要》这部书，便是《通鉴》这一部分之来源。除此以外，还有开元之治，袁枢书里便没有。他只有一个题目，为"李林甫专政"，可见袁枢这部书实是荒唐。他专举些不寻常的、反面的、坏的，认为这是事情。正面的、平常的、好的，他抓不出来做一件事情看。当然有的可以详细大幅地讲，如说汉武帝伐匈奴，原原本本说下一大幅。但如汉武帝表彰六经、立五经博士，只一条便够，他更无法分写出一个本末来。

诸位懂得如此来读历史，历史里往往有很重要的事，几句话就过去。历史里不重要的，反而可以长篇累牍写不完。还有到后来才变成重要的，而在当时历史里写不进，只在纪传体里可以写。如陈寿《三国志》写钟繇，没有写钟繇能书法，连裴松之的《注》里也没有。如讲华歆管宁同学这一故事，《三国志》里没有，裴注里也没有，而这事传诵千古，直到今天。可见这是一件事，而且也可说是重要的一件事。钟繇能书法也是，可是若写纪事本末就无法写。或者一句便完，只成一零碎事，不伦不类地写下。所以纪事本末不容易写，先要分事情轻重，识历史大体，而袁书不足以胜此任。章实斋《文史通义》虽称道袁书，亦发此意。谓："本末之为体，因事命篇，不为常格，非深知古今大体，天下经纶，不能网罗隐括，无遗无滥。文省于纪传，事豁于编年。决断去取，体圆用神。在袁氏初无其意，且其学亦未足与。此书亦不尽合于所称，故历代著录诸家，次其书于杂史，自属纂录之家便观览耳。但即其成法，沉思冥索，加以神明变化，则古史之原隐然可见。兼有作者甚浅，而观者甚深，此类是也。"诸位读袁书，重变不重常，重外不重内，并亦没有制度，没有人物，若把此书同杜佑《通典》作比，《通典》是一部特创书，我们已经极力称赞它，《通鉴纪事本末》似乎也是一部特创书，而实是要不得。诸位治史，《通典》不可不看，《纪事本末》竟可不看。因他之所谓"事"，其实有些并不成一事。而当时许多大事他看不到。诸位当知历史上之所谓事，是很难懂的。纪事本末虽是一种新创之体，而在中国历史里，还没有这一体的好书。但看到西洋史，其体例确乎同我们的纪事本末一般，同是动和变和乱，一些不寻常的，而没有写出长治久安，安安顿顿的历史。实际上西洋史也正是如此，故西方人重外不重内，知变不知常。如英国史就是重在对付法国，法国史就是重在对付英国。去了这些，双方都将觉得无事可书。或许诸位不信我言，但若真熟西洋史，当可信我此言并不虚说。因他们的历史，都在小圈子之内，自应重外。精神用在外面，内部自多动乱。今天我们却反说中国人的历史不进步，老是这样，不晓得在"老是这样"之内，却大有事可寻。袁枢就不懂得这道理。如唐太宗有什么可讲呢？才要来讲武后、韦后。唐玄宗有什么可讲呢？才要来讲李林甫安禄山。外国史恰恰这些多居了重要地位，中国历史则有一套几十年一两百年不动不变的。一项制度，像《通典》《通考》里所讲，甚至可传下八百一千年不变。《通鉴》已经少讲制度，而袁枢的《纪事本末》则连人物也没有了。他之所谓"事"，严格言之，亦非所谓"事"。诸位试把我此所论去翻《元史纪事本末》、《明史纪事本末》等，看他书中题目，是不是较袁书进步了些，是不是还不够我此所讲之标准。时代变，我们的学问也都要变。旧史材料只这般，但新时代的新要求，却要求人能从旧材料中来提供新知识。今天的我们，能不能有人来写一部新的历朝纪事本末呢？如《春秋战国纪事本末》、《两汉纪事本末》、《魏晋南北朝纪事本末》等，其体例就如袁书般，只要题目找得好，材料用得好，将来慢慢儿就能产生一个新的历史观来应时代需要。可是袁枢的地位也不该抹杀，因他还是此体创始第一人。只其书中内容，我们不能同意。要将袁书内容改造，则要我们的见识，即是我们的史学。好了，我们今天讲到这里。

郑樵《通志》

今天我们讲郑樵的《通志》。郑樵字渔仲，和朱子同时稍早。我曾讲过杜佑《通典》，这是中国史学里相传"三通"的第一部，郑樵《通志》是第二部。不多年，下到元初马端临的《文献通考》，是第三部。在马端临《通考》未出以前，大家看重杜佑《通典》。自《通考》出世，一般人都读《通考》。《通志》比较最不受人注意。但到了近代，像梁任公，就特别推尊郑樵《通志》。因《通典》实际上是一部讲制度的书，而《通志》意义则大不相同，范围扩大，非复可为制度所限。

《通志》有一总叙，开首即说："会通之义大矣哉"。他特别提到这会通二字，究应作何解，我们首该注意。他又说：孔子六经之后，惟有司马迁的《史记》，"所可为迁恨者，博不足也"。做学问要能会通，就先要能"博"，博了才能通。学愈博，则所通愈大。郑樵嫌司马迁不够博，乃是就他所写的

《通志》来作批评。实在《史记》与《通志》两书体制不同，本属未可相拟。大抵郑樵之学，博而求通，而不免于多偏，其开始总叙即可见。

郑樵又说，著书都不免要采前人之书，然亦"必自成一家之言"。像司马迁《史记》，即是能成一家之言者。从孔子《春秋》以后，能有制作规模，成一家言的，就该是司马迁的《史记》。至于班固《汉书》，则并不能成一家言，遂失会通之旨。盖须博而能通，始成一家言。若一开始便专门在一条线上，不于博后求通，则不能成为一家。

郑樵又说迁固像是一龙一猪。后代史家都弃迁而用固，断代为史。像刘知幾更是尊班抑马。在郑樵意思里，很看不起断代为史，把一代一代隔断了来写历史，则"无复相因之义"，也就不见有会通。

他曾举出几点，如曹魏定称吴蜀为"寇"，如北朝就指东晋作"僭"，南朝则谓北朝为"索虏"，北朝又称南朝为"岛夷"。又如齐史称梁军曰"义军"，这就更不通，应称叛军才对。只因齐史由梁人来写，遂呼梁军作"义军"，正如《隋书》亦称唐兵作"义兵"，亦因《隋书》由唐代人写，这和上面北称南为"岛夷"，南称北为"索虏"，又不同。在晋史里，晋篡魏，目忠于魏的为"叛臣"，但在魏则是忠臣，如王凌、诸葛诞、毌丘俭等。齐接宋，《齐书》里称忠于宋的为"逆党"，像袁粲、刘秉、沈攸之等。如此之类，据郑樵意思，都是失掉了会通，都只因断代为史之故。但郑樵这讲法，也有不尽然处。如我们民国时代人编修清史，却反而忠清蔑民，该不该呢？如把张勋康有为合传，这更离奇。只因此两人同谋复辟，但此两人之断不当合传，则是显然的。把来合传，则只借以发泄其忠清之私。如今我们读了这一部《清史》，只是看不出清朝为何而亡，看不出当时中国社会为何要革命，好像慈禧、光绪都不错，而无端地亡了。这实是很荒唐，太违背了史法。写历史人尽要有斟酌，不能一意偏私。在清初修明史，那时明室已亡，清朝找了许多学者来修明史，这许多人，心中还是不忘宗邦，对明室还是有一番忠心，但他们能痛定思痛，把明室之所以亡，都在《明史》里传达出来，所以这部《明史》给后人看重，正因当时那许多人都有学问，都通史学。到了清末，学术已衰，都不能懂得史学大义，所以这清史就难修了。

今再说，断代写史当然有很多毛病，在南朝梁武帝时，就命吴均来修一部通史，上自太初，接着《史记》修下。隋代杨素令陆从典续《史记》直修到隋代，此皆是有意修通史的。但和司马光《资治通鉴》不同。《通鉴》是编年体，上述两史并不是编年，当是采用太史公的纪传体。照郑樵意思，也想继此两人来修一部通史。他的《通志》，共有两百卷，开始是本纪，接下是年谱，此如《史记》之有"表"。接下是列传，还有载记，则是《史记》世家之变。如五胡十六国，前赵后赵、前秦后秦之类，分题叙述，称曰"载记"。所以郑樵《通志》体例还是沿袭正史，有纪有传有年表有载记，而书中最重要的则是所谓"二十略"。梁代江淹说过：修史之难，无出于"志"，其次才是"表"。其意认为纪传比较志表为省力。把各史的"志"汇合成书的，首推杜佑《通典》，次是郑樵《通志》。惟《通志》兼有纪传年表载记，则与杜佑书体例不同。《通志》中之志则称略，他共作了二十略。他的纪传，只照抄《史记》《汉书》一路下来，不过稍有省益，而且亦只到隋代，唐以下大概是没有工夫续下。其书最要在二十略，即"氏族""六书""七音""天文""地理""都邑""礼""谥""器服""乐""职官""选举""刑法""食货""艺文""校雠""图谱""金石""灾祥""昆虫草木"等。后人对《通志》这二十略也特别看重，也有把来单行的，即称之曰《通志》二十略，共五十一卷，占全书四分之一。郑樵自己很得意他的二十略，他说："总天下之大学术，条其纲目，名之曰略。其五略，汉唐诸儒所得而闻。其十五略，汉唐诸儒所不得而闻。"这就全是他的创作了。其中如职官、选举、刑法、食货等略，均是因袭汉唐各史，也只是根据杜佑《通典》，而其他十五略则他认为是汉唐诸儒所不得闻。平心论之，他的这些，实也不失为在中国史学中一部有极大创见的书。

首先讲他的氏族略。他说："生民之本在于姓氏"，中国人一向很看重姓氏，直到今天，宗族观已渐淡忘，而姓氏则仍保存，这是研究中国社会史一个极大极要的项目。所谓中国民族，究竟来历如何，演变如何，有绝大部分，我们该从姓氏方面下工夫去研究。郑樵说，姓氏来历，左氏所言惟五，今所推有三十二类。在此方面，我们不能说郑樵没有贡献。他先已作过《氏族志》五十七卷，后来又作《氏族源》《氏族韵》七十五卷。他先已有了一百多卷的书，而《通志》里的氏族略共只六卷，是已把他研究所得，精要地写入了。我们治史的，于此一门，实当注意。如在古代，治春秋史，我们当通春秋时代的氏族。《左传》里所载各国氏族，骤难分别条贯，可看清代顾栋高的《春秋大事表》。战国前氏姓分，秦汉以下氏姓合。东汉下到唐代，又有所谓门第，这是中国中古社会新兴的一些大家族。《唐书》里还有《宰相世系表》，每一个大家族都有他们的历史来源，这时遂有所谓"谱牒"之学。古代的谱牒是封建贵族，中古的谱牒是世家门第。宋以后，中国进入了平民社会，许多大家族都消失了，于是谱牒之学慢慢儿不讲究，而郑樵特地来研究这一问题，写他的氏族略，真可谓有眼光。实际上，古代谱牒之学，宋明以下直到清代，还是存在。各有家谱，时加修辑，要到民国才断。但如最近青年战士报上有一位台湾女记者写了一部新的姓氏书，她只把以前几本旧书拿来简要地抄出一些材料，但可使我们知道台湾某一族某一家在先从大陆哪里来，某一族某一家又从哪里来，简单地指明，也可一看，所以此书也很受社会一般人注意。

我以前曾想根据马骕《绎史》，就其所搜罗的古书传说来看中国古代究有多少姓氏，每一个姓氏又分别在多少地区，和其间的盛衰迁徙，凭此来治古史，来推究中华民族之成立与转变。在我们古史中的氏，就是一个国土，或是一个政治朝代，而姓则是一个血统。在春秋前，中国究有多少姓，一姓中有多少氏，分在多少处，我想慢慢在这里面可以约略推论中国古代民族的分合。但我终于没有在此方面真实下工夫，而别人也似乎没有注意到此，这是可惜的。要之姓氏之学确是我们学历史人所应从事的一项大节目，而由郑樵开其先。

《通志·姓氏略》下面是六书五卷，七音二卷，这七卷讲的是文字与声韵。郑樵说："书契之本见于文字"，我们要在文字书本上来研究较早的自然人，首应注意血统，研究其氏姓。我们要研究继之而后起的文化人，更该注意到其所用的语言和文字。西方文字是一种音符，只用来代表声音，中国文字则是象形的，如画图一样。实际上，古代西方文字也以象形开始，后来方法穷了，画不胜画，象不胜象，而且一切事物无可画，无可象，只有易途向前。中国文字则在象形之后，又衍变出指事、会意两体，这就花样大了。又兼着有形声，把声音与形象配合，道路益广，又兼着有转注假借，则变化益活。所以中国的六书，乃是中国文字的一个综合研究，直从许慎在东汉时写了一部《说文解字》，文字学已成为一种专门学问。而研究文字，又必研究到声音。在中国文字中便有代表声音的，而声音又跟着地域年代而变。如英国人讲话与法国人不同，法国又与德国不同，等于我们广东人讲话不同福建人，福建人讲话还是不同台湾人。既跟着地域变，还要跟着年代变。一百年前人讲话，同一百年后人讲话声音不同。西方文字既仅作声音的符号，所以文字不能统一。又是一百年前的也要和一百年后不同。只有中国文字，不单是象形，而兼有六书，把字形来统辖语音，各地讲话土音不同，还能有一共同的国语。又以文法来统辖语法，所以几千年来，中国各地人说话也还差不多。几千年来，在这样广大的地域中，而语言不分散太过，就因为有文字在那里统辖着。将来若能把中国文字遍及世界，这将贡献于世界人类文化者其大无比。即如科学上用中国字，也极方便。因中国有形声字，如从金、从石、从火、从土、从水、从气，化学、生物学、矿学都可分类，一目了然。而且中国一个字，可以代表很多意义。层出不穷的新材料、新发现、新创作、新器物，用中文来写出是最方便的，可以不另造新字。否则将来科学字愈造愈多，认识记忆非常困难，只有拿中国字来应用，则很简单。而且一字一音，英国人看也懂，法国人看也懂。今天只为中国不像样，大家不注意。万一有一天，世界人类懂得中国文妙处，采用中文，此事非纯属空想。

我们且不要讲得太远，我们国家几千年的文化，都寄托在文字上。最要的，我们该要通得历古相传之文字。清代人对于文字学花着大工夫，他们所讲，有许多郑樵早已讲过。他说："经术之不明，由小学之不振。小学之不振，由六书之无传。"此即后来清代人提倡小学的主张。但清代人花着大工夫在那里讲小学，到今天，这一点遗产可惜又都丢了。自我们发现了龟甲文，大家争来研究，其实基本工夫仍应在许氏《说文》，说明六书，否则就无法来研究龟甲文。而且龟甲文仅是中国文字的开始，许叔重《说文》则是中国文字之正式完成。研究龟甲文只是最先阶段，而非完成阶段。今天我们只要听说到龟甲文，便认为有莫大价值，却不再有人能把我们今天的新知识、新观念，再来接着清代人的旧工夫，来研究中国文字，这真是很可惜的。我们也可以说，文字不明，便一切书本都不明，这是诸位今天读书一个最大缺点。读书读不到深处，正为对书中每一个字的正确意义不清楚。郑樵只说："经术不明由小学不振"，今天我们可以说，古书不明，由小学不振。而且通文字不仅为读书，从更大意义讲，研究民族文化种种要点，有许多从语言文字入手，是极富很深意义之蕴藏的。也可说：此下中国文化不复兴，也就因为我们的不识字，或识字识得太粗浅、太浮薄，不能从精细深奥处去了解。

第三是《七音》两卷。固然中国文字是讲形，实际上中国文字里边还涵有音。所谓音，是指其音亦涵义言。我年轻时读《说文》，对于形声字忽发生了疑问。如"壁"字，从辟、从土，上面这半个"辟"是声音，看了就知道读"辟"，看了下面半个，则知壁是一堆泥土。形和音分开，所以说是形声字。有一天晚上睡了，窗外月光照到我床上，醒回来，一脚就踢在床边壁上。我忽然想起我们的"臂"膀，不是也从辟声吗？臂膀在身体的两旁，壁也正在房的四旁。我就一个一个想出，凡从这偏旁的都一样。如"劈"，用刀一劈，不是就分成两旁吗？如"譬"，我讲话你不明白，我从旁用个譬喻，使你明白，也便是从旁来说。又如"璧"，古人佩玉挂在身旁。又如"避"，就是避在旁。再由此推想，如我姓"钱"，看它一边知是金属，右边半个"戋"是声音，其实"戋"音也有意义。凡属"戋"旁的都是薄薄小小的，如"盏""笺""残""浅""栈"等字皆从"戋"，便都有薄薄小小的意思。可见中国字一旁声音都有意义。我曾为此写了一本书，可惜抗战时遗失了。其实宋代人讲右文，已先我言之。更有些，是只听声音就知道了意义。如说"矢"，是一支箭发出，"施"是我给你，都是向前的，同音便有同义。又如说"输""水"，像此之类还很多。"水"字苏州人读近"施"、"输"、"矢"，可知凡读"矢"音的字都有一共同意义是向前。又如说"宏""鸿""洪"等同音字有好多皆有大义。可见研究文字，接着便该研究声音。郑樵又说："文有子母，生字为母，从母为子，作字书以母为主，作韵书以子为主。"郑樵把字之形体声音分别同研，这是极对的。讲氏族，便知人的来源与分别，讲语言文字，便能懂得文化思想的要点与特性，下面历史才可讲，我想这是郑樵一种伟大的想法。

下面就是《天文》两卷，《地理》一卷。讲过了人，人在天地间，接着讲天文地理。郑樵讲地理，也和一般讲法不同。他说："地理之家在于封圻"，封圻就是封疆。他说："封圻之要，在于山川，禹贡九州皆以山川定其经界。九州有时而移，山川千古不易。班固地理主于郡国，致此一家俱成谬学。"郑樵认为《禹贡·九州》是讲山川自然地理的，《汉书·地理志》讲的是郡国政治区域、人文地理。此番话，以前刘知幾已曾讲过，但我认为研究山川固是重要，但政治地理讲郡国区分，也非要不得。郑樵讲地理，重要在根据水道，也有他的特见。但取舍之间，也有他的偏见。

天文、地理之下，继之有《都邑略》一卷。都邑乃指一个国家建都所在。如齐国在临淄，鲁国在曲阜，西汉在长安，东汉在洛阳，这亦是一个极大值得研究的问题，这亦是人文政治地理。历代建都不同，随着影响到其他不同，这是我们读史的人应该注意的。但为何都邑该注意，郡国便不该注意呢？都邑建置有其人文影响，郡国区分同样有其人文影响，郑樵厚此薄彼，所以说，这里有郑樵之偏见。

接着天文地理下面是礼四卷，谥一卷，器服二卷。当然郑樵《通志》里讲的礼，远不能同杜佑《通典》相比。《通典》讲礼一百卷，这是他极大的贡献，郑樵在这方面并无大贡献可言。郑樵在礼之中特别提出一个谥法来，本来认为是皇帝死后，根据他平日行为，给一个谥，所以谥有美有恶。秦始皇说不能由臣下来批评帝王的美恶，所以他自称始皇帝，下面二世、三世皇帝都可不要谥。到了汉代，再恢复旧传，不过再没有好坏分别，皇帝死后之称，则都是好的。郑樵说：不忍称其名，岂忍称其恶，"幽厉桓灵之字，本无凶义"，但这话似不一定对。诸位不要认为郑樵书多创见，喜其新而忘其有不是。谥法称幽、厉，实不很好。照郑樵讲法，没有一个谥法有坏的意义，岂有先秦人不知，秦始皇会那么说？举此一例，诸位可知郑樵的话也多有可批评的。

下面是器服二卷，专讲礼中间的器服。他说：古人的祭器本来都是古人的一种饮食之器。他虽所讲不多，但在历史上，器服实也是一项重要的。我们讲食货经济史，讲文化社会史，都该注意到器服，但郑樵则只讲到祭器而已。

下面乐二卷，郑樵在这里似乎有故作高论之偏见。他说："诗以歌，非用以说义"，这是说古诗只是用来唱，不是拿来讲道理，我想这话又是过偏了。孟子就说："诗言志"，用诗来表达我们的情意，不能说诗只就是一番唱。郑樵又说："诗在于声，不在于义"，更说义理之说既胜，声歌之学日微，又说：汉儒不识风雅颂之声，而以义论诗。这些都是抑彼昂此，故作惊人之偏见。当然古代的诗都可以唱，到后来，《诗经》三百首都变成了读的诗，而专来讲诗中的意义，再不会唱了，这是一变。照理，诗该唱，应配上音乐，但不能说诗只要音乐，可不管其中义理。如说：关雎乐而不淫，哀而不伤，郑樵说：这是说"关雎"的歌声和平，这讲法岂不免又是太偏了？"求之不得，辗转反侧"，这就是哀而不伤。"琴瑟友之"、"钟鼓乐之"，这是乐而不淫。固不能不讲诗之义，而仅讲诗之声。郑樵书里像此样一类的过偏之见也不少，我们不能在此详细举。要之郑樵能为创见，他敢大胆开出前古未有之说。而在他的创见里也不免有偏见，这是我们应该知道的。

以上"礼""乐""谥""器服"为一类，下面"职官""选举""刑法""食货"四类。历代正史里的所谓"志"，所谓制度，主要是这些，杜佑《通典》里重要的也就是这些。在郑樵《通志》里，职官有七卷、选举两卷、刑法一卷、食货两卷，这些远不如读杜佑《通典》，或读后面的《文献通考》。这是他所谓汉唐诸儒所得闻，在他自己所并不看重的。

再下面是"艺文"。《汉书》就有《艺文志》，郑樵《通志》里对此又有许多特别见解。他首先批评刘向刘歆的《七略》"收书不收图"。他说："即图而求易，即书而求难。"很多东西一定要图。讲天文若不画图，你怎么懂？地理也要图，其他好多东西要图。书里不兼图，恐怕是我们中国学问很大一个缺点。西方人一路下来，图书都连在一块。中国人不知何时起偏轻了图，这实是大大一个缺点。他又说：书目应分两类，一记其有、一记其无，当时有此书固当记，前代有此书，当代没有，也当记。记今之所有者，则知不可不聚。记今之所无者，则知不可不求。而且前代有此书，现代没有了，在史学上讲来，记下有极大作用。如《汉书·艺文志》里有的书，则《隋书·经籍志》里没有了的很多，这对我们研究学术、文化史演变极大有用。亦有《汉书·艺文志》里没有而《隋书·经籍志》里忽然有了，这不是说汉以后之新书，乃说汉以前之古书，忽然在汉后始见，这里就有问题。怎么会汉代人没有见到，隋代才始见了呢？这里多有些靠不住。如说苏秦张仪师事鬼谷先生，但《汉书·艺文志》里没有鬼谷子其书，而《隋书·经籍志》里有了，其实此书乃是后人假造。像此之类。当然郑樵的历史见识要比刘知幾高明得多了，刘知幾认为《汉书·艺文志》可以不要，而郑樵则极重此一志，又能提出许多有价值的意见来。

《通志·艺文略》八卷下面还有《校雠略》一卷。郑樵在此一卷中有极大的发挥。后来清代章实斋就跟着郑樵，而于《文史通义》之下有《校雠通义》。我们可以说，章实斋的史学，有许多是从郑樵方面得来。说到"校雠"，并不止是校几个错字，主要在"编书目"。郑樵说："编次必谨类例，类例既分，学术自明。"中国人讲学问，常称"学术"，每项学问应有一条路，"术"字就是指这一条路。学问固要自己学、自己问，从师只是从他这条路。在此路有创辟、有循从、有开新、有转向。郑樵在史学上也创了一条新路。因于学问各有路向，乃有所谓学术。各项学问道路不同，于是可为分类。要为书籍编目，主要在分类。故曰编次必谨类例，"类例既分，学术自明"。这事大不易。今天我们图书馆的分类，只是模仿外国，求便检查，书名、作者名，各别分类，照笔画次序，一查便得。如要寻郑樵《通志》，可查作者"郑"字几笔，或查书名，"通"字几笔，又如图书十分类法等，皆与中国书籍传统分类不能相配合。中西学术不同，则分类亦该不同。为书籍分类，这里面有一番大学问。书目分得好，便可使读者因书目分类而懂得学术大体。如讲经学，郑樵说："谶纬之学，盛于东都"，"音韵之学传于江左"，"传注起于汉魏，义疏成于隋唐"，睹其书可以知其学之源流。谶纬、音韵、传注、义疏皆在经学内有此几条分路。只要书目分得好，不啻把一部学术史大略告诉了你。所谓学术源流者，如经学是谶纬、音韵、传注、义疏之源，此四者则是经学之流，而亦得合称经学。又如谶纬之学最先，在东京，音韵之学在晋，传注在汉魏，义疏在隋唐，各类之源流亦都告诉了你，其实是一查书目便知了。他又说："学术之苟且，由源流之不分。"故曰：古人编书必究本末。上有源流，下有沿袭。郑樵能把学术史的眼光来论究各项学术，此又是他在史学上之大眼光大见识。此后章学诚《文史通义》《校雠通义》两书能跟着郑樵此意发挥，还有很多讲得非常好的，这也是学问上一条路。

要知论学必要懂分类，要知每一项学问之演变应懂得他的源和流。今如我们讲史学，应知中国史学可分几类，每一类之源流演变又如何。又如讲中国学术史，当如何分类，又该如何论其源流演变。试姑简单言之，诸位试从章学诚《文史通义》《校雠通义》进而看郑樵《通志》之《校雠略》，更进而看《汉书·艺文志》，这也是一条路，可以使我们约略知道这路上的一切。诸位要讲地理，也有几条路，各条路各有讲法。诸位要讲文字学也有几条路，也是各条各有讲法。

如今诸位做学问，不先摸清道路，只要一个方法，那就错了。当知各项学问各有方法，而且每一项学问中，可有各项方法。此等方法，今天如此，明天又会变。诸位不信我说，认为诸位所要乃是科学方法，不知科学方法也复在那里变。从牛顿的力学，变成爱因斯坦的相对论，哪有不变的。并当问所谓科学是哪一种科学，各项科学亦有各项方法。今天我们做学问，不先问一条大路，只要问方法，这即是郑樵所谓"学术之苟且"。今天诸位只希望先生能指导你一个方法，不知尽有指导，此一方法也只在你所要研究的这一个小圈圈之内。如此而止，将决不会懂得学术之大、源流之变。如郑樵在《通志》里把易分成十六种，诗分成十二种，道家分成二十五种，医方分成二十六种。此等方法是否确当，乃是另一问题。但论学必当懂得分类，每类中必当知其源流演变，此是至当不易之大道。今姑举一浅例言之，如诸位研究《诗经》，当知各家治诗便有不同，不当随便找两三本参考书，不加分别。当知这一家做《诗经》的学问同那一家本不同，哪可随便引用，不加分别。又如诸位自己要写一篇"中国史学名著"的论文，不能随便查书目，更不宜随便跑书铺，积集着几本参考书，便可下手。今天诸位似乎认为只要有几本参考书，并有一套方法，便可做学问。如要写"中国史学名著"，主要便在材料上，次要则在方法上。有了材料与方法，实也不需要学问，学问即在材料与方法中。以此来讲自然科学，或犹可说得过去，以此来治文史之学，那就断不是这会事。今天我们只叫着科学方法，因此而埋没丧尽了我们年轻人治文史的聪明，再也不会有学问。诸位听我如此讲，或许会感到困难。但对将来诸位的聪明自有用，循循不倦，自可以成学问。若还是尽要一个科学方法，试问你要的是什么科学呢？诸位有没有知道现在的科学共已分成多少科，每一门的科学分门别类，也是各有方法，全不同。文史学与自然科学又不同。每一项文史学问中又可各有方法，如郑樵所举易学十六类，诗学十二类，道家二十五类，医方二十六类，不仅是学诗不能用学易方法，而学诗学易其中亦各有方法不同。如学道当然有许多花样，学医亦有许多分别。光看郑樵《通志》里的《艺文略》，可见郑樵在此方面有其特见。他的《艺文略》与其《校雠略》，乃是郑樵一家之学。我们不能只认《通志·艺文略》与《汉书·艺文志》、《隋书·经籍志》同只是一部书目、一堆材料。推广言之，我们读书应当它是一门学问去求，不该当它是一堆材料去检。若某书仅可作一堆材料待人检，那即是此书无学术价值。

《通志》在《艺文略》《校雠略》之下，有《图谱略》一卷，这也可说是郑樵一个极高明的见解。他说：图谱之学，学术之大者。图谱之学不传，则实学尽化为虚文。他又说，总天下之书、古今之学术，各有其所以为图谱之用者十有六，其细目不备举。这却可说是郑樵的一种科学方法与科学精神之表现。但他又说：七略收书不收图，歆向之罪上通于天，这似乎下语又太重太偏了。读郑樵书，对他下语太重太偏处，极当注意。

图谱以下是金石一卷。从前正史只有艺文、经籍，没有图谱、金石。郑樵认为，有书无图是一缺点，有艺文无金石，又是一缺点。到今天，大家都讲金石，此一风气实始宋代，欧阳修是第一人。下到清代，而金石之学大盛。讲金石可以补讲历史种种未备。在郑樵《通志》里又举了另外两句话说："观晋人字画，可见晋人之风献。观唐人书踪，可见唐人之典则。"这可说郑樵又讲到另一方面去，他能把一种艺术眼光来看历史。看晋代人的字画，可以想见晋代人的这种风度。看唐代人的书法，可以想见唐代人的这种规模。这也可说乃从艺术史来会通到文化史。只在艺术的很高境界里，便可认识到当时这一个时代与当时这一辈人的大概。似乎清代人讲金石，多在史料方面着眼，而对郑樵所提，没有太注意到。

下面是《灾祥》一卷。以前史籍上都讲的是《五行志》，而郑樵改为《灾祥志》。讲五行不免迹近迷信，讲灾祥则是有关史迹。这也是不错的。

最后一卷是《昆虫草木》。他说：农圃之人，"识田野之物而不达诗书之旨。儒生达诗书之旨，而不识田野之物"。他这一卷用意略等于孔子所谓的"多识鸟兽草木之名"。如此一来，他把史学范围放得非常广大。我们今天懂得要讲学术史、文化史，其实郑樵《通志》早已给我们一个更大的范围。他在学术文化史上面的眼光，或许比我们今天还更广大。我已告诉诸位，清代章实斋的《文史通义》受到清末人推尊。章书一方面推尊袁枢《通鉴纪事本末》，提倡史学上一个新体例。一方面推尊郑樵的《通志》，把史学灌输进一种新眼光。尤其清末学者如梁任公，更非常推尊郑樵《通志》。但最近的学者，似乎总是图省力。若要去读《通志》，读它一略两略，已够麻烦，谁也懒得走此路。其实在我们现代，较之郑樵，已有很多的新知识。再来做这套学问，岂不比郑樵要省力。然而我们今天很少人肯跟着郑樵走。不仅是郑樵《通志》，即如杜佑《通典》、马端临《文献通考》，那人在跟他们路走，连他们书也都懒看。我们只不爱讲通。今天讲历史，只在全部二十五史十通这一大堆书里选一个时代，在此时代中找一个题目，题目愈小愈好，在现在的图书馆里去找书是省力的。诸位如此想来，从前人做学问真是可惊。郑樵是一个老儒，也曾做过很小的官，他一辈子住在乡里，也不是个大富翁，他要搜罗许多参考书，不省力。我们今天自以为比前人进步、伟大，要书看，从前任何一个时代也没有我们现在易得这般许多书，这真是进步了。但诸位不要误认我们做学问的方法也进步了。书本多，要找材料，取之无尽，可是做任何一种学问该知有一条路，如我们要研究郑樵，该知道他做史学是走了那样一条路。若把郑樵同杜佑比，或把郑樵同司马光作比，可知他们各人路向不同。自己有路向，这始可叫"创造"，因他们都能自己创出一条新路，为别人所没有走过的。若我们仅知追随时代，那又如何能创造。好了，我们讲到这里。

马端临《文献通考》

　　今天讲马端临（贵与）的《文献通考》。我们讲过杜佑《通典》、郑樵《通志》，《文献通考》就是中国所谓"三通"的最后第三部。马端临已是元朝人，但宋是亡了，国家传统斩绝，而学术还未中断。所以元初很有几个大学者，如王应麟，写《玉海》、《困学记闻》，胡三省写《通鉴注》，稍前尚有黄东发写《黄氏日钞》，这些都是宋元之际的大儒，对史学都有极高成就。马端临也还可算是其中一个，其人其书虽稍晚，我们也可把来看作是宋代的史学，还是宋代史学的后劲。

　　我们且讲此书为何取名"文献"？他在自己序里就讲了：文，典籍也，献，贤者也。他说："叙事本之经史，参以历代会要及百家传记之书"，所谓文，即指这些。最主要的，当然就是六经和十七史。历代会要是讲求政治制度方面的重要参考，如《唐会要》、《五代会要》、《宋会要》，还有后人补集的《两汉会要》等，然后及于百家传记之书，此皆所谓"文"。凡马氏书之记载，主要根据这些材料。在记载之外，还附带有评论，则先取"当时臣僚之奏疏，次及近代诸家之评论"，"以至于名流之燕谈、稗官之记录"，此即所谓献。每项制度，以及每一种措施，在当时实际从政的人，他们所有意见，则都见之奏疏。我们当知，每一时代所发生的事，固甚重要，而每一时代人对于此等事所发生之意见，亦同样重要。只是后人对前代事所发生之评论，不仅著在文章，亦有燕闲间之谈论，而记录在各种小说笔记上的。此等皆所谓"献"。

所以"文"与"献"是两件事。简单讲，"文"是指书本，"献"是指人物。我们当知，做学问，书本固重要，人物也重要，或许人物要重要过书本。我曾再三告诉过诸位，读书要一部一部书地读，并要读到这部书背后写书的这个人。这个人比这部书，我们更应该要注意到。而且在我以前，长时期内，许多别人读这部书的，我们也应该注意到。书本写下，这是一部死的，而写这书本的人物，才是一个活的。但活的人则藉这死的书而传下。所以做学问，应该文献并重。这"文献"二字，最早见于《论语》。孔子讲过："夏礼吾能言之，杞不足征也，殷礼吾能言之，宋不足征也，文献不足故也"。《论语》里又有一段说："文武之道未坠于地，在人，贤者识其大者，不贤者识其小者。"这里的"贤者"就是指的人物。在每一个社会上，有些是大贤，他能懂得传统大道。也有些不贤的人，那就是指的普通人，也必有传统大道留在他们身上，只不过是传统大道中比较小的地方而已。上引《论语》前一章所讲"文献不足"的"献"字，就是指的识其大者的"贤人"。在孔子所讲的文武之道，乃及讲到夏礼、殷礼，把我们今天的话来讲，也可说就是我们所谓的文化。孔子说：商代的文化，我能知道，可是没有材料来证明我的讲法。因为商代遗下的宋国，已经是文献不足了。夏代的文化，我也能知道，可是夏代遗下的杞国，也已是文献不足了。所以也无从来证明我所要讲的。只有周代的文化，到今天还是有书本、有人物，所以比较容易讲。在我们一所大学里面，要研究学术，一定要有两个条件。一是图书馆，要藏有很多的书，这即是"文"。又一定要有合理想的、标准的教授，这就是"献"，无此两项，便是"文献"不足。如诸位要研究孔子的道理，当然要读《论语》，《论语》就是"文"。或者读《春秋》，《春秋》也是"文"。但仅此还不够。尚有如左丘明、孟子，这许多人就是贤者，就是"献"。要兼此二者，才能懂得《论语》和《春秋》。我们若要学孔子的道理，读《论语》，便该连带去问问孟子。读《春秋》，也应该连带去问问左丘明。所以"文"与"献"该相提并论，两面俱到。若使我们只看重了

"文"，不能看重到"献"，那就如我今天所批评的说：这是一种故纸堆中的学问，又说这是读死书，死读书，不成学问。但若你碰到了一个大贤，得他指导，你就知在这故纸堆中，藏有精深的涵义，死书便变成了活学问，只要有人能讲。今天有人说，我们要研究中国学问，怕要到外国去，如像日本美国，在他们那里，所藏中国书很多，但亦仅是一堆书而已。有书而无人，有"文"而"献"不足。诸位到日本、到美国，也只是读死书，没有什么了不得。又如我们今天在台湾，论起书本来，也并不输于到日本美国去。小小的一个台北市，有故宫博物院、有中央图书馆、有中央研究院、有台大图书馆在那些处，除掉从前在北平，别处便不易找到这么许多书。我们要从许多书中来研究中国的历史文化，也该尽够了。但诸位要知，还有一件重要的是先生。书要了解，书多了，要一个能指导我们入门的人。我们读此等书，也该听听他的意见。我们不能坐井观天，只是死读书。诸位今天的时代，已经和我做小孩子的时代大不同。那时我们蹲在乡下，小孩子读书只苦"文"不足，书很难得，然而尚有"贤者"，他们能讲些中国东西给我们听。今天诸位"文"是足够了，要书本，省力得多。然而在今天中国的社会上，其实也像去日本、美国一般，真个要有几个中国的老师宿儒能讲中国东西的，可是不多了。有文无献，那就只能读死书，死读书，就不免倍加吃力了。

那么，正如诸位要研究孔子，便该从先秦孟子、荀子一路下来，历汉唐到宋、元、明，直到清代，从来研究孔子的人有多少？这许多人所讲也即都是"献"，但积久了，所谓献的，也都成了文。在我们现代，又要来找一个也能像孟子、荀子、朱子、阳明般一样能讲孔孟之道的，那就不易了。所以尽说有文化传统，我们还得要一个活的"献"，那才是真传统，仅在图书馆求是不够的。图书馆究不是一个活东西，要有人物，要有学者，要有了"献"，那"文"才都发挥光华，都见精彩了。

刚才我所讲，是普泛地讲到一般的做学问上面去。现在回到《文献通考》这部书，是专注意在讲政治制度的。如《论语》里说"夏礼吾能言之，殷礼吾能言之"这个"礼"字，广义地讲，就是"道"。也可说，就是当时的文化。狭义地讲，就是当时的一些政治制度。我们要研究每一种的政治制度，不仅要研究这些写在文字规定下来的所谓制度，还应该懂得在当时此一制度之起源，乃至此一制度之演变。并有许多人对于此一制度所发挥的种种意见和议论。这才是研究到了一活制度。这也是我们研究一切学问都该懂得的。读《文献通考》，便该注意到此处。其实马端临的《文献通考》此一着意之点，乃是跟随杜佑的《通典》而来。我们已经讲过杜佑《通典》，不仅讲到每一种的制度，还详细地讲到对于某一制度经历了各个时代的许多人的意见和评论。这是杜佑《通典》的极见精神处，而《文献通考》则把此承袭了下来。我们今天，则似乎只看重这些写定的书本，而更不看重这些写书本和读书本的人。从前人读《论语》，必然会看重孔子，乃至先秦两汉唐宋元明清历来凡是讲《论语》的人，都会同样看重。今天最多是来讲《论语》，而对于从先秦下迄清代这许多比我在前的讲《论语》的，我都看不起。更可怕的，是只讲《论语》，不讲孔子。换言之，在我们心中，只有《论语》其书，更没有孔子其人。亦如讲历史，讲制度，也仅止于历史制度而止。在我们讲的人心中，实也没有我们所讲此历史此制度下的许多人。这实在是我们做学问一个极大的心理上的病。在我们心理上有了这种病，我们便无法做一种高深的、博厚的学问。因在这个人的学问状态上，已经有了一种不仅不谦虚，并且不厚道的大心病。对于这一本书，从前人用功这本书的，对于这一项制度，从前人注意这项制度的，他们的意见，我们全不理会。甚至于我们对于这一部著作，对于这一个制度的本身，我们也并不是用一个研究的态度来研究，而更主要的，是用一个批评的态度来批评。好像总要找到它一些毛病，才表示出我读书有得。若我不能找出它一些毛病来，岂不是在我一无所得吗？这一种的观点，实在是极大错误。而且我们常说，秦前是封建，秦后是专制，早把中国历史上一应制度批评净尽，则杜马两书宜可搁置不理了。

我随便题外讲几句话。最近有一位政治大学的学生写信来，说要讨我一本讲老庄的书。他说：他做学问，最喜欢先秦诸子，想读老庄的书。我复信说，我并没有这本书，且你为什么很注重老庄，而不看重论孟呢？我有写的《论语新解》一书，你见过没有？我只是随便这样写了作复。他再来信，我才知道他已是大学毕业，在那里不知读硕士还是读博士，他说《论语》、《孟子》，照现在社会风气，不许我们自由批评，便不能作论文，那种书还有什么可研究的？可见他所谓的"研究"，主要是要作批评。今天大家正在讲复兴文化，要讲孔子孟子，要提倡，不要批评，他就觉得这种书不值得研究。我不过随便举一例，怕绝不止一人这样想，做学问就要能批评。但据我的想法，做学问总该要了解。即不讲了解，也该能"记得"。所谓"贤者识其大，不贤者识其小"，"识"字读如"志"，便是记得，记在心里。所记的也有大，也有小，但总该先能记，再能知。记得了，知道了，不能批评也不妨事。没有知，尽求批评，批评过，也就放一旁，不再记得了，那岂成为学问。这因讲《文献通考》，为解释这"文献"二字而讲这许多话，其实这许多话也不能算是题外之言，在读书做学问上是很有关系的。

马端临的《文献通考》，共有三百四十八卷，分二十四门。田赋、钱币、户口、职役、征榷、市粜、土贡、国用、选举、学校、职官、郊社、宗庙、王礼、乐、兵、刑，十七门，马端临自己说，都是根据杜佑《通典》。田赋、钱币、户口、职役、征榷、市粜、土贡、国用，是杜佑《通典》里的《食货典》。选举、学校是《通典》里的《选举典》。职官以下，郊社、宗庙、王礼就是《通典》里的《礼典》。但《通典·礼典》有一百卷，《通考》只有数十卷。这十七门以外，还有舆地、四裔两门，其十九门，都是根据杜佑。此外另有经籍、帝系、封建、象纬、物异几门，不是杜佑《通典》里所有，乃是采撷了另外的书所成。在他自写的序上，只推尊杜佑《通典》，但并没有讲到郑樵的《通志》。但《通考》里的《经籍典》，此非杜佑所有，也不是讲的政治制度。郑樵二十略，本是超乎政治制度之外的，如《氏族略》、《六书略》等，皆与政治制度不相干。郑樵讲历史，已把范围扩大，可说是一个文化史的范围，而不仅是一个制度史的范围了。现在马端临的《文献通考》，他是纯粹根据了杜佑《通典》，看重制度，那么像《经籍志》之类，就不需放在里边。我们也明知他的《经籍考》是根据郑樵的《艺文》、《校雠》两略而来，在他的《文献通考》里，二十四门，每一门有一篇小序，全书有一个总序。在他舆地考的序上，就特别引到郑樵，很称赞郑樵的意见，认为讲舆地应该讲山川，讲自然地理，不应该讲郡国，讲政治地理，这一番话，我以前已经讲过，自然地理变化比较少，政治地理变化比较多，汉代一百零三个郡国，若只讲山川，则并无大变，当时的地方行政区分，到唐代就完全变了。这两方面，我们认为都需要讲，只为郑樵和马端临都拿一种通史的眼光来写，所以看重在山川。若使照断代史的体裁来写，《汉书·地理志》分写当时郡国，并不算错。特别像马端临《通考》里的《象纬》、《物异》，就等于郑樵的《天文略》、《五行略》，而他又来个《封建》。《封建》也可说不失为一种制度，不仅秦以前有封建，秦以后也不断有封建。汉有封建，唐亦有封建。这是马端临自己添进去的一门，为杜佑、郑樵所没有。他又有《帝系》一门，讲历史当然很要看重帝王系统，但不应该放在讲制度的书里面。父传子，子传孙，亦是一个制度。而某王下面是某王，这是历史，与制度不相干。所以我们看他这二十四门，大体说来，实不能超出杜佑的九个门类之外去，当然也不能和郑樵的二十略这样有宽广的角度相比，但后人却特别喜欢读马端临的《通考》，这也有几个理由。第一，杜佑《通典》只到唐代中期，而马端临的《文献通考》则直到宋末，年代长了。尤其在《通考》里有很多材料乃宋史所没有。元人编宋史编得并不好，而马端临在元代初年，他的《通考》所写宋代制度，有很多材料为宋史所未收，这是人家看重他书的一点。而且他书中材料也比杜佑《通典》来得多。时代久了，材料又多了，所以后来的批评都说《通考》比起《通典》来，"简严不足，详赡过之"。其实杜佑《通典》，并不是"简严"二字可尽，这我在讲杜佑《通典》时已经讲过。他的九门类之先后排列，便见有一份极深的对于政治制度的一种意见，先食货，再选举，而后职官，这等见解，便是非常高明。至于《通典》也有不如《通考》的，如《通典》里讲"兵"，只根据《孙子兵法》，引用历代军事来证明《孙子兵法》里的话，那就不是个制度。如说我们每一人几岁应当兵，几岁可以退役，汉代的兵制和唐代的兵制各怎样，宋代改成了募兵制又怎样，这许多，马端临的《文献通考》是远在杜佑《通典》之上了。我们另外从一点讲，杜佑《通典》最后一门是《边防》，国家的国防，也成一个制度，国防的对象则是外面的四裔，《通典》很看重国防问题，而《通考》却把《边防》改成了《四裔》。当然我们讲历史，也该知道北宋时的辽国和西夏，和后来的金国各怎样，这才所谓是"四裔"，但我们的书是讲制度，不是讲一般的历史，与其注重在四裔，不如注重在边防。像这种地方，我们就见得读杜佑《通典》，确可长进我们的知识，至少可以刺激我们，或者暗示我们以一种政治上的理论和意见。他书中九个门类，把他的全部政治意见，轻重先后，全都放在里面了，而我们读马端临的《文献通考》，就不免要感到其意义不精，仅是增添了材料，而不见其精义所在。

　　清末，阮元提倡读两部书：一是《资治通鉴》，一是《文献通考》。读了《通鉴》，才知道历代的历史，读了《通考》，才知道历代的制度，这两部书，阮元称之曰"二通"。本来是《通典》、《通志》、《通考》为"三通"，阮元改称"二通"，也是别有用意。到了曾国藩，编《经史百家杂钞》第二类《叙跋》，就把马贵与《文献通考》的二十四篇序，一篇篇都收进去，可见当时人之看重此书。所以此后的学者几乎大家都要一读《通考》这二十四门的序，约略对于这一门古今上下的变化得失，可以知道一点简单的情形。如《通考》第一门《田赋》，古今田赋是怎么一回事，在它中间大的得失何在，在这序里大概都有讲到，这就变成我们一个读书人的一种普通常识。诸位当知，以前的读书人，他仅是从事于科举的不算，若真是读书，他们的常识却很渊博。并不是说专要学历史里面的制度，可是马端临的《文献通考》，总要翻一翻。就算是不翻，这二十四篇序也都会读的。即如说曾国藩，他不是一个史学家，更不是在那里专研究历代制度，然而在他的《经史百家杂钞》里，就把这二十四篇序都抄了进去。他的《经史百家杂钞》，当然为后来读书人所看重，所以到清代末年，一般读书人还多读一些中国旧的政治制度，知道一大概。自从光绪时代变法维新下到后来辛亥革命，却把从前旧的完全不知道了，都废掉了。直到今天，我们可以说，在我们政府上下从政做官的人，懂得外国制度的可能还有，懂得中国传统制度的，尽可说已没有。就是在我们大学法学院政治系，研究西方政治制度的，这是一门正式的课程。研究中国政治制度的，那就很少了。如此般把我们中国旧的以往历史一刀横切，腰斩了，下面一切从头做起，其实是从头模仿人家。这总是在我们历史文化的生命上一个莫大的病痛。我们本是一个五千年历史文化绵长的大国，现在则是一个不到百年的新国。今天我们也可以说，关于讲中国历史里面的传统政治制度，真是"文有余"。接着三通有九通、十通，还有列朝的会典、奏议及其他的书，材料是汗牛充栋。但我们的传统制度，多涵有甚深精义，绝非封建专制两语可尽。今日所苦，实苦于"献不足"。现在已经没有人懂得了。若讲新的，则更是文献两不足，只有仰赖别人。

有一天，有两位青年来问我，他们拿了一本我写的《中国历史研究法》，因我在此书中说：我们应该对于自己的传统政治制度，有人能来好好写一概略，介绍给大家。他们来问，怎么叫传统政治制度，并说他们正想要来写一部这样的书。我问他们在大学读什么系，一位是新闻系，一位记不清，他们似乎没有读过中国旧书，不知其中困难，所以要来写"中国政治制度史"。但这总算有志。此外，根本没有人来理会。让我且讲从前人如何来研究政治制度。杜佑是唐代一宰相，马端临在宋亡入元，没有在政治上涉足，但他的父亲也是宋末做过宰相的。一个普通的读书人，不一定就懂得政治，要懂政治，应该另有一合适环境。这是照一般人讲法。当然也有杰出的人，我们可不论。简单地讲，如汉代开国以平民为天子，汉高祖手下许多开国功臣，都来自田间，有些是十足的乡下佬，这在中国历史上可算极了不得，很少有。他们也能治天下，居然能使天下太平下来。到后来，慢慢儿有董仲舒等许多人来提倡儒学。其实当时的太学教的课，也只教一经，或《尚书》，或《诗经》，或《春秋》。教书的博士，固然不一定只通一经，但他们只教一经。十八岁就可入学当学生，二十岁就毕业，便回到他们自己地方去做一个"吏"，要他在实际的政治事务上磨炼，将来再选举到中央。汉代人常说"通经致用"，所谓通经，也只通得其大义，一部经两年工夫能懂得多少？然而他那一点大纲领是懂得了，便可以致用，这真是了不得。汉代的政治人才便是这样子来的，而汉代的吏治，亦最为后世所推。唐代人接着南北朝下来，在南北朝时的中国，是一个大门第的社会。在那大门第的传统下，世世相传，都高居政治地位，连他们的亲戚也如此。所以一个门第中的子弟，容易懂得政治。不仅懂得政治现况，更懂得政治传统。所谓王氏青箱，乃是把数十百年的政府档案藏着一箱，传给子孙。所以政治上的事情，他们都懂。唐代一般普通的知识分子修习文学，可以应考试。又学佛学，预备将来退休。但其间有不少门第家传，使他们了解得政治。所以唐代人在政治上显出很大的才能，有极能干的宰相，乃至其他各门的人物。

到了宋代，自唐末五代下来，大门第都衰了，没有了，民间只就科举制度考试，而跑上政治，实际都是外行。直要到范仲淹等起来，范仲淹"为秀才时，即以天下为己任"，"先天下之忧而忧，后天下之乐而乐"，开出了宋代的士风，此下的学者都是以学问来从事政治的，与汉代人不同。汉代人的政治知识和才能，乃是先从下层的地方政治磨炼出来。当然不是说他们不读书。唐人考进士，仅通一点文学、诗赋，又喜欢研究佛学，政治上的知识，乃从门第中来。到了门第衰落，政治也就完了。所以唐代人像是不讲经学史学，但他们实际上有一套学问，可以来在政治上贡献，杜佑就是一个。到了宋代，门第没有了，都是一辈读书人自己立志要改好这时代。然而汉代的读书人和唐代的读书人乃至宋代的读书人，显然各不同。真是要凭学问来跑上政治的，比较是宋代人更如此。所以宋人在政治上多理想、议论，不如唐代人有一种实际的事功。不论是王荆公也好，司马温公也好，都是书生从政，他们同样是理论多、思想多，而未必能配合上实际。在此一点上，远不如汉、唐，能和实际相配合。汉人是从郡县做吏磨炼出来，唐人是在大门第传统下熏陶出来，而宋人则是由民间在学术上露头角。

宋人讲学问也可分成两派：一派像王荆公，他是经学一派。像司马温公，他是史学。经学可说是等于孟子之所谓"法先王"，史学派可说是等于荀子之所谓"法后王"。经学派总是偏重理想、多议论，王荆公就是这样一个人。史学派重实际、重经验，司马温公就是这样一个人。也可说经学家常看重制度，要摆出一大套来，因为他喜欢理论，而史学家则多重人事，人事和制度是两回事。像司马温公，在制度方面看他便像无多主张。他写的《资治通鉴》，就是一部偏重人事的书，不像杜佑《通典》，是一部偏重制度的书。我们也可说宋朝人学问所以和唐朝人不同，而也各有得失。

到了后来，元代不用讲，明朝呢？其实明朝人已经都谈不上，明朝人都是空疏的。尤其到后来的理学家们，更见空疏。我们也可说，真是一个大理学家，则无有不通经、不通史。明代的理学，乃是变成了一种非经学非史学，而另外来一套。这正等于今天我们讲"思想"只讲思想，似乎可以不要学问。或者称之为"哲学"，在西方有哲学这一套，在中国这一套比较少。只有理学，其流弊则是空疏不学。因此在明代，经学也衰，史学也衰，政治上也没有大表现。直要到明末，才再有"经世大儒"出来。他们讲制度、讲历史、讲经学、讲文化。然而在那时，已是清人入主，满洲异族来管中国，文字狱大兴，一般人做学问的慢慢儿变，到了乾嘉时代，就都变到训诂考据，"故纸堆中"去。训诂考据，便是在一堆材料里边做学问。我刚才说的，学问要同人配合，所谓"文献"。这种学问，修身、齐家、治国、平天下，都得"活学活用"。清代乾嘉之学就不是这种学问了，那时也还是"献不足而文有余"。直要到了清代末年民国以来，那就是所谓"学绝道丧"，都没有了。

譬如说吧，一个政府，在里边可以代表学者的人是最少数，政治不从学术出身，而从党的训练出身。若说学术人才经考试院考来，他们的分发，等于如从前做一个"吏"，这是有的，但就很少从考试院出来而在政治上变成一个高地位的。民国以来我们的政治上可以分成两种人：一种是党里边来的，一种人是外国留学生，英国、美国、法国、日本都有。我们的政治，就摆在这个基础上，这可以说和向来历史传统上的基础是不同了。

我们做学问，就要懂得以前人怎么做，我们现在又怎么做。我们要讲政治，也要懂得以前我们的传统政治是怎么样，今天我们的政治又是怎么样。若要讲到社会，也要懂得以前的中国社会是怎么样，今天我们的社会又是怎么样。诸位在台北市，无论在学校、在街上，或者跑回家，懂得这个是中国社会，固不错。然而今天的中国社会，同几十年前的中国社会大不同。我试举个例。六七十年前，我小孩子时，很少有女人在家里打麻将。打麻将是有了，但很少女人打。西方文化传来，女人解放，女孩子多去学校读书，但读书后做事的还是极少数。在家里没有事，不教小孩，不管家务，只得打牌。现在我们十个家庭，总有五个家庭的老太太、太太，甚至于小姐们，都迷醉在打牌。这真是时代不同，社会也不同了。如说诸位在国内大学毕业，要找个职业相当困难，若在外国要找职业，便省力了。留学生，到了暑假到一个旅馆里当个茶房，到一个小饮食店里做个洗盘洗碗的，三个月赚一点钱，再回到学校里读书，大家不以为奇。若使诸位在国内，说现在暑假了，也跑到一个观光饭店去端菜，做一两个月吧，这不能，这就是社会不同。我们像是有一个身份，外国社会没有这身份。又如美国，家庭用女工的绝少，一百家中很少有一两家用工人，和我们绝不相同。我们要从小地方看，大地方更应该看。要懂得今天的中国社会同百年前的大不相同。做学问定要从这种地方着眼。但一百年前何从着眼呢？那么我们至少要读书。如我今天讲《文献通考》，直从古代唐虞夏商周一路到宋代末年，田赋怎么样，学校怎么样，清清楚楚，讲得很详在那里，读之自会长见识。只读一部书，就长了我们的见识了。但我们今天则一笔抹杀，说中国古代，都只是一个封建社会，一套专制政治，全要不得，一口气骂倒了，没有了。但不是没有了中国的古代，却是没有了我们各自的聪明和知识。没有聪明而去学外国，纵是深通英、法、德文，在外国住下十年二十年，但没有亲身在外国政治圈子里做事，也恐不会深懂得外国的政治。讲到中国古人，汉唐两代人比较懂政治，宋人不懂政治，为什么？因其没有经验。诸位要懂政治，而条件不合。当然，喜欢研究历史，喜欢研究传统制度，也可懂一点。但跑进政治去，或许要出毛病，像王荆公便是一例。我们现在，旧的一切不要，新的呢？我请问：哪一人是在西方大学确实研究了政治？这已很少很少。更何人具备了西方政治的真实经验？我们今天真是所谓"不学无术"，没有一条路。至少诸位研究史学，要懂得拿旧历史给人看，中国不是一个封建社会，也不是一个专制政体，至少不要让我们随意开口骂。又如讲王荆公、司马温公，也不应该尽讲思想理论，总该懂得一些他们的政治实情。外国社会同中国不同，外国传统也和中国不同。又懂中国又懂外国，不是不能有这样的人，将来总该有。我们不希望站在政治上层、学术上层的，永远是到了外国去回来骂中国人，先也希望有几个能为中国辩护的人。你说中国是一套专制政治，我说不是。这当然仅是

"抱残守阙"，然这个残和阙，还须有人抱和守。宋朝亡了，元朝来了，还是有像马端临那样写他三百几十卷的大书。直到今天，这部书还是中国一部有价值的大书。杜佑是在唐的全盛时代，郑樵已在南宋岌岌可危的时代了，但也能有表现。而马端临则是在亡国之余，而能表现出他不朽的名著，更是难得。从另一方面讲，杜佑本人是个宰相，马端临父亲也是个宰相，至于郑樵则是在乡间一老儒。但郑樵所讲在传统制度方面，实不如杜马两人讲得好。《通志》所长，乃是在氏族、六书、艺文、校雠诸略。可见讲政治，最好还得与政治有实缘。中国历史有一个士人政权的大传统，所以能有像《通典》、《通考》那样专讲政治制度而又讲得这样好的书。诸位试去找外国史籍，绝对找不出同样如此伟大的书来。这个事实，应可证明些什么？诸位试加思索。我今天讲到这里。

黄梨洲的《明儒学案》、
全谢山的《宋元学案》

我在宋代，已经讲了好几部书，实在元代马端临的《文献通考》，还可说是宋代史学传下。现在要讲到明代。明代人在学术方面，比较汉、唐、宋各代都要差一点。中国这几个大一统的朝代，汉、唐、宋、明，论到学术，惟明最差。这虽没有人详细讲，但显然是事实。我从上讲来，汉、唐、宋三代都有他们学术长处，但又多不同。为何明代又要比较差？这些处，都是我们自己读书应该注意的大问题。固然我们立刻不会能有答案，也不容易下此一答案，但此问题总不应该不留心注意到。

此下我们讲明代，我想特别只举出一部书，即是黄梨洲（宗羲）的《明儒学案》。实际《明儒学案》已不是明代的书，这书在清代才完成。这样讲来，我就在明代想不出举哪一部书来作史学名著讲。其次，诸位或许会认为《明儒学案》是一部理学书，用今天话来讲，是一部讲哲学思想的书，不是一部史学书。这观点却是要不得。今天我们做学问，都跟着西方人道路，都要讲专门之学。可是诸位读的是中国书，由读中国书来做外国学问，这中间也很困难。如读《论语》，《论语》究竟是一部哲学书呢？还是文学书呢？还是史学书呢？很难定。今天诸位倘使是学文的，当然不读《论语》，因《论语》不算一部文学的书。又如学史学的，也不会读《论语》，诸位总觉得学史学，孔子《春秋》应该看一看，《论语》便不要看。似乎只剩下要讨究中国哲学思想的人，才来读《论语》。但我得告诉诸位，诸位究竟还没有脱离了中国，而且此下也将还在中国，做一中国人，乃至一中国学者。如诸位要讲中国历史而《论语》一书都不曾读得懂，此人的史学知识，可能是浅之又浅，或许早就可说不会有很大的价值。所以若我们一定要把学问分疆划界，指定这是史学、这是文学、这是哲学，这样一分的话，如韩信军入赵营，拔赵帜，立汉赤帜，赵营早破，不能再存在。所以诸位要觉得我今天讲史学名著而来讲到《明儒学案》，似乎有些奇怪，其实《明儒学案》也可说是一部中国的学术史。讲历史本有多种讲法：一种是讲通史，一种是讲专门史。如我们讲《通典》、《通考》，这是讲政治制度的一种专门史。《明儒学案》则是讲学术思想的一种专门史。但今天诸位则认为，学历史不能不懂政治制度，不能不看《通典》、《通考》。却没有想到学历史也该懂得经学理学这一类。如诸位读两汉书而不懂得经学，这就非常困难。至少诸位读明史而不懂得《明儒学案》，也就很困难。《明儒学案》就是讲明代一般学者的思想。诸位纵不想做一通人，一意要做一专家，但在你所专之内总该通。诸位若专治明代史，而不懂得《明儒学案》，岂不在专中仍有缺。

其实中国历代的正史，从司马迁《史记》开始，本是无所不包的。只要在这个时代、这个社会里产生过大的影响的人物与事情，那都在他历史上记载下来。如《史记》、《汉书》里有《儒林传》，凡属经学儒学这一方面的人和事和著作，都特别收在《儒林传》里边。《后汉书》以下又有《文苑传》，凡是关于这一时期文学方面的人也都收在这里边。那已经是有了学术史的雏形了。但中国的学术史，反而在佛教方面，好像最先具有一种规模。为何呢？因中国正史里不记载佛教方面的事情，因而才有单独来写出的需要。如我上面为诸位举到魏晋南北朝以下的《高僧传》、《续高僧传》，一路下来，等于是一部佛教史，也就是专门学术史的一类。更特别的，是在佛教中间的禅宗，自唐以后，所谓教外别传，他们自己创立了一种说法，不立文字，递传递盛，派别分歧，更显得有为他们写一种禅学史的需要。最著名的如《传灯录》，禅宗各祖师思想的传授、分派、分宗，都在这里。我们也可说，宋代的理学受了禅宗很大影响，至少如宋代理学家的"语录"，便是从禅宗祖师们的语录转来。要讲二程思想，最重大的材料，就是他二人的语录了。周廉溪、张横渠还自己写书，但他们所写也都是一条一条的。虽然多用文言写，其所写也就是语录的体裁。只不过由他们自己一条一条地写下而已。而二程的语录，则显然是白话的，又不是自己写，而由其门人弟子记下。这种语录，当然起于唐代的禅宗。所以我们绝不能说宋代人的理学和唐五代的禅宗没有关系。但我们也不能换一句口气，说宋人的理学即是佛学，或即是禅宗，这话又根本不对。但我们也不能说理学是讲孔孟儒家思想的，和佛家禅宗绝无关系。可见一切学问不能粗讲，应该有个仔细的分别，此所谓"明辨"。

今说到学案，其实"学案"两字，也就是禅宗里边用的字。语录起于禅宗，"学案"也是起于禅宗。明代人第一个最先做的学案，叫做《圣学宗传》，写这书的人是周海门，周海门就是一个学禅宗的人。从周海门的《圣学宗传》下面继起有孙夏峰的《理学宗传》。此两书都在黄梨洲《明儒学案》之前，《明儒学案》则是接着此两书而来。此两书，我们现在都还看得到，但我们大家读的只是《明儒学案》，《明儒学案》的价值远超在《圣学宗传》、《理学宗传》这两书之上了。《明儒学案》前后共六十二卷，他在材料方面搜罗极广，比之周海门、孙夏峰两书广大得多。到今天，有好多明人的集子已经不容易看到，我们读《明儒学案》，就可以看到很多。

明人讲学，一家有一家的宗旨，其实这也都是跟着禅宗来的。讲学有一个"宗旨"，如王阳明讲"致良知"，这"致良知"三字，就是阳明讲学的宗旨，这就是他思想系统里一个最中心的地方。后来阳明的许多弟子，各人讲学，还是各人有一个宗旨。《明儒学案》的有价值所在，就在他能在每一家的集子里提出他一家的一个讲学宗旨来，这是极见精神的。固然，明人讲学各有宗旨，但我们也可说从前人讲学一样的有他一个宗旨。如墨子讲"兼爱"、杨朱讲"为我"，孟子讲"性善"、荀子讲"性恶"，这是我们知道的。我们要能知孔子所讲的宗旨是什么、老子所讲的宗旨是什么、庄子所讲的宗旨是什么。像此之类，你要对每一人所讲，都能找出他一个最扼要、最简明的宗旨，这是一件极重要的事。那么，第一，《明儒学案》能对明代各家各自提出他讲学的一番宗旨，那是一件极重要当注意的事。

第二点，各家讲学，各有一番宗旨，也就是有其某种一偏之见。或许他的这番一偏之见，正和别人的处于相反之地位。如我们说，杨朱为我和墨子兼爱，各是一偏，又是相反。但学问成家，此等处总不能免。即是明儒讲学，他们虽只在理学的传统中，只要他们成了一个"家"，依然免不了各占一偏，或各自相反。而黄梨洲能在他们的全部著作里，各为他们找出各自的精义，不论是一偏的，或是相反的，他都把来写进他的《学案》里去，这是《明儒学案》最了不得的地方。

后来有人为《明儒学案》作序，如莫晋刻《明儒学案》写了一篇序，这已经在道光时候了。他在序上说，《明儒学案》"言行并载，支派各分"。记载一个人，不仅记载他的思想，同时还记载他的行事。而每一家的思想又为之分家分派，"择精语详"。说他所选材料很精，而所发挥又很详。诸位要懂得这"择精语详"四个字，初看好像是不同，实际只是一个意义。选择不精，你就无法讲得详。要讲得详，就先要选择得精。如我此刻同诸位讲"史学名著"，倘使我不加一番选择，光是二十五史、十通，一年哪里讲得完。所以择不精就语不详，讲学术史也一样。凡是我们对于每一家的学术思想，不能从头到尾滔滔不休。我们须要能"提要钩玄"，那就是择精语详了。所以我们读了《明儒学案》，能对"一代学术源流，了若指掌"。莫晋如此般讲《明儒学案》，可以说他一点都没有讲过了分。我们要研究明代一代的理学，就得看这部《明儒学案》。在清代雍正时，汤斌有一句话，说"黄先生论学如大禹导山，脉络分明"。诸位当知，每一代的各家学术，正如一堆大山耸峙在那里。我们要在这一大堆山里分出个脉络，清清楚楚，这非对此一堆山的形势真有了解不可。我们治学术史，首贵有见解。如讲古代学术，定要讲《汉书·艺文志》。它在那里讲王官之学与百家之言的分野，在百家之言里又分出儒、道、名、法、阴阳、墨各家，这许多非刘向刘歆能如此加以一大分别，我们就很难弄清楚。

诸位要读《明儒学案》，最好能读《明儒学案》以外的书。如读了《王文成全书》，再来读《明儒学案》中之《阳明学案》，便知其所谓择精语详者是什么一回事。最好又能读《明儒学案》中所未收各集，便更知其所谓择精语详者是什么一回事。所以我们来读《明儒学案》，不仅是可以知道明代一代的学术思想，即使我们并不是要做学术思想工作的人，读了这书，也就懂得像如现在诸位所讲"如何来驾御材料"这一回事。一大堆的材料放在这里，都是死材料，如何来驾御，使其活起来，如一个大将带兵，如何来统率三军，能叫他们上阵杀敌。所谓"韩信将兵，多多益善"。军队一多，更难带领。诸位只知要军队多，不知多了更难办，至少你要有一个编排。今天我们读书，仅求在一部书里找一个小题目，然后去找很多材料来讲这个小题目。这样的学问，至少是一种小学问，诸位只能做排长、旅长，不能做师长、军长。我们做学问，要能从一大堆材料里面来支配、来调度，约略等于说是由博返约。讲历史不能截断讲一段，我讲汉史、你讲唐史，在一段里面再讲一件事，我讲汉朝某事，你讲唐朝某事，拼起来并拼不成一部中国史。我们要能见其大、能见其全。要如此，便该读从前有此见识的人来写的书。纵是你只要做小学问，也该在学问大处去接受领导。如排长旅长必该接受师长军长的命令，我们自己的力量才能有正当之使用。

当然黄梨洲是一个讲阳明之学的。他的《明儒学案》，只以阳明为中心。但我们也不得认为这是他的偏见，或者说他的主观。因明代理学本来是以阳明为中心的，恰恰梨洲是这一传派，他的书当然以阳明为中心。既非偏差，而由他写来，也能胜任。如诸位研究清人的学案，那就一定该通考据学，一定该通经学考据，因清代学术最重要的成就便在此。你若不通经学考据，如何来讲清代人的学问？所以《明儒学案》偏重王学是应该的。

在学案里，每一学案前有一篇"小序"，每一学案中许多家，每一家各有一篇"小传"。在这小传的后面，定附梨洲自己对此一家的批评。即在他学案里，也随时插进了几句批评或解释。这些都是梨洲的意见。所以这部书固是一部历史，是一部叙述的书了。然而里面不断有论断、有批评，不断有梨洲自己意见穿插。而梨洲意见即是根据着阳明学派的意见为意见的。梨洲说："古人因病立方，原无成局"，讲学著书，也就等于一个医生开方治病，要看什么病，才开什么方，哪有一定的方案。所谓"学案"，亦就是在当时学术中各个方案，都因病而开。梨洲又说："通其变，使人不倦，故教法日新，理虽一而不得不殊，入手虽殊而要归未尝不一"，这是说，时代变，思想学术也该随而变。所以要变，乃为来救时病。反其本，则只是一个真理。这几句话，我觉是讲得非常有意思。即如今天诸位做学问，也该反问一句我如此做学问有没有毛病呢？诸位一跑进史学研究所，便把文学、哲学、政治、经济、社会各门，全置脑后，认为都同我不相干，全无兴趣，更不动心。以前孟子四十而不动心，今天诸位一进学校便就不动心。《论语》、《孟子》、程朱、陆王，想来诸位不肯读，因对你们想求的学问没关系。在这一层上，我要告诉诸位，这就是今天学术界一个大毛病。我们也应该要"因病立方"。曾有人和我讨论我所写的《国史大纲》，他说：你书中只多讲中国好处，不多讲中国坏处。我说：你们大家尽在那里讲中国坏处，我不得不来多讲一些中国的好处。而且中国坏处在我书里不是没有，治乱兴亡我都讲，不是只讲治不讲乱，只讲兴不讲亡。但在你看来，好像我都是在讲中国的好处。但请问，我们在汉、在唐、在宋明、在清，各有一段治平极盛的时候，这些处，我们该不该讲几句呢？我们的历史，直从上古下来，四五千年一贯直下，到今未断，这些处又该不该讲几句呢？今天我们的毛病，在乎再不肯讲自己好处，只讲自己坏处。我请问：我们中国人太坏了，又怎么在此世界做人呢？今天诸位一出口就是美国好、中国坏，我要向诸位讲一句：美国并非全不坏，中国并非全不好。若说我平生讲话，多讲了中国的好处，也只是因病立方，通其变使不倦。否则尽是说美国好，中国坏，哪个不知？还要我讲吗！诸位懂得要"通其变"，"使人不倦"，那就知教法也该一天天不断向新。近代的中国人则只说"中国人守旧"。其实有了朱子还来阳明，有了宋儒还来明儒，不也是一番新吗？此下再来清儒汉学，则又是一番新。梨洲虽承王学传统，但不抹杀程朱，故说："理虽一，不得不殊。"

今天诸位纵说美国好，但移到中国来，仍得要殊。梨洲又说：入手虽殊，要归未尝不一。中国人虽讲孔子，与西方人讲耶稣殊了，但何尝不归于要爱人。中国虽自秦以下走上了大一统局面，与西方历史之列国分争，又是入手殊了，但中国人也何尝不归于要讲治国平天下，不是要自求亡国呀！今天由美国人讲美国，中国人讲中国，大家从长处发扬下去，将来还可归一，何必定要灭了自己来归他人呢？做学问也是同样，做人、做国家社会也是同样。不能把中国人一齐抹杀，硬要学外国。做学问也不能把人文科全抹杀，定要学理科。我们看看今天的美国，理科固是比我们的强，至于他们的政治理论，实在有些不能使人心服。诸位要做生意，应可学美国人。要杀人，使用核子武器，也可学美国。至于说打仗，未必美国人便打得好。大炮拼命轰，飞机拼命炸，大队躲在后面不动。南北韩战争是如此，南北越战争还是如此。轰炸几天以后，大队军人休假去了，一跑就到香港，到台北。来了怎样，诸位都知道。有的是美金，吵吵闹闹一番又回去。你说世界上哪有这种军队。但这些我们哪能批评，只不真实效法便够好。下面南北越战争不知演变如何，但明显可说的，美国人会厌倦，会比北越人先厌倦。正为美国人在那里厌倦，所以有"嬉皮"，所以打仗不高兴，要讲和、要使战争越南化。美国当然也有许多好处，但在今天的中国社会上多讲几句美国人的不好处，也所谓通其变使人不倦。若尽说美国好，老不变，也易使人倦。但若我们讲了美国人许多坏话，寻根究底，应该要讲到他们的学术思想上去。今天我们的学术界，尤其是文史哲方面，则似乎只想当排长旅长，而遥奉外国学人认作我们的师长军长，乃至大统帅。虽然指挥不详明，但我们的箭头刀锋已尽向自己。所以对中国自己的，总是敌意多，善意少，攻击胜过了引发。无怪要说我的《国史大纲》是说得中国好处太多，坏处太少。

今天诸位研究史学，其实也都是美国人一套。但话得说回来，美国一套，其间也尽有可效法的。即如做专门之学，挑个小范围也可以，《明儒学案》不也是在小范围里挑个小题目而成了大著作吗？不是说做学问不该做专门之学，而且哪一人能四面八方兼通。《明儒学案》是我一部很喜欢看的书，实在觉得它是一部很好的书。诸位不要认为不在自己的学问范围内便置之不理。譬如游山玩水，遇有闲暇，不妨一试。我们要能养成一种性情，肯到一个未到的地方，看一番未见的天地，那总好。诸位若能抽出一个时间读一部《明儒学案》，也不失为一种娱乐。要使你能看一点你完全不懂的东西，这也会长本领。乡下人从来不曾进过城，等于一个城里人从来不曾到过乡下。我劝诸位，倘使你是城里人，有空便该去乡下一玩。倘使你是乡下人，有空宜去城里逛逛。诸位学史学，我意不妨试读《明儒学案》，就如城里人不妨去乡下玩玩。若能多玩几趟，你这人自然也会慢慢儿变。如此般的通其变，也可使你好学不倦。

我们讲到《明儒学案》，便要牵连讲到《宋元学案》。《宋元学案》有一百卷，全谢山所编。黄梨洲在写完了《明儒学案》之后，接着又想写《宋元学案》。因明代理学都跟宋代来，他们所讨论的也多是宋代人讨论下来的问题。所以由明儒学案往上便应该研究到宋元学案。但黄梨洲写完《明儒学案》已经是七八十的人了。我们不再详细考他此书从哪年写到哪年，但已经是在梨洲的晚年，同时再来写《宋儒学案》，没写多少，梨洲就死了。他儿子黄百家，又接着来写，又有梨洲两个学生：黄开沅与顾谌，相同分辑，但也并不曾完成。到后来，就再有全祖望（谢山）来加修补。所以黄本的《宋元学案》是个未成之稿。全谢山的修补，据说得十居六七，是在黄氏原本一大半以上了。但全祖望修补了这部《宋元学案》，也就逝世了。他的这份稿子付刻还在后，担任此工作的有两人：一王梓材，一冯云濠。今本《宋元学案》，皆由此两人审定。全书分成四部分：一是"黄某原本，全某修订"。所谓黄某，是指梨洲百家父子，再加上梨洲两个学生，已经是四个人的工作了。修订是有加以修正改订之处的。一是"全某补本"，此是黄本所没有的。一是"黄某原本、全某次定"，所谓次定，不过是排比次序。一是"黄某原本，全某补定"，这里面便有全氏的增补。在每一卷下，均由此两人来分别注明这几个字。但我们今天说来，只说是"全祖望的《宋元学案》"，不能称"黄梨洲、黄百家的《宋元学案》"，也不能称"王梓材、冯云濠的《宋元学案》"。但这书经过，实际上并不是一手所成。梨洲死在康熙乙亥年，而谢山死在乾隆乙亥年，前后恰恰已经六十年。《明儒学案》在梨洲死的时候也还没有刻本，梨洲死后，始有一部"贾刻本"，距梨洲死已十八年，此在康熙时。后来又有一部"郑刻本"，在乾隆时。从贾刻本到郑刻本，中间也隔了四十六年。梨洲死到有郑刻本，则已经过六十四年了。我们现在都用的郑刻本，贾刻本怕有许多靠不住，他把梨洲原本有调动了，至少第一卷第二卷先后次序凡例有调动。全谢山死在乾隆二十年乙亥，自从乾隆十一年到乾隆十九年，八年时间，几乎是不断地在修补《宋元学案》。到了二十年谢山死后，他的稿子留在某一人的家里，后来有一学使去谢山家乡，问起从前谢山有一部《宋元学案》的稿子在不在？那时有两个考生，即是王梓材、冯云濠，听了这个学使问起，才来查究这稿子。找到了拿来刻，已经是道光十八年，距离全谢山死已经八十四年。而王梓材冯云濠两人又来作《宋元学案》的补遗。因为全谢山本也是把许多材料来补黄梨洲父子的，他们依此再来加补，此稿在道光二十一年完成，共一百卷。直到民国二十六年，就是七七抗战那一年，上海光华大学的校长张寿镛，他是一个银行家，来刻一部《四明丛书》，把王梓材冯云濠的《宋元学案补遗》一百卷刻进了。这一百卷书，从《宋元学案》刻后到这时，前后又隔了九十七年，差不多近一百年。我讲这番话，要使诸位知道《宋元学案》一书完成经过不简单，不容易。第一，诸位不要认为清代一代就是讲考据之学，实际上黄梨洲《明儒学案》写在康熙时，而全谢山《宋元学案》写在乾隆时。而《宋元学案》之刻本，还是在道光十八年，下面《宋元学案补遗》之传刻，则已经在我们对日抗战时。若我们从《明儒学案》开始，讲到《宋元学案补遗》，这三书专讲宋元明三代理学的，差不多就经过了清代整个两百六十八年的时期。此事有这样子的不容易，实大值我们的警惕。本来这一段时期，理学已衰微，若使没有黄、全这一批人这一番努力，今天再有人要来整理这一工作，将更见困难。今天我们又要说复兴文化，试问学术不兴，文化的灵魂何在？但要复兴旧学，那又是谈何容易？

我们再试把《宋元学案》和《明儒学案》两书做一比较，便见此两书之不同。因《明儒学案》由黄梨洲一手写出，而梨洲自己又是讲阳明学的，明儒理学的最主要中心就是阳明学，所以梨洲此书易见精彩。若说到《宋元学案》，主要的当然不在陆象山。由陆王学的梨洲来整理宋元学术，他的见解和批评，就不免有偏。程朱陆王的门户，不能融化。而且梨洲《宋元学案》遗稿没有多少条，下面是他儿子同他两个学生，他们的意见未必能如梨洲，又未必能一样。更下来，全谢山在年轻时，就在北京认识了李穆堂，李穆堂是江西人，最喜欢讲象山之学，他对理学抱有偏见。象山、朱子讲学有异，所谓朱陆异同，李穆堂对此问题，所抱门户之见太深，未能持平。全谢山在很年轻时就得到李穆堂赏识，他们是忘年之交，谢山不免也要受穆堂的影响。远溯黄氏父子，本来是讲阳明之学，谢山根据黄氏书来补修，而他自己对于理学，也可说本来没有深入，他那时已经是乾隆时代了，理学已衰，全谢山不免把考据之学来讲理学。在整理史料方面，他是用着很大工夫的。诸位若看他的《宋元学案》里面所收的人物和著作，还讲到很多零散事情，真是有他的了不得。因全谢山就是一个博学的人，他所收的材料，还有很多超出于宋史之外。因为全谢山本来想修补宋史，他在《宋元学案》中每一篇小传，就有很多远比宋史详确。他这部书在材料方面实是花着极大工夫的。至于在他书里还有未尽收的材料，就再收在王梓材冯云濠的一百卷《补遗》中间。若我们把全谢山的《宋元学案》再及王冯二氏的《补遗》仔细用功，就会使我们的兴趣脱离了理学思想，而注意到史料方面去。我在年轻时，当然我的知识还不够，但我很想重写一部《宋元学案》，因我觉得全氏《宋元学案》里有关于讲思想学术的部分，有不够，极重要的反而没有收。我当时很喜欢看欧阳修的书，欧阳修虽不是一理学家，但《宋元学案》里有欧阳修。当时我觉得倘使我来重修欧阳修的学案，就有很多材料应当抄进去。似乎全谢山或许拿了《欧阳修全集》只看他讲经学的，随便抄几条，这就不够触及欧阳修本人的思想。我也曾拿了明朝人的集子来同《明儒学案》对看，固然也有我认为很重要的材料而《明儒学案》里面没有收的，可是还不多。若把宋朝人集子来同《宋元学案》对看，我便觉得有很多材料应该要的而他都没有收。我很年轻时就有此想法，要来重写《宋元学案》，而直到今天没有下笔来做这个工作。其实要做这个工作，在材料方面，全谢山的书已下了大工夫，其事并不困难，难在识见方面。要对每一家能讲出每一家的学术思想之精神所在。而在《宋元学案》里特别讲的不见精彩的就是朱子这一篇。因为朱子的著作太多了，《语类》、《文集》，光是这两部书，就有两百几十卷，随便在里面抄几句，来勉劝我们做学问，这就不易见得朱子讲学之宗旨精神所在。所以我到今天再来写一部《朱子新学案》，这是我很年轻时就有这想法的。我此刻虽然只写朱子一人，可是对于宋元理学的整体，朱子以前乃至朱子以后，我有一种看法，或许可以补我们看《宋元学案》时所看不到、看不出的，特别是有许多话和《宋元学案》里的讲法根本不相同。但无论如何，《宋元学案》还是我们大家应该要看的一部书。它仍不失为中国像样的一部学术史，只和梨洲的《明儒学案》取材轻重有所不同而已。

在《宋元学案》里，每一学案就有一张表，这是《明儒学案》所没有的。这些表，实不是全谢山所作，乃是王梓材、冯云濠的工作，根据了全氏书而加进去的。总之，此书实在是一部众手所成之书，经过了很长的时期。因此我们读《明儒学案》，可以懂得明学，读《宋元学案》，我们就不很省力能懂得宋学。固然他书中所抄材料不少，然而还有太多的材料他也无法抄，主要是在对宋代理学之认识不够，便就说不到所谓择精语详了。现在我们只能根据他的材料来自己做学问，而且还有许多材料，为他所未收，而更要的，是我们不能根据他书中的讲法来做学问。如黄百家，如全谢山，他们有许多按语和评论，往往会引我们走入歧路。但至少我们可以说，这宋元明三朝的学案是中国一部大的学术史的结集，而特别我今天要向诸位讲的，是讲这两书的写成到刊行，这个经过，特别如《宋元学案》，要我们知道，一项学问，往往不是能由一个人在一个时期所完成，须有人帮忙，继续做下去。学术乃是一番共业，至少在这一点上，诸位读《宋元学案》一书，便大可欣赏。好了，我们今天就讲到这里。

从黄全两学案讲到章实斋
《文史通义》

今天我们接着上次讲的《明儒学案》、《宋元学案》，还有一些附带要讲的话。这两学案，一方面收集了很多名家语录，以及文集里的东西。另一方面它们都有一篇《小传》，是很重要的。我们可以说，在中国史学方面，来写一种学人传记，这本来很早就有。如《史记》、《汉书》一路下来，都有《儒林传》《文苑传》这一类。若使其人在历史上地位很高，便不写进儒林文苑等分类的传里去，而为特立专传。如《史记》有《董仲舒传》，《后汉书》有《郑康成传》，皆不并入《儒林传》里去。《文苑传》也一样，很多大文学家不列《文苑传》，如《唐书》有《韩愈传》，不入《文苑》。总之，在中国纪传体的正史里，就包括有学者的传记。又如前面讲到过《高僧传》，那就等于佛学家的传记，后来如朱子有《伊洛渊源录》，那就是理学家的传记。

直到黄梨洲写《明儒学案》，他为每一人作小传，也就跟着上面这传统来。我们可以说，中国史里有"学人传"，那是远有渊源的。而梨洲《明儒学案》中，每一篇传都是非常重要。上半截讲其人之生平行事，下半截讲他的学术思想，并都附加作者梨洲评语。再下是全谢山的《宋元学案》，他所作传，从史学上讲来，亦有很高地位，有许多材料为宋史所不见。但全氏对每一家思想之衡评则不如黄氏。

今天我所要特别提出者，全氏还有一种大贡献，在他的文集《鲒埼亭集》里，有很多文章，都是我所说的学人传。他多写明末清初一辈学者，如顾亭林、陆桴亭诸人。文章写得非常好，此与写学案有相似，而不相干。他纯粹是写他当时的近代学人，有思想、有著作、有行谊、有志节，对后世为学为人可资楷模，有大影响。《鲒埼亭集》里此类文章颇多，全氏可说是清初康雍时代一个讲经史学的人，而爱写学人传记。下面到钱大昕（竹汀），其学术途径，颇与全氏相近。在钱氏文集里，也有很多学人传记，如他写《戴东原传》、《惠定宇传》等，都是他当时并世的学人。在那时，学术渐盛，有经学家、有考据学家，或史学家等，他们都有很多著作，在他们的著作里，也有很多贡献，为之作传，须都为之提要钩玄，加以择发。此与《宋元学案》、《明儒学案》里专偏重理学家思想的传又不同。

我今天特别举出全谢山钱竹汀两人，此下乾嘉盛世，有不断的学者，便有不断的学人新传，有散篇的，也有汇为专书的。如江藩的《汉学师承记》，共有八卷，后附《宋学渊源记》两卷，这便略如《宋元明学案》之例，惟体裁稍变，也可看出在当时所谓汉学、宋学，已然分疆划界，有了两个门户。而此书之特别受人重视，则在他的《汉学师承记》。因其讲经学，为经学家作传，必然要一种新文体，与前面旧的，为讲理学家的作传文体有不同。此项文体，固是全谢山钱竹汀兴起在先，但江郑堂《汉学师承记》为每一人作传，还是自己重写，并不抄袭全钱两家，只在大体上则跟着全钱两家这条路来。

从此以后，有清一代就有很多的"碑"与"传"，后人拿来集合起来，成为一部《碑传集》。在《碑传集》中，每一人每有许多文章，或某人为他作传，某人为他作碑，而为之作传者，或不止一人。每一传内容又或各有不同。在今《碑传集》中所收，固是包括了各方面的人，但我们今天值得特别提出来的，则还是讲学术人物的一类。因为在这一类中，可说是开了史学一个新路向，为从前所没有。

上面讲过，正史里也有学人传，像董仲舒郑康成之类。可是到了清代，学人传记就特别盛，而且文体也稍与以前有不同。《碑传集》之外，又有《碑传续集》、《三集》、《四集》等。诸位要研究清代学术，经学、史学，乃至文学等等各方面，一切有关史料，这几部《碑传集》里，可说收罗得很详备。关于这一类的学人传，可说只有清代特别盛，可称是清代一代的学术风气。而此风应是开于全谢山与钱竹汀，这是应该特别提出的。

若再推而上之，则从黄梨洲《明儒学案》来。因全谢山就是跟着黄梨洲而写《宋元学案》的。我们要治理学，固该看黄全两学案，而我们要治清代人之经史学，则最好要能读他们的"碑""传"。如说诸位要知道钱竹汀一人的学问，他的著作和文集内容都很庞大，不如先读有关他的几篇碑传，你就知竹汀之学为当时所看重的，他对当时学术界所公认为有贡献的，都扼要有所叙述。你要知道其他各人亦如此。故清代的几部《碑传集》，虽不能说是史学名著，而实际上，在当时史学方面，乃是一种极可宝贵的新风气与新途径。不幸到了我们民国以来，这一风气也就断了。在社会上，一个人死了，也不能有人来为他写碑、写传。有写的也不像样，无史学价值。这究是可写的人少了呢？还是能写的人少了呢？如清末之有康有为，至少此人在清末民初关系极大，他也算是一个学术界中的人，但没有人能提纲挈领就其生平与其著述要言不烦、详而不漏地为他来写传和写碑。又如章太炎、王国维、梁任公诸人，他们死的迟，可是也该有人能像从前《碑传集》里所收的那些样子来为他们写传、写碑。但近人一则无此笔力，又一则无此学力，此项责任担不起，却费几十万字来为他们写年谱。年谱并非要不得，然而费了数十万言为一人写一年谱，试问教后人要费几许精力来读。后人无此精力，则惟有置之不理。若能如清代人，写一篇碑传，便能把某一人之一生和其学术著作究竟是什么一回事，费几千一万字，原原本本、提纲挈领写下，介绍给大家看，那是何等重要的事，而现在已没有了。你说这是多少危险，而也是多少凄凉的事呀！

如梁任公的朋友丁文江，为梁任公作一年谱，厚厚两大册，篇幅之大，固是超前，也当绝后。而且年谱中所写还是一方面的。当知我们写书不能这么写，史学衰落，不仅专在史学上，也连带在文学上。我们今天已然没有了写史的笔力，而且亦没有读史的心力，回视清代人工作，岂不内愧。

我们现在并不要读史，只要在历史里面找材料，东找一点，西找一点，把史书当成一堆材料看。于是只有史料，更无史学，宜乎此下的著史体例也该大变。然而我们并不能从材料中变出学术来，却要把学术尽变成材料化，这究竟是否该如此变法呢？我们且讲学术史，如史汉有《董仲舒传》，《后汉书》有《郑康成传》，固是前史矩矱，已述如上。又如韩愈为柳宗元作碑，苏轼为韩愈作碑，此等皆是文学作品，与史传小有别。又如讲朱子生平及其学问，则必读《黄勉斋行状》，为第一最可考信的资料。又如讲程明道，则必读《程伊川碑》，可作为衡评之准则。此等不是在文学上见长，乃是在学术上有其地位。现在人不讲究文学，做学问则各钻一牛角尖，谁也不了解谁，各人以专家自命，为他人作传之事，自就无从谈起。所以此下像清代《碑传集》一类文字会成绝响，不能再续。如此一来，怕会不见再有学者。正如目前风气，只知读书，不关心到所读书的背后之作者一般。而就整个史学言，若不看重传记，此下的史籍不仅外貌变，内容及其意义也将随而大大地变。而我们实只是盲目地在变，那是大可忧心的事。

再就整个学术言，亦是只注意学者们所著一部一部的书，读者则只在他书里边去找材料，整个学问只剩有一部部的书与一堆堆的材料，而没有了一个个的人。但果真在学术界没有了人，书也会没有、材料也会没有，学术到此也就无可再讲了。我所以要特别提出来告诉诸位，当知《明儒学案》《宋元学案》两书，对史学上实有大贡献，大影响，因它开了史学上一条极有意义、有价值的新路。可是到了民国以来就衰了，到了今天就断了，这真是一件很可惋惜的事。

我们再另讲一点。自《明儒学案》《宋元学案》以后，尚有江藩的《汉学师承记》、《宋学渊源记》，后来又有唐鉴的《国朝学案》。上面说过全谢山钱竹汀以及江藩的《汉学师承记》，乃至《碑传集》里所收文章，大体上说，皆是一种学人新传，而这许多学人则都比较偏于讲经史之学的。因于学人不同，所以为他们作传记，文章体例也有不同。至于重来讲理学思想的，则如唐鉴的《国朝学案》。但那时还在道光年间，清朝还有向下一大段，所以此书应该不能算是一部清儒学案。而且此书内容也没有多大价值，远不能比以前的明儒、宋元两学案。待到清代完了，就有人想来写一部从头到尾的《清儒学案》，照例也自该有此一部学案的。而且《宋元学案》里也并不纯是讲理学的才收，我们尽可仿《宋元学案》例，来一部《清儒学案》也应该。徐世昌所以做了民国大总统退位后就来写他的《清儒学案》了。此书虽似比唐鉴的书好些，也实是一部没有多大价值的书，远不能和黄全两学案相比。一则此书似出"众手为之"，你写一人，我写一人，由众手各自搜集材料，分头来写，此如正史中之"设官修史"，出于众手，便不易见精彩。何况是学术史，更贵能成一家言。要写学术史，必该有作者自己意见，才能写成一体例，有条贯，不仅是零碎材料之堆砌。只是零碎材料堆砌，何成学术，又何足言思想？如说《宋元学案》，全谢山死后留下这份稿子，他下面王梓材冯云濠还能完全看重谢山遗稿，忠实地替他编辑出来。中间偶有一些添补或移动，都是极为谨慎，务使不失为全氏的一项著作。写正史尚贵出一手，写学术史更该有编者该有的见解。司马迁所谓成一家之言，贵能由客观中有主观，由主观中有客观，哪能只是一堆材料，由许多人拼来写。当然像唐鉴，自己并无真知灼见，而主观甚深，他的《国朝学案》固是要不得，而徐世昌书究不知重义理、重考据、重辞章，于三方面只是一堆材料杂凑，其中也不能说没有几篇写得较好的，而总合起来，则并不见清儒学术之精神所在、得失所在。貌似神非，实不能与黄全两书并列。我们写学术史，至少要知一家之学，必有其来龙去脉，这即是他的学问所走的一条路，所以称之曰学术。亦可说学派，学必有派，即是言一家学问之源流。言学术学派则必言师承，但言学派师承，却并不是主张门户。门户之见要不得，而师承传统则不可无。今人不明此意，如说专家，又言创造，则变成各自走一条路，更无源流师承可言。于是高抬方法，重视材料，一切学问只变成一套"方法"，一堆材料而已，又要说客观，不许有主见，如是则那些做学问的人转不占重要地位。如此往下，恐将会没有学术可言。

在清代人讲学问，当然都是经学最为重要。吴派皖派，都是讲的经学。理学在清代一蹶不振，因此也更没有程朱陆王之分。但江藩的《汉学师承记》，究竟主观太深、太偏了，纵是再写了一部《宋学渊源记》，只见是分壁垒立门户，而唐鉴书则入主出奴，更属门户之见。而像徐世昌的书，则实是无见。从江书到唐书到徐书，正可见清代中晚期学术之每况愈下。当知搜集材料也须有见。自无见解，所该收的不收，而不该收的反收了。这样搜集来的材料，即论参考之用，也不很大。

我自己曾写过一部《近三百年学术史》，此书在北京大学作讲义用。那时梁任公刚过世，他就先有一部《近三百年学术史》，是在清华大学的讲义。他死后，有书铺私自把他书出版，他家里人提出诉讼，说这书版权当属梁家，书铺不能随便出版，于是此书当时就被禁止流通。而此书受大家看重，还是偷偷私卖。但我正在当时又要来重写一部，诸位只把我书同梁任公书对读，便知两书观点乃至所收材料，竟也可说完全不同。梁任公在他写《近三百年学术史》以前，又先写了一部《清代学术概论》。随后他自己对概论之书不满意，所以来重写《近三百年学术史》，而我写的又与梁书不同。诸位若要研究此一方面，至少如江书、唐书、徐书、梁书和我所写，都须约略一看。主要要了解在方法与材料之外，尚别有所谓学问，那是极端重要的一件事。我们尽说"述而不作"，但如何"述"法，尽不容易啊！

在抗战时，国立编译馆要编一部宋元明清四朝学案做普及本，邀我参加来写清代学案。字数时间都限定，我在成都写了一年，共成四十卷。因那时生活苦，我没有能叫人重抄一遍，径把原稿寄到重庆，可是后来此稿搁置久不印，直到抗战胜利复员，听说这稿装在一个箱内，掉在长江里了。

最近我在写《研朱余沈》，又在清代写了陆桴亭、陆稼书、钱竹汀三人。此三人，在我以前所写《近三百年学术史》里，只偶尔提到，未有详写。而且我此所写，又与写《三百年学术史》作意不同，因此写法也不同。此三篇，主要是在写朱子学在清代之展演与传述，而《三百年学术史》则主要在写清代一代学术前后之转变与递承。两书宗旨不同，则运用材料自将不同，而且我的《三百年学术史》与此最近三篇亦与《明儒学案》、《宋元学案》写法不同。两学案都在前边立一篇传，下面抄列他很多话。我的《近三百年学术史》，前面也有一传，但并不重要，重要在下面。我却一气呵成一篇文章，不是杂钞很多话，偶加案语，如两学案。最近我又写了一部《朱子新学案》，只写朱子一人，而写了一百几十万字，书中分八十余题，每题写一篇，都是从头到尾的整篇文章，这又把从前《明儒学案》《宋元学案》的体例变了，所以我称此书为"新学案"。下面我们写学术史，体例会可再有变。要之必从我们自己源头上变下来。我们本可有新的传记，但却有人说中国文学里没有传记文学，于是一辈人都要追随西方来写传记文学，一时风起云涌，如秦始皇传啊、唐太宗传啊，但此等新作品，较之以前史汉新旧唐书写秦汉隋唐历史在体例上是否进步了呢？却没有人管这些。好像中国固有旧的全不是，只有学西方新的才是。但我总不免要问，我们作传记，究该是文学的，抑是史学的，此是首先一大问题。而《宋元学案》下到《碑传集》一路的变化，无论研究思想、研究文学，此是在中国自己近三百年来文学史学上一大进展，诸位也该拿来仔细一读，再把来和西方传记文学做一比较才是。

我再附带讲到一位钱基博（子泉），这是我同乡无锡人，又是我本家，他写了一书名《现代中国文学史》。实际上，这书也很像《明儒学案》、《宋元学案》之类，他把清末民初许多文学家，每人一传，综合叙述。他书体裁或许和我的《近三百年学术史》比较更接近。当然还是有不同。他书里都是现代人，如康有为、章太炎、梁启超、胡适之、王国维等近代有名学者，他书里都有，都是很详细的一篇一篇为他们作传。在我《近三百年学术史》里，则只写到康有为，有一长篇，以下便不再写。因我此书只写死了的人，不写活在这里的人。稍后，章太炎死了，我时在北平，燕京大学邀我去做一番讲演，我为此又把太炎的《章氏丛书》从头到尾翻读一过，当然我可为他写一篇新的传记，补进《近三百年学术史》里去，只是我当时没有做，只用一篇短的文章记我的讲演。后来有太炎所讲《国学概论》出版，把我这篇讲演笔记也附在底下。我那篇讲演辞虽很简单，但我认为已提出了太炎学问长处。我这两天，正在写一篇钱基博《现代中国文学史》的介绍文，我又花三天工夫把他的书从头再看一遍。我讲这些话，要诸位知得传记文学不易写，尤其是学人传记更不易写。写某人之事，应懂得在那时代与此人此事相关之事，此不易。写某一学者之学，应懂得其人之学，以及此学之源流地位，更不易。所以史家也未必能写学人传记，如太史公《史记》写孟荀列传，老庄申韩列传，内容似很简略，但非有大学问大见识，便不能如此命题。《明儒学案》之胜过《宋元学案》，正为黄全两人自己的理学修养有高下。而徐世昌《清儒学案》之并无学术价值，理由也在此。

诸位天天读书，其实也可说未读书，因只是注意或翻查了些书中材料，并未读其书之内容。诸位认为材料即是内容，岂不大错！所以我劝诸位，不妨去读一过黄梨洲的《明儒学案》，这不是要诸位去研求阳明学派，做一理学家，只是在历史名著中有关学术史方面的，诸位至少应读此一书而已。

今天我要在黄梨洲全谢山两人以后，再特别提到章学诚（实斋）和其书《文史通义》。中国传统讲学问，多只是实事求是，就这一套学问讲，却不讲到怎么来做这一套学问。你读他的书，如看人绣出的鸳鸯，却不知他怎么一针一线地来绣。在中国很少有所谓"概论"般的书，如史学概论、文学概论等。或称"通论"，此等书极少。我们在史学方面讲过一部刘知幾的《史通》，文学上有一部刘勰的《文心雕龙》。在我很看重刘勰《文心雕龙》，更在刘知幾《史通》之上，我已在前讲过。第三部书，便是章实斋的《文史通义》，文学史学两方都讲。近代人常把此三书同称，我现在讲史学名著，应该讲《史通》，再讲到《文史通义》，却不去讲《文心雕龙》了。

我对章实斋的学术，在《近三百年学术史》里有一专篇。今天讲章实斋，只就史学名著这课程的一面讲，当然同在《近三百年学术史》里所讲有些地方会略不同。普通说，章实斋是清代一史学家，较细地讲，章实斋的贡献特别在他讲学术史方面。章实斋自己没有写过有关历史的书，只写了些地方志，虽亦有关史学，但究已是史学旁支。所以我说章实斋所贡献最大处应在他讲学术史方面。

章实斋讲历史有一更大不可及之处，他不站在史学立场来讲史学，而是站在整个的学术史立场来讲史学，这是我们应该特别注意的。也等于章实斋讲文学，他也并不是站在文学立场来讲文学，而是站在一个更大的学术立场来讲文学。这是章实斋之眼光卓特处。我也可以说，我同诸位讲了一年的史学名著，我自己也并不是只站在史学的地位上来讲史学。若如此，这就会像刘知幾。而我是站在一般性的学术地位上来讲史学，所以我要特别欣赏章实斋。

　　章实斋讲史学，最重要的，他提出了所谓"六经皆史"之语。这"六经皆史"四个字，阳明也就讲过。章实斋自己说，他的学问属于"浙东学派"，是直从阳明下来的。章实斋又称顾亭林为"浙西学派"。章实斋这一讲法，我并不认为很可靠。首先是阳明学派下边没有讲史学的人，在整部《明儒学案》中，只有唐荆川一人讲史学，可是他不是阳明学派里一重要的人。其次，章实斋《文史通义》所讲的这一套，实也并不接着黄梨洲全谢山一套来。我很欣赏章实斋从学术史观点来讲学术，但他自己认为他是浙东学派，从阳明之学来，这一点，我实并不很欣赏。那么该问章实斋的学问究从哪里来？我想他特别是从《汉书·艺文志》来，又兼之以郑樵《通志》，而创出了章实斋讨论古代学术一项重大的创见。章实斋何以能在当时注意到当时人所并不注意的这两书，在我想，此与清廷编修《四库全书》一事有关。他因注意分类编目之事，而注意到郑樵《校雠略》与《汉书·艺文志》，而自居为阳明传统或浙东史学，则是不值我们认真的。

　　讲中国古代学术，章实斋有其极大的创见，可说从来讲学术流变没有讲到这一方面去，而他是根据了《汉书·艺文志》，在大家读的材料中，发明出大家没有注意的见解来，此实难能可贵。所以我们要研究章实斋的学说，该先看《汉书·艺文志》，却不是要去读《阳明传习录》与《明儒学案》。这事很简单，我告诉诸位，诸位要自己有两只眼睛，要自己有见解。我今天讲章实斋，而第一句像是先驳了章实斋，他提出所谓浙东之学，自己讲他学问传统来源，而我就有些不信。在我认为，研究他的学问，该看重他讲古代学术史，从《汉书·艺文志》入门，然后才有"六经皆史"一语。他说："六经皆先王得位行道、经纶世宙之迹，而非托于空言"，这是说，六经只是古代在政治一切实际作为上所遗下的一些东西，并不是几部"空言"义理的书。我们也可以改说，六经都是"官书"。也可说，六经都是当时衙门里的档案。或说是当时各衙门官吏的必读书。这几句话，也就是《汉书·艺文志》所谓的"王官之学"。《六艺略》是王官之学，也即可称是贵族之学。这些学问，后来慢慢儿流到民间，才有诸子百家。《汉书·艺文志》就是特别讲了这一点，而我们近代学人如胡适之，他就最先写了一篇《诸子不出于王官论》。他没有想到仅凭几年外国留学所得的新观念，无法便把来推翻两千年前的旧说法。而且如此一来，古代学术史也就无法讲。所以民初以来，讲古代学术思想的只从春秋末老子孔子讲起，上面便不再提。胡氏又写了一部《章实斋年谱》，来提倡章氏史学。他不想，既是主张诸子不出于王官，则章实斋六经皆史一语又就无法讲。他既要提倡章实斋史学，而又要推翻《汉书·艺文志》，实把章实斋最有心得的在古代学术史上提出的精要地方忽略了。

章实斋根据《汉书·艺文志》，而对经学与百家言则显有轩轾。他说："不衷大道，其所以持之有故而言之成理者，则以本原所出，皆不外于周官之典守。其支离而不合于道者，师失官守，末流之学各以私意恣其说尔。非于先王之道全无所得，而自树一家之学也。"这样讲法，实是章实斋的不是。我们是现代人，学术眼光放大了，并不定要尊经抑子。但近人又震于章实斋之名，反而对此无驳辞，却来驳《汉书·艺文志》的诸子出王官论，那真是太无是非别择了。关于此问题，我们应该分两方面讲：一方面讲他的六经皆史。此四字中的这个"史"字，我们近代学者如梁任公，如胡适之，都看错了。他们都很看重章实斋，但他们对实斋所说"六经皆史"这一个"史"字，都看不正。梁任公曾说：卖猪肉铺柜上的账簿也可作史料，用来研究当时的社会经济或其他情况。这岂是章实斋立说之原义？章实斋《文史通义》里所谓的"六经皆史"这个"史"字，明明有一个讲法，即在《文史通义》里就特写了一篇文章名《史释》，正是来解释这"史"字，并不像我们近人梁、胡诸氏之所说。所以我要劝诸位，读书定要读原书，不要轻信别人讲他书的。如诸位要研究阳明学，定要读阳明自己的书，不要只去看黄梨洲《明儒学案》。当然梨洲是一代大师，《明儒学案》是传世名著，读了也可有个入门。可是今天我们的学术界，就并不能根据我们的当代大师一句话来做我们的入门，反恐将无门可入。因我们现代学术界很多话都像是不负责任的，经不过再拿原书来一翻，便见毛病百出，你自然会知道实在并不是这样一回事。章实斋明明说："法显而易守，书吏所存之掌故，实国家制度所存，亦即尧汤以来因革损益之实迹。苟有志于学，则必求当代典章，以切于人伦日用。必求官司掌故，而通于经术精微。则学为实事而文非空言"。他是说六经都是古代的"官司掌故"，如我们说现在教育部外交部多存有许多档案，有些是教育部外交部的职官必须时时翻阅的，此等档案叫做"史"，掌管这些档案的人也就叫做"史"。此"史"字犹如说"书吏"，他所掌管的这许多档案也叫"史"，这即是"掌故"，犹说老东西叫你管着。六经在古代，便是各衙门所掌的一些文件，所以说是王官之学。那么我们真要懂得经学，也要懂得从自身现代政府的官司掌故中去求，不要专在古经书的文字训诂故纸堆中去求。这是章实斋一番大理论。清代人讲经学却都是讲错了路，避去现实政治不讲，专在考据古经典上做工夫，与自己身世渺不相涉，那岂得谓是经学？这一个大问题，诸位读我《近三百年学术史》便知。我说清代下面的今文学家主张经世致用，就从章实斋六经皆史论衍出，故从章实斋接下到龚定庵，这一层，从来没有人这样讲。今天我也不再详细讲，但将慢慢儿向下专讲他的史学方面。

章实斋所谓"六经皆史"之"史"字，近人只有王国维有篇文章叫《释史》，阐发甚是。王国维说史字篆文作"𢍰"，上面"𦥑"是一支笔，下面"⺕"是一只手，一只手里拿着一支笔，就是个书记。只有王国维这样讲法，才讲正了章实斋"六经皆史"的"史"字。所以诸位要读书，我告诉诸位一句话，首要在真读本书，不要追随时代，人云亦云。胡适之怎么讲、梁任公怎么讲，这是"时代"闻人。追随时代闻人，那是时代"风气"。章实斋劝人做学问，即千万教人不要追随时代风气。在章实斋那时的时代风气便是讲经学。如惠定宇戴东原在经学上的一些考据训诂，依章实斋意见说来，这不算是经学。他说古代真经学都是王官之学，主要在衙门里实际政治上，故说"六经皆史"。今天诸位讲史学，也还是空言。诸位研究史学，而绝对与现实政治、外交、国家、社会、民生没有丝毫关系，只在书本上去找材料来拼凑，认为那就是史学了，章实斋就要反对这一层。章实斋时代的风气和今天我们的时代风气又不同，但为学不该追随时代风气则总一样。然则章实斋又如何告诉我们做学问究该从何处做起呢？他说学问应该从自己性情上做起。他又说，他的学问从浙东从王学来，王学就是讲自己性情的，讲我心之所好。他又说：他年轻时先生教他读训诂、考据书，他都不喜欢。待他读到史学，就喜欢。任何人做学问，都该要在自己性情上有自得，这就开了我们学问之门，不要在外面追摹时代风气。我想对章学诚的史学暂缓不讲，只就这一番话，便可做我们的教训。其实每个时代都一样，这一层，我在《近三百年学术史》里曾详细发挥过。在他以前，人多讲经学，在他以后，像是没有人来讲史学，仍还讲经学，然而讲法不同了，就讲出了龚定庵这许多人来。但是愈讲愈坏，讲出了康有为的《新学伪经考》。那时的今文学派，便是考据经学走上了绝路，但这是另外一件事。

以上是我讲他关于"六经皆史"的理论，下面将对章实斋史学方面多讲几句。在我的《近三百年学术史》里，则注重在他反经学方面、反时代方面讲，我在那书里并不是要提倡讲某一种学问，只在近三百年学术史这条路上指出其趋势与缺点，自然该和我现在所讲有不同。好了，我们今天只讲到这里。

章实斋《文史通义》

现在我们接讲章实斋《文史通义》。上一堂讲到章实斋所讲的"六经皆史"，章实斋认为讲学问不是一种"空言"，都要明道经世的，即是诸子百家也跟着前人这个大传统来。他遂在六经中特地提出"易春秋"说："易以天道而切人事，春秋以人事而协天道。"天道人事两头并重，而章实斋所更加重视的，则实在人事方面。章实斋主张六经都是讲的人事，六经中讲人事更重要的，应该第一部是《尚书》，第二部是《春秋》，而《文史通义》里分述诸经，却单单没有一篇专讲《春秋》的，这不能不说是章实斋《文史通义》里一个大缺点。关于这一层，我在一篇《孔子与春秋》的文章里面提到，此文收在《两汉经学今古文平议》一书中，今天不再详讲。

今天我且把他有关于《尚书》的话略讲一下。他说："三代以上之为史，与三代以下之为史，其同异之故可知。"章实斋《文史通义》所最有价值的地方，正在他能从一个学术之整体方面来讲一切学术。他讲史学、文学，他的着眼点都能在整个学术的一体中讲起，这是他第一点长处。第二点，章实斋论学术，定要讲到学术之"流变"。所以他说，三代以上之史与三代以下之史，有不同，而又要求其同异之故。下面说："三代以上，记注有成法，而撰述无定名。三代以下，撰述有定名，而记注无成法。"他把史书分成两大部分：一部分叫做"记注"，另一部分叫做"撰述"。"记注"亦就是如我们今天所说的史料，只有人把经过的一切事实记载下来便是。若论"撰述"，则是一种著作，根据一切史料的记注来发挥作者对这一段历史的一种"专家之学"。此两项绝不同。若照我们当前人意见，则记注便是撰述，两者间更无分别了。他只说，三代以上记载历史有一定的"成法"，而所写的历史书，则并无一定的"名称"。如《书》与《春秋》名便不同，但各是一种撰述。而且六经皆史，有诗、有易、有礼，也是无定名而更不同。到了三代以下，便成为撰述有定名，如《史记》、《汉书》、二十四史，皆所谓"史"，便有了一个"定名"了，然而各项材料记注则失掉了一个一定的方法。这一层，我们也可说是章实斋讲古今史学变迁一个极大的见解。他认为，如何把一切史料保存下来，该有一个一定的方案，而后来没有了。至于根据这些保存下来的一切史料而来写历史，这就不该有一定的体裁，主要该是各有一套专家之学，而后来则反而人人相因，都变成了好像有一个定规了。他这一讲法，是非常重要的。特别到了我们今天，已不懂得史学有"著作"，成为一个史学家，必该写历史，此一层，现在我们不懂了，更亦是不会了。历史有两种，一是"著作"，要写一部历史，应有作者自己一种"学"在里面，所以成为专家之业。而另一方面，则在把事情记下来，这层更重要，而我们今天也不懂。古人已经有的，如历朝来的"国史馆"，专在记载当时历史，在方法上已经是不很严格，然而到底是有。到我们今天，民国以来的史料，似乎没有按年好好记下，既不注重记载，又不注重撰著，却专要来"考史"，这应是学的西方人。因西方人本先没有历史，远从希腊、罗马一路下来，到中古时期，悠长年代中，并没有真像样的历史。到了现代的西方人，才要来写历史，但材料在哪里呢？他们的材料，零零碎碎，这里找，那里找，还要鉴别真伪，考订异同。如诸位读英国人写的《罗马衰亡史》，罗马帝国究是怎么般衰亡了，不得不经详细考察。但若要写一部《西汉衰亡史》便不同，因这些历史都存在那里。既有材料，又有组织，不烦我们再来写。苟非你有特别见解，特别发现，则不易来写一部《西汉衰亡史》或《唐代衰亡史》。而在西方则不然。西方人开始有像样的史学，这是现代的事。而我们现代的中国人则什么都要学西方，西方人注重考据史料，我们也得来考

章实斋《文史通义》　355

据。我请问，司马迁写《史记》，对有关史料有没有考据过？班固写《汉书》，对有关史料有没有考据过？他们都曾看见了很多史料，他们所看见的史料，不可能全在他们书里找到。他们看见了一百份材料，只写下了十份、二十份。今天我们要在这十份、二十份材料里来考他们的错误，也并非不可考。历代以来，考辨工夫也曾用过不少。但总是史学的小节目，并不是大纲领所在。而我们今天则偏要来提倡"疑古"。所以我们今天来讲历史，则只能讲上古史，讲没有历史以前的历史。因为如此，我们才可以学西洋方法来疑、来考。若是已经有了历史书以后的历史，我们也来用这方法，便会觉得无可下手。结果只有把司马迁、班固所写这两百几十年的汉代史，都不理会，不留心去读全史，却只在里边找一个小题目，寻出一些小错误，说：这里班固讲错了，司马迁讲错了。当知这事也并不容易，而且从前人已讲得很多，如《廿二史劄记》、《十七史商榷》、《二十二史考异》之类，他们并不曾作长篇大文章，只一条条写下便得。而现在我们又是要写长篇大论，这就更不易了。总之，是我们治史的基本道路就走错了。我们要懂得如何收集史料，如何保存、如何编辑，先要懂得章氏所说的"记注"成法。有了记注，才可凭以撰述，这都是有关为当代写新史的事。现在我们研究史学，则多来翻古史。我们现在既重在学外国，外国人也看重档案，我们近来也渐知看重档案了。但多少年来，档案发表了不少，但我们不能根据档案来写文章，又是只写小文章，还是在考据小节目，没有人来写大文章，写一部史书，这才是"撰述"。撰述须有独家之见。同样材料，我用着，你再用，可以各不同。如班固写了《汉书》，荀悦还来写《汉纪》，司马光还来写《资治通鉴》里的《汉纪》。杜佑、马端临还来写《通典》、《文献通考》有关两汉时代之各项制度。此因章实斋之所谓记注，乃属官方的。而中国人看重史学，一向记载下来的材料，零零碎碎，这里那里，正所谓记注无成法，由此编造成正史以后，还有各种野史、杂史。记注既多，撰述也多。则不仅撰述，即是记注，也都寓有各家的特殊情趣、特殊目标在内。而在我们这时代，则全把撰述当做记注看，全把前人已成史书当作一堆材料看，若使章氏生在今代，更不知当做何感想了。

章实斋又说："记注藏往，似智。撰述知来，似神。藏往欲其赅备无遗，故体有一定，而其德为方。知来欲其抉择去取，故例不拘常，而其德为圆。"这是说，记注是把已经过去的事情善为保藏起来，这个仅似乎我们人的"智"。撰述则是要我们因过去而知未来，把过去成为我们一个教训，这样兴，这样亡，这样治，这样乱，我们要在历史里知得将来，这个拟于我们人的"神"。"智"仅是把从前的藏在脑子里。"神"是把我的知识前窥将来。如司马迁《史记》写《孔子世家》，《孟子荀卿列传》、《老庄申韩列传》，好像把此下中国学术思想史之展演都给他预先看到了，那不是神乎其神吗？必如此，才真当得为一家之言。当知此等处，正见司马迁不仅在记述过去，更不啻如在预测将来了。收罗过去一切，保存下来，这是一个"体"，有其一定的客观标准，并有一定的规矩。凡是以往事都要收罗，所以其德为方，它是一个没有变化的。待我们用此材料来抉择，那许多有用，那许多无用，有用者取，无用者去，这就看各人的眼光。这是一种主观的，因于人而不同，更亦因于时代而不同，这是可以变动的，所以说其德是圆。一个圆的东西放在此地，它可以变动不常。一个方的东西放在这里，则是安安顿顿放在这里了。我们把他的话，用我们今天的意见来讲，则我们一部二十四史，也可当它是藏往。以前中国人的历史，大体都在里面了。今天时代不同了，我们今天要想知道明天，我们该再来把过去历史作研究。研究所得，轻重取舍不同，我们自可把旧史新写，不断来写新历史，对历史有新撰述。至于所根据的，则只是以前的旧材料。所以历史可以不是一成不变的，我在《国史大纲》的序里就讲到。今天我们要来写新历史，因为时代新了，我们所需要的历史知识不同，但我们仍得要照旧历史来开发我们的新智慧。我去年在成功大学曾讲了四次，合成一书，名《史学导言》。其中最重要的，是要诸位先做一个"时代的人"。诸位已不是春秋时代的人了，也不是汉武帝时代的人了，诸位是民国开创以来的人了。诸位今天又是在台湾，在这里经历了千辛万苦，明天世局怎样，谁也不知。我们学史学者的任务，正要藏往而后可以知来。我知道这杯茶可以喝，因我曾喝过。若我从来没有见过这茶杯，从来没有喝过茶，又怎能知这杯茶可以喝？治史学的责任就在这地方。所以先要关心国家、关心民族、关心此国家民族以往的治、乱、兴、亡，你才能来研究历史。若诸位只关心四年拿张文凭，这怎能来研究史学呢？诸位应知这是个根本问题。从古以来，科举制度早有了，不是从今天起。现在是洋八股、洋科举，其实还不是大同小异？汉朝就有选举，若专是预备考试、找出路，这不是做学问，也没有做成学问的。我不是要借章实斋话来教训诸位，诸位读书当具有这样的眼光，不要说这是清代人的话，时代已过去。诸位要做学问，读旧书，当能觉得它句句话配合上现代，这才有价值。治史学更如此。倘使照诸位想法，读书只有一个价值，就是在写博士论文时，这些材料用得到，在这种观念下，诸位听我讲一年，最多长一些知识，不会成学问。要做学问，须要做活的学问，要能在死材料里发出活的眼光、活的知识来。

章实斋又说："迁书体圆而用神，得尚书之遗。班书体方而用智，得官礼之意。"体圆用神，算得是一种撰述的标准，他说《史记》可算是得《尚书》之意。班固书，体方用智，多得官礼之意。此处所谓"官礼"，并不是指"周官"，或《周礼》那一部书。我上一堂讲《史释》篇，在每一个衙门里，有一个专掌档案的书记官，此一个官所保留的一切档案，就是所谓官礼。章氏说：班固的书，其实只是得到古代一官保留一批档案的成法。此下的史学，学《汉书》的多，学《史记》的少。因《汉书》易学，《史记》难学。《史记》成一家言，而孟坚《汉书》则仅是遵循着一套格式而写成。这一番意见，我已经在这一年里讲得不少，诸位可以自己再回想再细体会。

现在另有一问题。章氏说司马迁的书得《尚书》之遗这句话，我曾为诸位讲《尚书》，又讲《春秋》，再讲《史记》。在我之意，则认为《史记》乃是接着《春秋》而来，这层我已详细讲过。但章氏又怎认为《史记》是跟着《尚书》而来呢？这里乃是实斋和我看法不同，所以说法也不同。前人总说《史记》法疏，《汉书》法密，实斋正在欣赏《史记》之法疏，所以说《史记》近《尚书》。但实斋并未能对孔子《春秋》特有发挥，又未能于《尚书》成书经过有一番考订，此是实斋立说之缺点。

诸位当知，学问要一部书一部书研究，不能专从一条一条的材料来讲。一杯茶亦要好多片茶叶冲上开水，始成一杯茶。若把茶叶一片一片分开，单独泡，便不能泡出茶味来。诸位做学问，只懂分，不懂合。诸位说：这是科学方法之分析，其实哪有这回事。科学方法，有分也有合。研究生物学和研究化学，那是分了。生物学里面有植物学，有动物学，又是分了。但说化学，说生物学，说植物动物学，不都是合而言之吗？知分不知合，便不会有科学。而且史学与自然科学不也是有分的吗？诸位又如何定要用自然科学方法来研究史学呢？诸位若要尽羡慕科学方法，要懂科学方法，先该自己去学科学，不要只听人家随便讲，只是时髦，不即是真理。又如说成一家之言，要能创造，其实大家这样讲，你也跟着这样讲，怎么是一家之言呢？做学问必要遵循科学方法，这是时代之言。学史学必要考据材料，这也是时代之言。大家只是跟在人家后面在那里哄。今天我们的学术界，遂成了"一哄之市"。我们真要讲学问，须能避开此一哄之市。关着门，独自寻求，别有会心，才能成一家言，有创造。纵不说是科学方法，也是做学问一正法。耐得寂寞，才可做一人物。太爱热闹是不成的。其实做学问也不觉寂寞，如从周公、孔子直看到司马迁，乃至章实斋，尚友古人，转益多师，更何寂寞之有。

现在再讲到章实斋。我在上面直从黄梨洲、全谢山而讲到章实斋，这就是学术流变，这里有一传统，又有一创新。传统不是尽要你守旧，真能承接传统，自然会有创新。民国以来的学术界，创了几十年，大家要创，高呼打倒传统，便成一无所有，创了一个空。我同诸位讲了一年中国史学名著，今天等于讲到最后一课，其实就是讲一个传统。要能在传统中求创新，则待诸位自己努力。诸位若一意抹杀传统，来求创新，则我一年所讲，全成了废话。

现在再试讲《尚书》。我讲《尚书》，说它是记言体，《尚书》最先开始是周公以后的《西周书》，那是当时有关朝廷的许多训诰戒命，都是记言的，那一层后来刘知幾《史通》是讲正了。但章实斋是讲错了。章实斋却来驳刘知幾，说《尚书》不专是记言。但刘知幾说：《尧典》、《禹贡》这许多篇，都是为体不纯，我则径认为这许多篇只是晚周伪书。最开始的《尚书》，应是周公以下的《西周书》，所以《尚书》最先是记言的。其实记言记事也没有大分别。记事之中可以夹着记言，记言之中也必夹着记事。但也仍可说有分别。《尚书》主要是在记言，这个我在一开始便讲了。章实斋认为《尚书》是记事的，《春秋》是编年的，而《史记》则是传人的，纪传体以人为主。章实斋的意思，似乎认为历史更应以事为主，以事命篇，则其法松动。以年以人，则其法拘泥。《史记》虽是纪传体，以人为主，而尚松动，不如《汉书》渐成拘泥，故说《史记》是跟着《尚书》来。他又讲到袁枢《通鉴纪事本末》那一部书，他说："本末之为体，因事命篇，不为常格，非深知古今大体、天下经绖，不能网罗隐括，无遗无滥。文省于纪传，事豁于编年。决断去取，体圆用神，斯真尚书之遗也。"可见他论史书，在三体中，特重记事一体。记事体只就一事之本末为文，有一件事就作为一篇文，似乎实斋认为分年分人则有一定格式，故称之为常格。而分事则有一去取抉择。哪件事要写，哪件事不要写，此处可表现出史家之独见。论其文字，则比纪传体为省。如写赤壁之战，从纪传体写，又要写曹操，又要写周瑜，写诸葛亮，写很多人，文便烦了。若编年体，一件事又得连亘多年，今年有、明年有、后年还有，牵连下去，不易骤得其事之始终。故实斋说记事一体，文省于纪传，事豁于编年。照他意思，记事本末一体是史法中最好的了。《史记》虽得《尚书》之遗，而究是以纪传为体，故终不如记事本末。但说到袁枢的《纪事本末》那部书，实斋则并不赞许，他说："袁氏初无其意，其学亦未足与此，但即其成法，沉思冥索，加以神明变化，则古史之原，隐然可见。"他是说袁枢并没有像他讲的那段意思，也并没有与此相称的一套学问。袁枢的学问不到此程度，也不到此境界，可是其书体裁则有可取。故要人即其成法，加以神明变化以重回到古史之原上去。我在前面也曾批评过袁枢的《通鉴纪事本末》，或许有些处可与章实斋意思相同。只章实斋涵括地说："袁枢初无其意"，又说："其学亦未足与此"。诸位当知，这两句话里包藏着甚多深意。可见读书不易，即读两百年左右以前书，如章实斋《文史通义》之类已不易，更不论更远更大的书，不该轻心忽略看过，也就不言可知了。

章实斋论史书，主要在提倡纪事本末体，那时是在前清嘉庆年间，后来西方学问逐渐传来，他们的历史却就是纪事本末体，所以清末一辈学人，大家更推尊章实斋。民初学人也沿着推重章氏，可是实不懂得章氏为学之真。如梁任公、胡适之，没有得要领，这是很可惜的事。

再说从前刘知幾讲史学要有三本领：一曰"才"，二曰"学"，三曰"识"，此三项实是一项更难过一项。若使没有史才，就不该去研究史学。才是天生的，有了才，再加以学，在学问中始长出见识来。故"才""学""识"三者，应是依次递进的。近代学人中，我认为梁任公有史才。看他写的几部书，如《中国六大政治家》中的王荆公，他书中意见我并不赞成，可是写法极好。又如他写《欧洲战役史论》，写《清代学术概论》，都见得任公写书有史"才"。可惜是"学"不足。专论任公史学是不够的，他一辈子太忙，没有真用功做学问。至于他的史"识"，我们且不多讲。章实斋则在刘知幾三项以外，又提出一项为"史德"。他说："德者，著书之心术"，这在一人写书的内心上。我为诸位一路讲史学名著，也常常讲到各家写书的心术方面，此即他们德的方面。司马迁班固之大不同，也可说是在他们著书的心术上便有不同。关于这层，且再听章实斋讲法。他说："欲为良史，当慎辨于天人之际，尽其天而不益以人。"这"天人之际"四字，是司马迁《史记》里所提出。章实斋也来讲天人之际，而他所讲并不与司马迁相同。何者为天，何者为人，何者始为"尽其天而不益以人"，这里又有甚深大义。平浅说之，写史应一本原来事实，不要把作书者人的成分添进去。拿现在话来讲，只是要客观地把事实真相写出，这即是"天"了。但不要把自己人的方面加进去，这事极不容易。司马迁写《史记》，自负能成一家之言，我们看重他也在此。但成为一家之言，是否即加进了人呢？这层就值得诸位细为辨认，细加思考。今天我们讲史学，更多是加进了人，如说中国二千年是帝王专制，中国二千年是封建，又说中国文化全要不得。实际则一应史书从未过目，全不理会，不问其天，全是我们自己的私人观点加进去。今天提到章实斋"尽其天而不益以人"这两句话，岂不使我们惭愧。章实斋所写，只是不到两百年前的文章，而实不易读，不易了解，如何是"尽其天而不益以人"，此要诸位自去体会。可见读书不容易，其实"尽其天而不益以人"这也就是一种史德。退言之，亦是一种史识。若果无识，又如何来辨天人之际呢？

他又说："史所载事者，事必藉于文而传，故良史莫不工文。"这里又从史学转进到文学。诸位要学历史，首先宜注重文学。文字通了，才能写书。现在只讲科学方法，不通文，不通书，只取一堆材料来做分析考据工夫，认为这便是科学方法了，然而史学则不就如此而止。如此风气，真将使"学绝道丧"。学问断了，大道丧失了，哪里再有来人。不知到哪一时真出一位大师，又有很多承学的人，才能兴学兴道。

讲史学，不仅要史才、史学、史识、史德，而更又讲到要文章，这又是章实斋之深见。所以章实斋著书，取名《文史通义》。而我觉得他讲文章，有些处比讲史更好。此刻再把他的文学史眼光来讲。在《文史通义》里，有很多极好的见解。如他说："文所以动人者气，所以入人者情"，这是说，我们写文章要有两要项：要有气，文章才能动人。要有情，文章才能跑入人家心里去感动他。今天我们多写白话文，字句不熟练，不易有气，仅供看，不供读，文章何以动人？并且是没有情感。所谓的新文学，纵多情感，但那些只是不足动人的情感，一遍看完便罢。所以我们今天有了新文学，但没有出一个新文学家。成了家，可以五十年、一百年、五百年传下去。此刻的我们，则只是不断地在推陈出新，很少能传五十年。实斋又说："气贵于平"，"情贵于正"。"气胜而情偏，犹曰动于天而参于人"，文章不能无气，然气要平。气从情来，"情"则"贵于正"。"气胜而情偏"，正如今天的文学，以嬉笑怒骂、尖酸刻薄为能事，鲁迅则奉为一代之宗匠。但是气过了分，情不归正，其流风余韵，尚可影响全社会，这哪里是能"尽其天而不益以人"之所为。论文到这种地方，很难讲，有一番很深的人心修养问题在内。或许诸位会认为这是宋明理学家讲法，但我问哪里有真是一位史学家，而于理学上面的精要处，一点也不知道、不领略的？章氏论文，正见他的学养深处。

再说，章氏对史学，看重纪事本末体，他对于以前的史学家中间，又特别看重郑樵。《文史通义》里，特别有一篇《申郑》，他说："郑氏所振在宏纲，末学欣求在末节。"从来批评郑樵的，其实也都批评在末节上。我上面讲郑樵《通志》，下了很多批评，也不能说不是批评在末节上。至于大纲方面，郑樵确有他的特长。郑樵说过："史迁绝学，春秋以后一人而已，其范围千古，牢笼百家者，唯创例发凡，卓见绝识，有以追古作者之原，自具春秋家学耳。"郑樵如此推重司马迁，说他能"创例发凡，卓见绝识"，为孔子《春秋》以后一人。而章氏则说："史家著述之道，岂可不求义意所归。自迁固而后，史家既无别识心裁，所求者徒在其事其文，惟郑樵有志乎求义。"他说史家著述自迁固以下，只知两事。一是历史上的事情，一是他叙述事情的文章。惟郑樵还懂得求史学之"义"。他在《申郑》篇后，又有一篇《答客问》，当时人对他提出郑樵感到很特别，所以他在《答客问》篇里有一段话说："守先待后之故事，笔削独断之专家，功用足以相资，流别不能相混。"此说在史家中，一种是"守先待后之故事"，一种是"笔削独断之专家"。这两种功用足以相资，都有用，可以互相为用，而"流别不能相混"。不能把专家之独断也和一些故事混合看了，不加分别。有些人只能网罗故事加以排比，此固是史，但治史更贵有能笔削独断之专家。章氏又说："有比次之书，有独断之学，有考索之功。高明者多独断之学，沉潜者尚考索之功。"所谓比次者，把许多材料排比在一起，这也近于记注。能有独断能笔削，此则成专家，此则近撰述。考索则是考据。普通说来，高明者多独断之学，沉潜者尚考索之功，此乃就其性之所近而各有其成就。他说，郑樵"无考索之功"。在《通志》里就有很多错误，我也在上面指出了一些。而《通志》这部书，"足以明独断之学"，这是在宏纲处有贡献。所以他又说："马贵与无独断之学，而通考不足以成比次之功。"章实斋很看不起《文献通考》，而很看重《通志》。但他说"通考不足以成比次之功"，这话似乎对马端临的《文献通考》太看轻了。他又有一条说："整辑排比谓之史纂，参互搜讨谓之史考，皆非史学"，这也把史学看成太狭义。史纂史考究也该是史学，只不该只知纂辑搜讨，而不知有专家之独断，更是在史学之深处。但就今日学风言，则章氏之说实足发人深省。

《文史通义》之外，章氏又有《校雠通义》，即是根据郑樵《通志》二十略里的《校雠略》而取名。章氏把郑樵的《校雠略》回溯到前面刘向刘歆的《七略》，即是《汉书·艺文志》之原本，而提出他所谓"辨章学术，考镜源流"这八个字来。这里我们可以说是章氏《文史通义》里最大的贡献所在。我们要从全体学术中来辨别章明，如这是经学，这是史学，这是子学等。又要"考镜源流"，每一项学问，其开始怎样，后来怎样。这"辨章学术，考镜源流"八字，我们今天要来讲求学术史，都该从此下工夫。如要讲史学，便要在全部学术大体中来懂得史学，要从三千年的史学演变里来懂得史学究是什么一回事，这就是章氏所谓"辨章学术，考镜源流"。当然不止史学如此，别的学术亦然。如要研究文学，也该懂得文学在整个学术里的地位，又要懂得文学从头到尾的演变。他又有两句话说："家法不明，著作之所以日下。部次不精，学术之所以日散。"凡做学问，都要明家法，清代经学家都讲家法，但章氏所谓家法又不同。如经学家、史学家，各有家法。史学里边，这一家那一家又有家法。家法不明，著作就会一天一天差下去。"部次"是说编书，如这本书编在哪一类，那本书编在哪一类，这亦是"辨章学术"。若部次不精，学术也会日散。这些话，都是讨论到整个学术一番极重要的话。我们要在整个学术，即学术之整体里面，来讲各种学术。每一种学术里，又该从头到尾在其演变中分出各家之相异来。

今天我所提出特别讲的，因为我是在"史学名著"这一课里讲，所以提出了以上这几点。章实斋在他当时及其身后，并不曾特别得人重视。但近代学人大家都很看重他，但也仅是震于其名，而并没有去深究其实。四川有一位刘咸炘，他著书几十种，可惜他没有跑出四川省一步，年龄大概和我差不多。他每写一书，几乎都送我一部，但我和他不相识。抗战时期，我到四川，认识了他的父亲，而他则早已过世了。他死或许还不到四十岁，他是近代能欣赏章实斋而来讲求史学的。可惜他无师友讲论，又是年寿太短，不到四十就死。若使他到今天还在的话，定可有更大的成就。现在我手边没有他书，倘诸位有便，见到他书，应仔细翻看。

章实斋在《文史通义》、《校雠通义》以外很用力于写地方志。一部分也算是他的职业，他没有做大官，到处修地方志，借以为生。他说：有一代之史，有一家之史，有一人之史。至于地方志，在他认为这是一地之史。一省一府一县一乡一邑，都该有史。在这方面，他和戴东原意见不同。戴东原注重考据，考论地理沿革。章实斋注重在写史，写每一个地方的历史。如我们现在在台湾，能写一部《台湾通志》，这应即是一部台湾的历史。地理沿革、地名变迁，这只是其中之一部分。关于这一问题，将来诸位有兴趣，要研究中国志书，这里也有大研究。但现在情况又不同了，地方志应该不断地增写改写，而今天则少人注意，反而在旧的地方志里去找材料，做考据。只此"考据"二字，怕要害尽了今天中国的学术界。只看重材料，只在旧书里边去找，但没有能创新。更坏的是要在旧材料里找错处。找到一点错处，别人不知，给我发现了，便自谓了不得。但这怎能成学问？实也不须学，不须问，只肯埋头找便得。但存心不良，动机不正，这样只是"丧德"，坏了自己心术。诸位若能退一步想，不要做一个史学家，也不要做任何一种学者，读书教书，只当是我本分职业。守先待后，寻求一些我自己想要寻求的，讲一些我懂得会讲的，如此般，也可为将来学术界培养元气。不要尽想表现，"标新立异"，"著作成名"，还要发高论，推翻旧传，再来领导我们后面一辈人再走错路。如此更错下去，如何是了。我老实说，诸位已是由人引导走了错路。到今天，诸位研究史学，只要能照着前人步伐，能谨守，能好学，慢慢儿自会有兴趣，能渐多知，这样就是成就。孔子说："述而不作，信而好古。"我们若能学孔子，岂不很够。从前章实斋怎么讲，黄梨洲怎么讲，如此逐步向前，我只述而不作，信而好古，那岂不早已走上了一条正路？诸位不要认为我又是离开了正题来讲空话，我们这个时代实是这样。诸位总不要认为今天我们已超出了前人，我们既懂得科学方法，又有新思想，前人哪能及得我。这种只是自我陶醉。每一个时代，短短几十年、一百年，自会过去。难道我们这一时代便是登峰造极，再不有变吗？时代变，学风又怎会不变？我此一年所讲的这许多人，这几部书，希望诸位能慢慢儿仔细研寻。讲史学，这几部书总该能从头用功一下，自见大道。特别我希望诸位不要把眼光心胸专限在史学上。史学并不能独立成为史学，其他学问都一样，都不能独立自成一套。学问与学问间，都有其相通互足处。诸位该懂得从通学中来成专家。从来专家都从通学中来。诸位即只回想我一年所讲，自知其中道理。

我此一年的史学名著课程，到此将告一结束，下面不再讲下，其实也更无合标准的史学名著可讲。我将依照章实斋《文史通义》，从学术全体的大流变下来一谈此下的史学。说到中国学术全体，自当以儒学为主干，为中心。史学从经学中衍出，亦即是从儒学中衍出。儒学应有两大主干，一为治平学，一为心性学。心性是内圣之学，治平是外王之学。两汉经学主要在治平之学上，关于心性之学方面，不免差些。即是魏晋南北朝乃至隋唐一段，老释之学迭起并盛，他们都偏讲心性方面，而治平之学则仍沿汉儒路子。故自东汉以下史学大盛，正为儒学未尽衰绝之证。宋元明三代理学兴起，在讲心性学方面已超过老释。因老释离治平而讲心性，终不如理学家即治平之道而谈心性之更为圆满，更为重要。故自宋以下之史学，亦特见隆兴。至于清儒，在晚明遗老如顾亭林考史，船山论史，黄梨洲写史，皆极卓越。但后来史学衰而经学盛，乾嘉时代自称其经学为汉学，其实汉儒经学，用心在治平实事上，乾嘉经学用心在训诂考据上，远不相侔。所以论儒学，当以清代乾嘉以下为最衰。因其既不讲心性，又不讲治平，而只在故纸堆中做考据工夫。又抱很深的门户见解，贡献少过了损伤。其时的史学，最多也只能考史、注史。道咸以下诸儒，因受章实斋影响，却转过头来讲经世实用，但仍走错了路，来专讲公羊春秋，仍在故纸堆中立门户。到康有为的《孔子改制考》、《新学伪经考》，真是一派胡言。既非经学，亦非史学。既非心性义理，又无当于治平实迹。即论考据，亦是伪袭考据之貌，无当考据之实。乾嘉以来之考据学，至此也复之扫地以尽。民初以来之学术界，则大抵沿袭晚清，以今文学家末流气焰，而借乾嘉时代之考据训诂为掩护，其距离儒学大统更远。而猖狂妄言则较康氏更甚。今天诸位要有志研治中国史学，至少应跳出自清代道咸以下直至目前，这一番递变递下的学风，而游神放眼于章实斋以前，又当约略了解儒学之大体。于心性治平两面，都知用心，庶可于将来史学前途开展出光明。任重道远，我此一年所讲，一面是为诸位指出道路，一面是为诸位打气添油。虽是粗枝大叶，但我自信，将来中国史学重光，与我此一年所讲，决不致大相河汉。

钱穆作品系列
（二十四种）

《孔子传》

本书综合司马迁以下各家考订所得，重为孔子作传。其最大宗旨，乃在孔子之为人，即其自述所谓"学不厌、教不倦"者，而以寻求孔子毕生为学之日进无疆、与其教育事业之博大深微为主要中心，而政治事业次之。故本书所采材料亦以《论语》为主。

《论语新解》

钱穆先生为文史大家，尤对孔子与儒家思想精研甚深甚切。本书乃汇集前人对《论语》的注疏、集解，力求融会贯通、"一以贯之"，再加上自己的理解予以重新阐释，实为阅读和研究《论语》之入门书和必读书。

《庄老通辨》

《老子》书之作者及成书年代，为历来中国思想学术界一大"悬案"。本书作者本着孟子所谓"求知其人，而追论其世"之意旨，梳理了道家思想乃至先秦思想史中各家各派之相互影响、传承与辨驳关系，言之成理、证据凿凿地推论出《老子》书应尚在《庄子》后。

《庄子纂笺》

本书为作者对古今上百家《庄子》注释的编辑汇要，"斟酌选择调和决夺，得一妥适之正解"，因此，非传统意义上的"集注"或"集释"，而是通过对历代注释的取舍体现了作者对《庄子》在"义理、考据、辞章"方面的理解。

《朱子学提纲》

钱穆先生于 1969 年撰成百万言巨著《朱子新学案》，"因念牵涉太广，篇幅过巨，于 70 年初夏特撰《提纲》一篇，撮述书中要旨，并推广及于全部中国学术史。上自孔子，下迄清末，二千五百年中之儒学流变，旁及百家众说之杂出，以见朱子学术承先启后之意义价值所在。"本书条理清晰、深入浅出，实为研究和阅读朱子学之入门。

《宋代理学三书随劄》

本书为作者对宋代理学三书——元代刘因所编《朱子四书集义精要》、周濂溪《通书》及朱熹、吕东莱编《近思录》——所做的读书劄记，以发挥理学家之共同要义为主，简明扼要地辨析了宋代理学对传统孔孟儒家思想的阐释、继承和发展。

《中国思想通俗讲话》

本书意在指出目前中国社会

人人习用普遍流行的几许概念与名词——如道理、性命、德行、气运等的内在涵义、流变沿革。及其相互会通之点。并由此上溯全部中国思想史，描述出中国传统思想一大轮廓。

《现代中国学术论衡》

本书对近现代中国学术的新门类如宗教、哲学、科学、心理学、史学、考古学、教育学、政治学、社会学、文学、艺术、音乐等作了简要的概评，既从中西比照的角度，指出了"中国重和合会通，西方重分别独立"这一中西学术乃至思想文化之根本区别；又将各现代学术还诸旧传统，指出其本属相通及互有得失处，使见出"中西新旧有其异，亦有其同，仍可会通求之"。

《中国学术思想史论丛》

共三编八册，汇集了作者六十年来讨论中国历代学术思想而未收入各专著的单篇散论，为作者 1976—79 年时自编。上编（1—2 册）自上古至先秦，中编（3—4 册）自两汉至隋唐五代，下编（5—8 册）自两宋迄晚清民国。全书探源溯流，阐幽发微，颇多学术创辟，系统而真切地勾勒了中国几千年学术思想之脉络全景。

《黄帝》

华夏文明的创始人：黄帝、

尧舜禹汤、文武周公，他们的事迹虽茫昧不明，有关他们的传说却并非神话，其中充满着古人的基本精神。本书即是讲述他们的故事，虽非信史，然中国上古史真相，庶可于此诸故事中一窥究竟。

《秦汉史》

本书为作者于 1931 年所撰写之讲义，上自秦人一统之局，下至王莽之新政，为一尚未完编之断代史。作者秉其一贯高屋建瓴、融会贯通的史学要旨，深入浅出地梳理了秦汉两代的政治、经济、学术和文化，指呈了中国历史上这一辉煌时期的精要所在。

《国史新论》

本书作者"旨求通俗，义取综合"，从中国的社会文化演变、传统的政治教育制度等多个侧面，融古今、贯诸端，对中国几千年历史之特质、症结、演变及对当今社会现实的巨大影响，作了高屋建瓴、深入浅出的精彩剖析。

《古史地理论丛》

本书汇集考论古代历史地理的二十余篇文章。作者以通儒精神将地名学、史学、政治经济、人文及民族学融为一体，辨析异地同名的历史现象，探究古代部族迁徙之迹，进而说明中国历史上各地经济、政治、人文演进的古今变迁。

《中国历代政治得失》

本书分别就中国汉、唐、宋、明、清五代的政府组织、百官职权、考试监察、财政赋税、兵役义务等种种政治制度作了提要钩玄的概观与比照，叙述因革演变，指陈利害得失，实不失为一部简明的"中国政治制度史"。

《中国历史研究法》

本书从通史和文化史的总题及政治史、社会史、经济史、学术史、历史人物、历史地理等6个分题言简意赅地论述了中国历史研究的大意与方法。实为作者此后30年史学见解之本源所在，亦可视为作者对中国史学大纲要义的简要叙述。

《中国史学名著》

本书为一本简明的史学史著作，扼要介绍了从《尚书》到《文史通义》的数部中国史学名著。作者从学科史的角度，提纲挈领地勾勒了中国史学的发生、发展、特征和存在的问题，并从中西史学的比照中见出中国史学乃至中国思想和学术的精神与大义。

《中国史学发微》

本书汇集作者有关中国历史、史学和中国文化精神等方面的演讲与杂论，既对中国史学之本体、中国历史之精神，乃至中国文化要义、中国教育思想史等均做了高屋建瓴、体大思精的概论；又融会贯通地对中国史学中的"文与质"、中国历史人物、历史与人生等具体而微的方面做了细致而体贴的发疏。

《湖上闲思录》

充满闲思与玄想的哲学小品，分别就人类精神和文化领域诸多或具体或抽象的相对命题，如情与欲、理与气、善与恶等作了灵动、细腻而深刻的分析与阐发，从二元对立的视角思索了人类存在的基本问题。

《文化与教育》

本书乃汇集作者关于中国文化与教育诸问题的专论和演讲词而成，作者以其对中国文化精深闳大之体悟，揭示中西传统与路线之差异，指明中国文化现代转向之途径，并以教育实施之弊端及其改革为特别关心所在，寻求民族健康发育之正途。

《人生十论》

本书汇集了作者讨论人生问题的三次讲演，一为"人生十论"，一为"人生三步骤"，一为"中国人生哲学"。作者从中国传统文化入手，征诸当今潮流风气，探讨"心"、"我"、"自由"、"命"、"道"等终极问题，而不离人生日常态度，启发读者追溯本民族文化传统的根源，思考中国人在现代社会安身立命的根本。

《中国文学论丛》

作者为文史大家，其谈文学，多从文化思想入手，注重高屋建瓴、融会贯通。本书上起诗三百，下及近代新文学，有考订，有批评。会通读之，则见出中国一部文学演进史；而中国文学之特性，及各时代各体各家之高下得失之描述，亦见出作者之会心及评判标准。

《新亚遗铎》

1949 年钱穆南下香港创立新亚书院。本书汇集其主政新亚书院之十五年中对学生之讲演及文稿，鼓励青年立志，提倡为学、做人并重，讲述传统文化之精要，阐述大学教育之宗旨，体现其矢志不渝且终身实践的教育思想。

《晚学盲言》

本书是作者晚年"目盲不能视人"的情况下，由口诵耳听一字一句修改订定。终迄时已 92 岁高龄。全书分上、中、下三部，一为宇宙天地自然之部，次为政治社会人文之部，三为德性行为修养之部。虽篇各一义，而相贯相承，主旨为讨论中西方文化传统之异同。

《八十忆双亲　师友杂忆》

作者八十高龄后对双亲及师友等的回忆文字，情致款款，令人慨叹。读者不仅由此得见钱穆一生的求学、著述与为人，亦能略窥现代学术概貌之一斑。有心的读者更能从此书感受到 20 世纪"国家社会家庭风气人物思想学术一切之变"。